江凌 ◎ 著

智启彝乡

智能手机时代下的
彝族青年生活与乡村振兴

Empowering the Yi Community in Liangshan

The Lifestyle of Young Yi People
and Rural Revitalization in the Age of Smart Phones

学林出版社

Contents 目 录

1 > 序
云端盛开索玛花

1 > 绪 论
第一节 大凉山智能手机影响力研究的缘起和背景 / 1
第二节 大凉山智能手机影响力研究的内容与方法 / 31

67 > 第一章
诞生于大凉山"悬崖村"的彝乡"数字青年"
第一节 大凉山网红彝族青年的文化传播实践故事 / 67
第二节 大凉山彝族青年群体智能手机使用画像 / 84
第三节 大凉山"彝乡数字青年"的主体特征 / 104

128 > 第二章
智能手机改变彝族青年生活方式的 SOR 模型分析
第一节 "生活方式"理论发展及内涵 / 129
第二节 基于 SOR 模型的智能手机对彝族青年
生活方式改变的定量研究 / 138

1

161 > **第三章**

智能手机时代下的彝族"数字青年"生活方式

第一节　劳动生活方式　/ 162

第二节　消费生活方式　/ 169

第三节　文化生活方式　/ 177

第四节　交往生活方式　/ 189

第五节　闲暇生活方式　/ 199

第六节　政治生活方式　/ 205

第七节　民俗生活方式　/ 213

220 > **第四章**

彝族青年智能手机使用中的"去乡化"与"再乡化"

第一节　现实困境：凉山彝乡的"去乡化"危机　/ 221

第二节　"再乡化"基础：日常生活中智能手机的"在场"　/ 231

第三节　突围路径：彝族青年的"再乡化"之路　/ 250

268 > **第五章**

媒介接合：手机"世界图景"与彝族青年日常"生活图景"

第一节　彝族青年个体的世界图景构建　/ 270

第二节　乡村振兴建设中智能手机的"双重接合"　/ 276

第三节　想象的共同体：自我认同与国家认同　/ 281

第四节　集体记忆：生产、变革与重塑　/ 294

305 > 第六章
智能手机助力大凉山乡村振兴策略及实例

第一节 经济建设：搭建商务平台，拓宽传播渠道，创新脱贫致
富新途径 / 307

第二节 组织建设：构建乡村振兴新格局，健全现代乡村治理体
系，完善城乡融合发展政策体系 / 329

第三节 精神建设：赋能文化扶贫，丰富乡村文化生活 / 346

352 > 结 语

355 > 主要参考文献

363 > 后 记

云端盛开索玛花

"云"是网络、互联网的一种比喻说法，是中国经济社会发展的重要引擎。

索玛花，是彝族乡亲对杜鹃花的一种叫法，象征吉祥美好，寓意幸福美满。

互联网在凉山兴起后，不断突破发展的"瓶颈"，"落地开花结果"的"云端索玛"让广大群众深切体会到互联网信息社会带来的种种好处，古老的彝乡正焕发出前所未有的生机与活力，如同凉山大地盛开漫山遍野的索玛花。

毫无疑问，智能手机是互联网信息社会的重要部分，也是凉山经济社会的重要部分。本书对凉山彝族自治州地区青年群体的智能手机使用情况进行研究，旨在获取一个有参考价值的样本。

四川省凉山彝族自治州是我国最大的彝族聚集区，全州占地面积达到 6.04 万平方千米，辖 16 县 1 市，截至 2021 年末，全州户籍人口 538.25 万，其中少数民族人口为 311.85 万，占总人口的 57.94%；彝族人口为 293.65 万，占总人口的 54.56%。① 凉山有"一步跨千年"的辉煌，也有深度贫困的现实，由于自然、社会、历史等原因，生产力发展水平低下与社会发育进程滞后、落后发展基础与特殊社会问题、物质贫困与精神贫困等叠加交织，是区域性整体深度贫困的典型。

党的十九大提出"两个一百年"目标，首先是 2020 年全面建成小康社会。党的二十大提出"全面推进乡村振兴"，强调"建设宜居宜业和美乡村"。本研究的背景是国家决胜全面建成小康社会，开启全面建设社会主义现代化国家新征程。在国家实施乡村振兴的战略背景下，中国最大的彝族聚居区，国家"三区三州"深度贫困地区——凉山彝族自治州的脱贫工作在全国一盘棋中情况特殊、举足轻重、意义重大，以智能手机融入彝族青年生活方式为实证对象而展开手机在乡村振兴中的效能研究，显得紧迫而重要。

作为一名土生土长的凉山人，我感同身受的是近年来新兴的智能手机在新时代新征程的伟大浪潮中，喜闻乐见而又百花齐放地传播经济文化、搭建商务平台，助推精准扶贫和振兴彝乡发展，其做法令人振奋。手机媒介的发展与使用，对彝族青年的日常生活和观念看法产生了怎样的影响？使他们的人际交往和社会网络产生了什么变化？手机在乡村振兴中又将发挥怎样的作用？本研究牢牢把握"彝族青年智能手机使用"状况及其影响，论证该影响如何从生活方式贯穿至家乡发展及作用于家乡振兴，其间体现出的递进关系和逻辑关系，以及该影响发挥的巨大效能。

本研究以凉山彝族自治州 14—35 岁的彝族青年群体为研究范围，以该群体的智能手机使用情况为实证研究对象，探究了智能手机对其生活方式及其家乡发展的影响及深远意义，论证了该影响从生活方式贯穿至家乡振兴，其间的逻辑关系及该影响发挥的巨大效能。

---

① 凉山彝族自治州统计局.凉山州 2021 年国民经济和社会发展统计公报［EB/OL］.（2022-05-12）［2023-07-17］. http://tjj.lsz.gov.cn/sjfb/lstjgb/202205/t20220512_2218837.html.

　　本研究是建立在质的基础上对人、技术和彝族社会发展的深层探究和理解，是多个学科和理论交叉研究的成果体现，有利于加强政府部门、学者，以及公共媒体对彝族青年群体媒介使用、信息传播、生活方式和乡村振兴的了解。

绪　论

◀ **第一节**

大凉山智能手机影响力研究的缘起和背景

2017 年 10 月 18 日，党的十九大报告首次提出了"乡村振兴"的国家战略，提出"产业兴旺、生态宜居、乡风文明、治理有效、生活富裕"的 20 字总要求。2018 年 3 月 8 日，习近平总书记对乡村振兴总要求的五个方面作出了明确指示，要求推动乡村产业振兴、乡村人才振兴、乡村文化振兴、乡村生态振兴、乡村组织振兴。在党的二十大报告中，习近平总书记指出"全面推进乡村振兴""建设宜居宜业和美乡村"。

2018 年，《中共中央国务院关于实施乡村振兴战略的意见》指出，实施乡村振兴战略，不仅是党的十九大作出的重大决策部署，更是决胜全面建成小康社会、全面建设社会主义现代化国家的重大历史任务，是新时代"三农"工作的总抓手。

2018 年 9 月 26 日，中共中央、国务院印发了《乡村振兴战略规划（2018—2022年）》，进一步提出"推动脱贫攻坚与乡村振兴有机结合相互促进"的要求。在目前及未来一段时间内，我国将进入乡村振兴与脱贫攻坚叠加推进的时期，需将精准脱贫攻坚战与实施乡村振兴战略统筹衔接起来。

凉山有"一步跨千年"的辉煌，也有深度贫困的现实，由于自然、社会、历史等原因，生产力发展水平低下与社会发育进程滞后、落后发展基础与特殊社会问题、物质贫困与精神贫困等叠加交织，是区域性整体深度贫困的典型。2013年建档立卡时，全州有建档立卡贫困人口88.1万，2072个贫困村中贫困发生率在20%以上的有1350个、50%—80%的383个、80%以上的71个；截至2019年底，尚有300个村未退出、17.8万人未脱贫，7个县未摘帽。

凉山彝族自治州是"三区三州"深度贫困地区之一，党中央、国务院特别关心凉山脱贫攻坚，习近平总书记对凉山工作多次作出重要批示。早在2017年3月的第十二届全国人大五次会议上，习近平总书记参加四川代表团审议时，就对以"悬崖村"为代表的凉山彝族脱贫给予密切关怀，对凉山经济社会发展给予厚望。

2018年2月11日，习近平总书记亲临大凉山腹地昭觉县火普村和三河村视察精准扶贫，作出一系列重要指示，对凉山寄予厚望，并指出"搞社会主义就是要让人民群众过上幸福美好的生活，全面建成小康社会一个民族、一个家庭、一个人都不能少。我们党从诞生之日起，就以为民族求解放、为人民谋幸福为己任。让人民群众脱贫致富是共产党人始终不渝的奋斗目标"。习近平总书记风雪大凉山调研，情真意切，彰显着党和国家推动民族脱贫的决心。凉山州的脱贫致富，是为"贫中之贫、困中之困、坚中之坚、难中之难"，在全国一盘棋中情况特殊、举足轻重、意义重大，成为影响四川乃至中国夺取脱贫攻坚全面胜利的控制性因素。

2020年是决胜全面建成小康社会的收官之年，而打赢脱贫攻坚战、攻克深度贫困更是全面建成小康社会、进一步实施乡村振兴战略的关键所在。

凉山彝族自治州既拥有复杂险峻的天然地理环境，又是从原始社会末期直接过渡到社会主义社会的"民族直过区"。独特的自然条件和特殊的历史因素，使凉山彝族自治州不可避免地存在"生产力发展水平低下与社会发育进程滞后、落后发展基础与特殊社会问题、物质贫困与精神贫困等叠加交织"的问题，成为"区域性整体深度贫困的典型"。

一、大凉山曾经"一步跨千年"的特殊性

彝族是我国第六大少数民族，人口众多，民族支系多且复杂，地域分布广。我国彝族主要分布在云南、四川、广西、贵州等省份，全国最大的彝族聚集区为四川省凉山彝族自治州。

作为我国西部民族深度贫困地区中的典型代表，凉山州实现全面脱贫、巩固脱贫成果，继而实现经济文化民生的全面发展与振兴等一系列工作，成为我国脱贫攻坚和乡村振兴战略中的重要一环，占据极为特殊的地位。

20世纪后，随着国内人类学、民族学、社会学、宗教学等社会科学的发展，大量国内学者深入凉山彝族地区，对彝族历史、社会制度和语言文字做了较为系统的研究，建立起中国民族学学科"彝学"研究；20世纪80年代至今，针对凉山彝族的研究又拓展到社会习俗、宗教、文化等多个领域。[1]

凉山彝族地区的特殊性主要体现在以下几个方面：

（一）地理自然环境的特殊性

从地理条件上来看，凉山彝族自治州地处四川盆地和云南高原之间，全州90%以上的土地为高原和山地，而丘陵、盆地、平原所占比例不到10%。[2]从地势地貌上来看，凉山州地质状况复杂，整体地势表现为东南

---

[1] 罗兴佐，刘天文.从家支社会到半家支化社会：凉山彝族社会结构的嬗变［J］.西北民族大学学报（哲学社会科学版），2021（4）：32—39.

[2] 凉山彝族自治州人民政府.地质地貌［EB/OL］.（2022-08-28）［2023-07-17］. http：//www.lsz.gov.cn/wcls/lsgk/dzdm/202108/t20210820_1987031.html.

低、西北高，各种地形如深谷、盆地、高山、丘陵等交错分布，最高海拔达到 5958 米，最低海拔则为 305 米，垂直高差悬殊；区域内有大量断陷盆地、断裂谷、断块山存在，导致地震、泥石流等自然灾害频发。①

独特的自然地理条件导致凉山州生态环境脆弱恶劣、农业经济基础薄弱。一些贫困地区时常发生严重的旱灾，降雨稀少；另一些贫困地区处于高寒山区，缺乏日照，不适合农业耕作；还有一些地区地势险峻，自然灾害频繁。再加上人们对土地的过度开垦，植被破坏、水土流失等问题愈加严重，土壤变得贫瘠稀薄，使得农业生产能力进一步下降，形成贫困地区"愈穷愈垦，愈垦愈穷"的恶性循环。②

以往彝族人民居住的村落大多数都分布在高寒山区或半山区，农业生产存在着条件恶劣、生产方式落后、土地利用率低等诸多问题。受自然条件限制，农业生产以二半山区和高寒山区的旱地耕作为主，且能够种植的农作物种类受到很大限制。山地垦殖采取休耕轮歇的方式，实耕地一般一年只种一季，土地轮歇时间长、利用率低。③农民多采用耙、犁、镰、锄、耕牛等较为原始落后的工具进行生产劳动，通过肩挑背扛等手段进行运输，以广种薄收、粗放经营、低层次平面垦殖为主要特征。民主改革前，这种低水平的传统农业在凉山贫困地区产业中始终占据着主导地位，凉山州的产业经济呈封闭的自给半自给状态，商品化程度极低，市场竞争力弱。④

民主改革前，凉山州的其他产业也在较为原始的状态中缓慢发展。畜牧业常常依附于农业而存在，缺乏科学的饲养管理方式，将各种牲畜同圈饲养

---

① 董婉.四川省凉山彝族地区农村精准扶贫问题研究 [D].南宁：广西民族大学，2017.

②④ 陈晓莉.凉山自然地理环境对彝族文化的影响——凉山彝区移民扶贫的必然性 [J].安徽农业科学，2008，36（32）：14343—14344+14349.

③ 朱炜.基于科教扶贫的凉山地区农村反贫困研究 [D].成都：西南交通大学，2010.

的混乱情况极为常见。且由于彝族居民商品经济意识淡薄，其所饲养的牲畜常用于宗教活动、婚嫁、丧葬、宴客等消费活动，在消费过程中又往往倾向于无计划进行宰杀，导致畜牧业经营规模难以扩大。手工业从业者极少，很多劳作纯粹为社会交往活动而进行，无任何报酬。商业发展更是处于萌芽阶段，鸦片、奴隶交易盛行，有限的商品市场得不到良性发展。①

总体上来看，民主改革前的凉山彝族自治州，产业结构极为不合理，农业、畜牧业等第一产业占比过重，手工业、商业发展缓慢。严苛的气候条件、多发的自然灾害、原始的生产工具又使得凉山州彝族人民的农业、畜牧业生产长期维持着靠天吃饭、自给自足的平衡，抗风险能力极低，难以突破贫困的生活状态，跟上现代化发展的步伐。尽管凉山州拥有丰富的水能资源、矿产资源、生物资源和旅游资源（包括民族文化资源），但在民主改革前始终处于未开发状态，彝族村民无法将这些资源加以利用，转化为促进经济发展的动力。利用先天富饶的自然资源发展自身优势产业，是凉山州人民实现脱贫致富的关键路径之一。

（二）曾经"一步跨千年"的特殊历史与社会结构

凉山州在1956年从奴隶社会一步跨入社会主义社会，千年奴隶制残留的意识形态仍处处影响着凉山州彝族人民的经济生产和社会生活；由于所处位置偏僻、地形复杂、交通闭塞，千百年来生活在凉山的彝族村民一直处于与世隔绝的封闭状态中，产生了自己独特的社会制度与社会结构。

彝族谚语有言："鱼儿生活靠水塘，彝人生活靠家支。"②刘绍华在《我的凉山兄弟——毒品、艾滋与流动青年》一书中阐述，凉山州彝族人民道德规范、社会阶层、婚丧嫁娶等社会生活的各个方面都受到家支制度的影响，

---

① 郭佩霞.凉山彝区政府反贫困研究［D］.成都：西南财经大学，2007.
② 何长英.家支对四川凉山彝区乡村治理的影响研究——以 Z 县与 G 县的两个彝族村寨为个案分析［D］.成都：西南民族大学，2019.

以家支为主导的亲属关系准则形成了凉山州彝族人民的社会规范。① "家支"在彝语中被称为"此伟",带有原始氏族组织的性质;而对于家支概念的定义,学术界早已作出较为详细的探究;如易谋远用中国古书的"宗族"一词来概括"家支"的概念;② 罗布合机也将"家支"与宗族组织联系起来,并认为家支可以在一定程度上起到维护奴隶制度政权的职能作用;③ 有的学者补充强调了家支中的父系血缘关系,如周星提出,家支需"由父子联名制的谱系界定和确认"④;张德元也认为,家支的内部纽带是父系血缘;⑤ 罗章、赵声馗对家支的概念作了更为详细的阐释,即"凉山彝族以父系血缘为纽带,采取父子连名的谱系方式形成的内部严禁结婚的家族联合体形式"⑥。

昔日的凉山等级森严,只占彝族人口0.1%的大小土司和占总人口5%的"兹莫""诺伙"等奴隶主阶级,掌握着大量的土地、牲畜、农具等财富,而占总人口70%的奴隶阶级"兹伙",却世世代代为奴隶主所有,由奴隶主随意支配买卖。野蛮、落后的奴隶制严重束缚了凉山社会生产力的发展,造成凉山政治、经济、社会发展处于长期停滞状态。⑦ 这种落后的社会制度导致凉山彝区社会生产力水平低下,与之相适应的思想观念更是在凉山彝族人民的心目中根深蒂固。

新中国成立后,凉山彝族自治州也正式设立;但直至1958年凉山州实

① 刘绍华.我的凉山兄弟——毒品、艾滋与流动青年[M].北京:中央编译出版社,2015.
② 易谋远.对凉山彝族"家支"概念的研究[J].西南民族大学学报(人文社科版),1986(4):29—35.
③ 罗布合机.积极稳妥地处理彝族家支问题[J].民族研究,1999(3):108—111.
④ 周星.家支·德古·习惯法[J].社会科学战线,1997(5):240—249.
⑤ 张德元.凉山彝族家支制度论要[J].贵州民族研究,2003(4):47—54.
⑥ 罗章,赵声馗.家支在当前凉山彝族乡村治理中的功能研究——基于社会资本理论的分析视角[J].云南社会科学,2009(3):73—78.
⑦ 新华社.奴隶社会博物馆:映射彝族社会一步千年的巨变[EB/OL].(2009-08-17)[2024-03-29].https://www.gov.cn/jrzg/2009-08/17/content_1394557.htm.

行民主改革后，奴隶制度才得以彻底废除，世世代代居住在此的彝族民众从此由奴隶社会一步跨入社会主义社会，凉山州也成为"一步跨千年"的民族直过区。尽管千年奴隶制的阴影已经散去，但等级制度、家支组织、毕摩文化等旧有的意识形态依然对人们的日常生活和经济发展产生着不可忽视的影响。废除奴隶制度后，改革开放、精准扶贫等国家政策的实施，使凉山彝族自治州发生了翻天覆地、日新月异的变化，但在生产力发展与意识形态相互适应的过程中，已显陈旧的社会结构与落后的思想观念对彝族人民日常生活的影响仍不容小觑，是推进彝族村落乡村治理、经济发展等过程中必须面对的问题。

（三）教育落后及"贫困文化"

尽管彝族拥有自己的文字和丰富文化，但凉山州彝族群众受教育程度普遍较低，思想观念落后，与现代化社会脱节，融入现代化社会困难，致使经济发展缓慢。"贫困文化"指长期生活中贫困中的一群人所具有的一种独特的生活方式、风俗习惯、心理态势、态度和价值观等非物质形式。[①]凉山州彝族人民的生活状态和思想观念，也在一定程度上体现着较为根深蒂固的"贫困文化"。

凉山州彝族人民在漫长的自我发展历程中，创造了本民族特有的语言文字和文学艺术。古彝文可以与中国甲骨文、苏美尔文、埃及文、玛雅文、哈拉般文相并列，是世界六大古文字之一。彝族的专属民族文字彝文已有一千多年的悠久历史，属汉藏语系藏缅语族彝语支，在历史上留下了大量流传至今的彝文文献资料。[②]如彝族创世史诗《勒俄特依》，保留了大量流传于彝族民间的神话传说；长篇抒情诗《妈妈的女儿》描述了"妈妈的女儿"出生、

---

① 朱炜.基于科教扶贫的凉山地区农村反贫困研究［D］.成都：西南交通大学，2009.

② 许恒.旧凉山彝族家支制度与当下凉山家支问题的关系研究［D］.成都：西南民族大学，2010.

成长、出嫁以及到婆家后的痛苦生活，体现了旧社会彝族妇女遭受的不公待遇和悲剧性命运；① 还有大量民间诗歌如《玛牧特依》《天地祖先歌》《阿惹妞》等，构成了彝族特有的民族文化瑰宝。

然而尽管民族文化绚丽多姿，在新中国成立以前，由于彝族社会中严格的等级区分，广大彝族群众中识字者很少，只有少量统治阶级懂得彝文。郭佩霞在针对凉山彝区的反贫困研究中指出，对于凉山州彝族人民来说，"家支"是彝区社会生活环绕的中心，失去"家支"如同失去生命，因此民主改革前，凉山彝区教育的主要内容就是背诵家谱，广大彝族群众大多数处于文盲状态，不懂彝文更不认识汉字，仅有个别宗教学徒和统治阶级的子女才有学习语言的机会。②

教育落后导致凉山彝族地区人民整体思想观念陈旧、文化素质低下。新中国成立初期，很多中小学校以集中办学、免费、寄宿制、双语教学的形式发展，几乎达到了每个县有完中、每个区有初中、每个乡有完小。③改革开放以来，国家更是加大了对凉山彝族地区基础教育的普及力度；随着义务教育基本国策的全面落实，近几年凉山州在教育资金方面的投入大幅增长，办学条件有了明显改善。截至 2018 年底，凉山州有 785 所小学，当年招收人数 10.78 万，在校生总数 60.63 万，少数民族学龄儿童入学率达 99.32%；有 184 所普通中学，招生 10.58 万人，在校生 28.44 万人。④

尽管凉山彝族地区的教育状况相比民主改革前已有了日新月异的改善，但长期教育落后带来的影响无法在短时间内从根本上消除。一方面，由于凉

---

① 张兵兵.大凉山彝族诗人群研究［D］.昆明：云南民族大学，2016.

② 郭佩霞.凉山彝区政府反贫困研究［D］.成都：西南财经大学，2007.

③ 呷呷尔日.民主改革以前凉山彝族的基本经济活动及民主改革以后凉山地区的经济概况［M］//托马斯·海贝勒，等.凉山彝族企业家——社会和制度变迁的承载者.于长江，译.北京：民族出版社，2005：135.

④ 吴婉婷，黎昌友，冯立平.凉山彝族自治州基础教育发展的现状调查［J］.现代交际，2021（18）：69—71.

图 1　凉山州"悬崖村"儿童爬藤条的上学路

（图片来源：《新京报》）

山彝族地区长期处于封闭的纯彝语环境中，不同地区所使用的方言也有所差异，土生土长的彝族村民尤其是老年和儿童群体对普通话感到陌生，双语教育和双语人才的缺失始终是亟须解决的难题。2018 年 5 月，原国务院扶贫办、教育部在凉山彝族开启了"学前学会普通话"行动试点，至 2021 年，已有 43.6 万名大小凉山地区 3 岁至 6 岁彝族幼儿学会了普通话。[①]另一方面，受多种社会因素的影响，凉山彝族地区整体的办学条件仍显艰苦恶劣，硬件设施薄弱、教材开发困难、师资力量严重不足、辍学率高、教学质量总体偏低等问题仍然存在。[②]

　　由此可见，凉山彝族地区的贫困状态不仅体现在物质生活方面，更体现在精神上和文化上。凉山彝族地区落后的思想观念与落后的社会生产力长期

①　任然."学前学普"点亮大小凉山彝族幼儿的梦想［N］.中国妇女报，2021-10-26（4）.

②　吴敏娜，郑长德.西部大开发新阶段下西南民族地区基础教育发展的成就与问题——以凉山彝族自治州为例［J］.西藏大学学报（社会科学版），2012，27（4）：41—47+53.

相适应，而产业与经济的发展必然不能离开思想观念的更新迭替；摆脱"贫困文化"、实现思想观念上的脱贫，是比单纯的物质脱贫更加艰巨的长期任务，须在传承凉山彝族绚丽民族文化的基础上，彻底完成凉山州彝族人民思想观念的现代化。

凉山彝族地区的"贫困文化"首先体现在部分陈旧的传统思想观念上，一些特有的民族风气与现代经济发展的市场规律相悖。一方面，凉山彝族地区长期处于自给自足的生活状态，"养牛为耕田，养猪为过年，养羊为御寒，养鸡为换盐巴钱"，导致彝族人民严重缺乏市场经济意识，"吃得起苦，耐不了劳，宁愿苦熬，不愿苦干"；并且讲义气、轻利益的民族风气更使他们有着"以务商为耻"的传统观念，导致他们缺乏主动打破贫困状态、发展市场经济的动力。另一方面，及时享乐、热情好客的民族特色导致凉山彝族人民消费观念与生产能力极不相称。

除了传统思想观念的落后，这种"贫困文化"还体现在凉山彝族地区整体法律意识的淡薄和对外界社会的不适应方面。由于凉山州彝族人民的受教育程度普遍较低，当传统的彝族社会生活与外界逐渐接壤产生碰撞时，很多彝族年轻人极易受不住外界诱惑而误入歧途，走上违法犯罪的道路。频发的犯罪活动既会影响凉山州正常的经济发展，又会增加凉山彝族社会中的动荡因素，从而对凉山州的社会治理产生负面作用。

受教育水平较低、文化背景特殊、所学技能单一、外界刻板印象等多重复杂社会因素的影响，外出务工的彝族青年往往无法适应新环境的生活，产生"社会排斥"现象。刘明伟指出，社会排斥是导致凉山彝族农村长期贫困的深层次社会原因，它既是一种过程，也是一种原因，更是一种结果；社会排斥作用于长期贫困的发生，长期贫困反过来又强化社会排斥，二者相互作用，持续下去形成恶性循环，弱化社会流动，影响社会融合。①

---

① 刘明伟.凉山彝族长期贫困与社会排斥的关系 [J].西部发展研究，2020，（2）：
　 72—98.

（四）极为薄弱的社会基础设施

低水平的经济发展状况也使得凉山彝区的社会基础设施极为薄弱，民生保障难以得到满足。在医疗卫生方面，民主改革前的凉山州，伤寒、天花、结核病等多种疾病肆虐，尤其伤寒病发死亡率高达 51.5%。由于医疗卫生条件差、病人主动求医的意识淡薄，此时的彝族群众寿命也较短；资料显示，1951 年昭觉县仅有约 6% 的人寿命达到 55 岁以上。①

民主改革后的很长一段时间内，由于卫生条件差、政府投入少等原因，凉山州农村地区医疗点存在设施落后、医务人员流失等问题，致使当地的医疗状况依然不容乐观；凉山农村居民看病难的问题依然相当突出，且因病致贫、因病返贫现象较为严重。②直至改革开放之后，凉山州才渐渐建立起州、县、乡、村基本完整的医疗体系，确保全州有足够的医疗机构、充足的医疗技术人员、良好先进的医疗条件。

凉山州险恶的地理环境使得此地交通极为不便，"出门翻山爬坡，运输人背马驮"；民主改革后，凉山州才逐渐建立起以西昌为中心、县县通公路的公路交通网。截至 2008 年，凉山地区尚有 41 个乡镇、1743 个行政村未通公路，有 1205 个村未通电，有 1393 个村未通广播电视，有 160.1 万人饮水困难。③可见，尽管凉山地区的基础设施建设在不断发展之中，但彼时凉山彝区的交通运输和生活设施仍不能满足所有人民的日常生活需要。

（五）毒品与艾滋病等特殊社会问题

因特殊的地域环境及气候条件，凉山州的土质十分适合种植鸦片，此地饱受毒品危害已有相当长的一段历史。早在 1840 年鸦片战争前，西昌市

---

① 郭佩霞.凉山彝区政府反贫困研究［D］.成都：西南财经大学，2007.
② 朱炜.基于科教扶贫的凉山地区农村反贫困研究［D］.成都：西南交通大学，2009.
③ 朱明熙，冯俏彬，郭佩霞.从扶贫看少数民族地区"新农村建设"的艰巨性和复杂性［J］.经济研究参考，2008（4）：2—23.

（当时的宁远府）就已成为鸦片输入四川的两大通道之一，此后受鸦片种植的暴利诱惑影响，以及奴隶主对于使用鸦片交换枪炮、白银等特殊商品的需求，至 20 世纪 30 年代，鸦片种植在全州范围内蔓延开来。例如在 1937 年时，越西县瓦吉木乡全乡 400 多户中，就有 328 户种过鸦片。[①] 大量鸦片的产销使得凉山州长期以来饱受毒品使用及贩卖的毒害，对全州的经济发展、社会安定都产生着严重的负面影响。

尽管民主改革后国家采取了大量措施明令禁毒，但作为全国毒品犯罪活动最严重的地区，凉山州的毒品问题仍有较多遗留。20 世纪 80 年代，在土地联产承包责任制改革的社会转型期，贩毒成为迅速获得财富、满足物质需求的"快车道"，原本已有所整治的毒品问题在凉山州"死灰复燃"。[②]

2022 年以来，凉山禁毒工作呈现出"三升、四降、五保持"的良好态势。全州戒断 3 年未复吸人员 5.2 万人、破获毒品刑事案件 124 起、打处 194 人，分别同比上升 12%、33%、14%；现有吸毒人员降至 9284 人、全国新发现凉山籍吸毒人员仅 23 人、全国破获凉山籍人员参与的毒品刑事案件 15 起、外流贩毒仅 3 人，分别同比下降 44%、60%、65%、89%。2022 年 6 月，凉山州 17 县（市）委禁毒办联合各成员单位、乡镇（街道），围绕"6·1"《禁毒法》颁布日、"6·3"虎门销烟纪念日、"6·26"国际禁毒日等时间节点，以禁毒文艺汇演、禁毒宣传进万家、禁毒与"火洛"同行、禁毒知识竞赛、禁毒专题讲座等多种方式，开展丰富多彩的禁毒宣传活动，进一步提高人民群众的识毒、防毒、拒毒意识。[③]

---

① 马林英.凉山毒品问题现状、趋势及对策研究［J］.西南民族大学学报（人文社会科学版），2000（A3）：119—124.

② 王紫一文.当前凉山州毒品犯罪特点及防控对策［J］.四川警察学院学报，2017，29（1）：57—61.

③ 红星新闻.凉山禁毒 30 年十大典型案例发布，今年以来禁毒呈良好态势［EB/OL］.（2022-06-23）［2024-03-29］. https://rmh.pdnews.cn/Pc/ArtInfoApi/article?id=29491557.

截至 2019 年 11 月 15 日，全州共计收购烟叶 219.55 万担，实现烟农售烟收入 29.15 亿元，户均收入 5.63 万元，为农民增收做出了贡献。①2023 年，凉山州全面完成种植烟叶 90.94 万亩，收购烟叶 235 万担，持续稳固烟草产业发展基础。②

凉山州贩毒吸毒问题不仅是国家大力整治的重点，也是各学者研究探讨的重点对象。如马林英指出，从历史方面来看，凉山地区种植鸦片的时间较长，民间不自觉形成"有酒大家喝，有烟大家吸"的风气，将吸食毒品视为炫耀"富有"的"高贵"行为；从地理位置来看，凉山与缅甸、老挝、越南等地相近，与云南交界线长、地形复杂、地势险峻，便于贩毒人员避开警方追踪，翻山越岭进行贩毒活动。③孙萍、李琳认为凉山州毒品犯罪活动存在涉毒主体复杂、孕妇及哺乳期妇女参与广泛、犯罪组织家族化等特征，落后的经济状况、偏低的受教育程度、淡薄的法律意识是导致凉山州毒品泛滥的重要原因。④王紫一文也强调了毒品犯罪活动中未成年人、哺乳期女性、艾滋病患者及残疾人等特殊人群涉毒广泛这一特征。⑤贩毒吸毒活动不仅严重阻碍着凉山州经济发展，更带来艾滋病感染、社会动荡不安等一系列问题，为凉山州带来的侵害是全面且深远的。

伴随吸毒贩毒活动而来的是艾滋病，据相关资料记载，1995 年 6 月 28 日，凉山州首次在从云南遣返的静脉吸毒人员中发现 HIV 感染者；截至

① 凉山日报 . 户均收入 5.63 万元 凉山烟叶助力脱贫攻坚［EB/OL］.（2019-11-24）［2024-03-29］. https://m.thepaper.cn/baijiahao_5049721.

② 凉山日报 . 凉山：烟田里谋"粮"策［EB/OL］.（2023-05-05）［2024-03-29］. https://www.lsz.gov.cn/ztzl/rdzt/xczx/zxfz/cyxw/202305/t20230505_2477902.html.

③ 马林英 . 凉山毒品问题现状、趋势及对策研究［J］. 西南民族大学学报（人文社会科学版），2000（A3）：119—124.

④ 孙萍，李琳 . 凉山地区毒品犯罪的特征、原因及对策思考［J］. 西南石油大学学报（社会科学版），2013，15（3）：42—46.

⑤ 王紫一文 . 当前凉山州毒品犯罪特点及防控对策［J］. 四川警察学院学报，2017，29（1）：57—61.

2008 年 8 月底，全州累计已发现 HIV/AIDS 感染者 9861 例，其中大多数为吸毒人员。[①] 随着艾滋病毒感染者回归社区，性传播逐渐取代血液传播成为凉山彝族地区艾滋病传播扩散的最主要方式。从 1995 年开始，凉山州就对州内吸毒人群、商业性行为者进行艾滋病感染的哨点监测；[②]2014 年凉山州新发感染监测显示，经注射吸毒途径感染比例从 56.9% 下降至 33.2%，经性途径感染比例从 37.1% 上升至 58.5%，母婴传播感染比例上升至 2.0% 左右；[③]1995—2014 年，凉山州新报告 HIV 感染者呈逐年增长趋势，经注射毒品途径传播呈逐年下降的趋势，经性途径传播比例逐年上升。[④] 截至 2017 年底，四川省累计报告 AIDS 病例 11.04 万例，位居全国第一，其中凉山州约 5 万例，占比接近 50%。[⑤]

凉山州彝族独特的婚姻文化及传统的价值观念使得该人群对于艾滋病病毒感染有着更高的行为易感性，杨淑娟等学者详细探讨了凉山彝族诸多传统思想观念和文化对于艾滋病感染和传播的影响：一方面，在现代化的冲击之下，享乐主义心态下的彝族青年尝试毒品，其他青年出于"同侪压力"也走上吸毒的道路，在彝族传统观念中的"共享文化"的驱使下，共用吸毒针管事件频发；[⑥] 另一方面，凉山彝区居民传统观念中崇尚"家支荣

① 周如南.民族地区的艾滋病传播与防控——以凉山彝族地区艾滋病与地方社会文化调查为例 [J].南京医科大学学报（社会科学版），2012（1）：11—17.

② 李健，韩瑜，刘玉芬.凉山州精准开展艾滋病防治和健康扶贫工作 [J].中国艾滋病性病，2020，26（12）：1276—1279.

③ 王启兴，张素华，杨淑娟，等.四川省凉山州 2011—2014 年 HIV 新发感染人群传播途径分析 [J].中国艾滋病性病，2017，23（8）：719—722.

④ 王科，余刚，李健，等.凉山州艾滋病感染相关特征随时间变化趋势 [J].现代预防医学，2016，43（16）：3024—3027.

⑤ 王狄佳，陈丹，崔欢欢，等.凉山彝族地区艾滋病人群贫困状况及影响因素分析 [J].现代预防医学，2019，46（3）：389—393.

⑥ 杨淑娟，罗敏，张素华，等.凉山彝族相关文化习俗与艾滋病流行的关系及干预对策 [J].中国艾滋病性病，2017，23（3）：271—274.

耀""多子多福",认为安全套带有"节育"的含义,婚内性行为中不使用安全套的情况十分常见,导致艾滋病毒在婚内传播的现象普遍;此外,彝族传统婚姻文化中还存在"转婚"的习俗,这一习俗加剧了艾滋病毒通过性行为进行传播①。

二、凉山今朝"跑步奔小康"的艰巨性与急迫性

凉山州全州曾有贫困村 2072 个,贫困发生率 19.8%,17 个县(市)中有 11 个民族聚居县曾经都是深度贫困县,既是集中连片特困地区,也是"三区三州"深度贫困地区,致贫原因复杂、贫困程度深、基础条件差、深度贫困问题较为严重,是我国脱贫攻坚、乡村振兴的重难点,其脱贫致富目标任务艰巨、时间紧迫。

(一)凉山州脱贫攻坚的艰巨性

"贫困"一词很难有严格的定义和标准。美国经济学家劳埃德·雷诺兹(L.G. Reynolds)认为,贫困就是家庭没有足够的收入来保障最起码的生活水平。②英国学者彼得·汤森(Peter Townsend)认为:"所有居民中那些缺乏获得各种食物、参加社会活动和最起码的生活和社交条件的资源的个人、家庭和群体就是所谓贫困的。"③诺贝尔经济学奖得主阿马帝亚·森(Amartya Sen)曾经将贫困定义为:由于收入过低而导致人不能获得基本生存需要的一种状况。后期他又补充了这一定义的内涵,认为贫困的定义不仅指"生存"艰难,也涉及自身感受和自身生存能力的满足状态,如人利用资源的权

---

① 周如南.民族地区的艾滋病传播与防控——以凉山彝族地区艾滋病与地方社会文化调查为例[J].南京医科大学学报(社会科学版),2012(1):11—17.
② 劳埃德·雷诺兹.微观经济学——分析和政策[M].马宾,译.北京:商务印书馆,1982:71—73.
③ TOWNSEND P. Poverty in the united kingdom: a survey of household resources and standards of living[M].London:Allen Lane and Pengum Books,1979:32.

利、自尊感、幸福感等方面。[①]

我国国家统计局《中国城镇居民贫困问题研究》课题组和《中国农村贫困标准》课题组对"贫困"作出如下界定："贫困一般是指物质生活困难，即一个人或一个家庭的生活水平达不到一种社会可接受的最低标准。"[②] 自改革开放以来，我国制定并采用过三种不同生活水平的贫困标准：一是"1978年标准"，即每人每年 100 元，其中食物支出占比约 85%，基本能保证每人每天 2100 大卡热量，但食物质量较差，只能勉强果腹；二是"2008 年标准"，即每人每年 1196 元，其中食物支出占比 60%，基本保证实现"有吃、有穿"；三是"2010 年标准"，即每人每年生活水平 2300 元。

2020 年发布的文件《凉山州脱贫摘帽验收指标学习参考大纲（第一期）》，对凉山州贫困户、贫困村、贫困县现行脱贫标准作出了详细的规定说明，即贫困人口以户为单位，实行整户识别、整户退出，达到"一超"、"两不愁"、"三保障"、户"三有"（简称"一超六有"）；贫困村脱贫以行政村为单位，达到"一低"和村"七有"；贫困县摘帽以县（市、区）为单位，达到"一低"和乡"三有"，且群众认可度达到 90% 以上。

凉山州贫困户脱贫详细指标包括以下几个方面：

"一超"：指脱贫人口家庭年人均纯收入稳定超过当年国家扶贫标准。2020 年现行扶贫标准为 4100 元。

"两不愁"：不愁吃、不愁穿。

"三保障"：义务教育、基本医疗、住房安全有保障。

户"三有"：有安全饮用水、有生活用电、有广播电视。

凉山彝族自治州存在贫困时间长、贫困范围广、贫困人口多、致贫原因

---

① 董婉.四川省凉山彝族地区农村精准扶贫问题研究［D］.南宁：广西民族大学，2017.

② 杨立雄，胡姝.中国农村贫困线研究［M］.北京：中国经济出版社，2013：23—25.

复杂等多重贫困问题，恶劣的自然环境条件导致凉山州产业发展缺乏可持续性，经济水平提升缓慢；而低水平的经济条件使得该地区基础设施建设薄弱、教育水平落后；教育水平落后导致文化素养水平低下，又反过来制约产业经济的发展，形成贫困的恶性循环。在国家最新脱贫验收标准面前，被称为"贫中之贫、困中之困、坚中之坚、难中之难"的凉山州，脱贫任务量巨大、返贫风险高，更显艰巨和紧迫。

在产业发展方面，必须改善大凉山千百年来落后的生产耕作方式，合理利用其旅游、文化、能源等资源，发展特色产业。在基础设施方面，公路、医疗、住房都需进行全面改造和发展，成为脱贫攻坚中的重要保障。在教育与文化方面，既要提升学校教育教学质量，又要使农民在专业技能和文化素养方面有所提升。险恶的自然条件、薄弱的产业基础、独特的民族风俗、落后的文化教育等都是严重制约凉山州经济发展、导致凉山州贫困的重要因素；在最新制定的现行脱贫标准面前，凉山彝族地区的脱贫工作必然是一场高成本、高难度、长时间的硬仗。

（二）凉山"今朝跑步奔小康"的急迫性

"小康"一词最早出自《诗·大雅·民劳》，用以表达生活在奴隶社会中的人民对于美好生活的向往；在《礼记·礼运》中，孔子认为小康社会比不上"大同社会"。但比起混乱的时代，小康社会依然是我国古代思想家心目中较为理想的社会状态。① 因此"小康社会"即代表着百姓安居乐业、生活宽裕殷实的理想社会。20世纪70年代末，邓小平将"小康社会"作为规划中国经济社会发展蓝图的战略构想，初步定下了建设小康社会、建设中国特色社会主义现代化、最终实现共同富裕的目标。

党的十八大首次提出了"全面建成小康社会"的概念，从经济建设、政治建设、文化建设、社会建设、生态文明建设五个方面，针对国家发展难题、顺应人民意愿，对"全面建成小康社会"的目标提出了更加具体的新要求。

我国农村地区有着严重的发展不充分不平衡的问题，只有攻克农村地区深度贫困、实现全面脱贫、巩固脱贫攻坚成果，使全体农民的生活水平有根本性的提升，"全面小康"的目标才能在真正意义上实现。

新中国成立前后的凉山地区从奴隶社会到社会主义社会"一步跨千年"，其经济水平与民生状况一直以来受到党和国家的高度关注，历届国家领导都非常重视凉山的发展与脱贫工作，多名中央领导都曾实地来凉山视察。从救济式扶贫、体制性扶贫、大规模经济开发式扶贫到扶贫攻坚、可持续发展式扶贫和如今的精准扶贫 [①]，扶贫逐渐从旧时的"输血"式救济过渡为现在的"造血"式发展，凉山彝族自治州的脱贫攻坚战已取得较明显的成效。

近年来，网络媒体对于凉山州尤其是"悬崖村"的曝光引起了社会各界的广泛关注；2016 年 5 月 24 日，《新京报》发表文章《悬崖上的村庄：孩子上下学徒手攀爬 800 米悬崖》使大众首次了解到悬崖村，后来该报又报道了凉山州政府为改善村民的出行状态而计划实行的修路措施。媒体的报道引起了国家领导人的高度关注，2017 年，习近平总书记就曾提到自己在电视上看到了有关凉山州"悬崖村"的报道，并表示看到村民们的出行状态，感到很揪心。2018 年 2 月，习近平总书记亲自来到大凉山彝区昭觉县三岔河乡三河村、解放乡火普村进行视察，并作出一系列重要指示。这进一步体现出凉山州在国家发展全局战略中具有特殊地位，极受重视。

脱贫攻坚期内，凉山州上下贯彻落实中央和省委、省政府决策部署，将脱贫攻坚作为本州发展的头等大事全力推行，不遗余力地攻克深度贫困堡垒。截至 2020 年底，全州已有 105.2 万人脱贫，2072 个贫困村全部出列，

---

① 董婉.四川省凉山彝族地区农村精准扶贫问题研究［D］.南宁：广西民族大学，2017.

11 个深度贫困县全部摘帽，夺取了脱贫攻坚全面胜利。① 根据《凉山彝族自治州脱贫攻坚情况介绍》，凉山州在产业经济发展、医疗卫生事业、基础设施建设、教育事业等多个方面都取得显著脱贫成果。

在产业经济发展方面，凉山州大力发展生态林业、电商农牧业、乡村旅游等产业，规划建设了一百多个现代农业产业融合示范园区，建成林业产业基地逾 2200 万亩，农产品种植和牲畜养殖规模显著扩大。除此之外，凉山州人民积极打造属于家乡的优质农产品品牌，"大凉山"苦荞茶、会理石榴、宁南茧丝、会东烤烟、西昌葡萄等知名品牌享誉全国，为农民带来可观的收入。

在医疗卫生事业上，至 2020 年，凉山州全面建立起从县到乡镇再到村的完整医疗体系，保障县级综合医院全部达到二甲以上标准、每个乡镇有一所达标卫生院、每个村有一所达标卫生室。保障建档立卡贫困人口全部参保基本医疗保险，保障无业可扶、无力脱贫的特困群体全部纳入低保兜底，做到应保尽保。

在基础设施建设方面，凉山州在公路修建、水电供给、住房保障上均有显著的成果。2016—2020 年，全州累计新改建国省干线公路 2113.5 千米、农村公路 2.06 万千米，全面完成"溜索改桥"项目，乡镇、建制村通达率、通畅率均达 100%。2020 年 6 月 30 日，我国最后一个具备通硬化路条件却不通公路的建制村——布拖县阿布洛哈村首次通车，标志着我国农村公路建设取得历史性跨越。水电、网络设施也在凉山地区逐渐实现全面覆盖，2016年以来新建改建集中供水工程 5047 处，农村家庭供电可靠率达 99.8%，实现电视户户通 12.8 万户、广播村村响 990 个，所有行政村均有 4G 网络覆盖。此外，彝家新寨建设、易地扶贫搬迁等项目，极大程度地实现了居民住房安全有保障。2016—2020 年，凉山州共完成彝家新寨、藏区新居建设超 7

① 何勤华，邵明亮.凉山："防、稳、扶、治"四招巩固成果 防止规模性返贫［EB/OL］.（2021-06-11）［2023-07-17］. https://sichuan.scol.com.cn/ggxw/202106/58181125.html.

万户，改造农村危房逾 5 万户，使曾经居住在高寒山区的贫困群众从山上搬下来，实现住有安居。

在教育事业上，凉山州始终把教育扶贫作为阻断贫困代际传递的治本之策，建好一乡一园、一村一幼，保障乡镇中小学校和职业教育学校的入学率与寄宿率。截至 2020 年，全州各类学校达 1631 所、在校学生 122.59 万人，十五年免费教育惠及学生 114.65 万人，小学、初中适龄人口入学率分别达 99.64%、98.12%，教育教学质量不断提升，同时推行的"学前学普"政策实现幼教点和幼儿园全覆盖。

至此，凉山州彝族人民的生产生活条件得到了极大的改善，行路难、饮水难、上学难、看病难的问题得到基本解决。凉山彝族自治州脱贫攻坚战的顺利完成，关乎着我国"三农"问题的解决，与我国乡村振兴战略的实施密切相关，也关系着中华民族伟大复兴的战略全局。

2021 年 7 月 1 日，习近平总书记宣布，我国已历史性地解决了绝对贫困问题，全面建成了小康社会，打赢了脱贫攻坚战。然而受制于历史原因、现实原因、自然环境的恶劣、民族文化教育水平低下、基础设施较差、经济基础薄弱等复杂因素，尽管凉山地区的绝对贫困已经消除，但转型性的相对贫困问题依然严峻，与高速发展的现代化社会相比，凉山州彝族人民的生活仍显落后原始，影响着我国大步迈向第二个百年奋斗目标的历史进程，影响着中华民族伟大复兴中国梦的实现。

尽管沧桑巨变，但社会烙印的裂痕，难以承载时代发展的快车。看得见的贫困如生产生活方式，与看不见的贫困如生活精神状态，交织叠加，相互影响。凉山彝区深度贫困的现状，在当今资本回报率大于经济增长率、越有钱收入增长越快的时代趋势下，越显竞争无力、弱者愈弱。如何在未来一段时间内巩固脱贫成果、确保脱贫人员不再返贫、做好乡村振兴战略与脱贫攻坚工作的深度融合，仍是凉山州亟须解决的议题，具有相当的重要性与紧迫性。

在新时代科技高速发展的背景下，通信网络技术已被广泛应用到千家万户，智能手机不再是大城市高端人士的配置，而是大范围地普及开来。根据第 50 次《中国互联网络发展状况统计报告》，截至 2022 年 6 月，我国农村网民规模为 2.93 亿，占网民整体的 27.9%；城镇地区互联网普及率为 82.9%，较 2021 年 12 月提升 1.6 个百分点；农村地区互联网普及率为 58.8%，较 2021 年 12 月提升 1.2 个百分点。

放眼四川凉山彝族自治州，互联网与智能手机也深深融入彝族人民的日常生活中，既极大地丰富了彝族人民的娱乐生活，也为凉山州创新发展新型产业、发扬传承特色民族文化、实现全面乡村振兴带来新的机遇和挑战。

在产业振兴方面，网络直播和短视频平台为凉山州电子商务、旅游业等产业的发展注入了新的活力。首先是直播＋电商的新型销售模式已逐渐成为电商平台的主流，新冠疫情更是使国家加大力度推行电商助农的相关政策。直播和短视频平台也有助于凉山州展现其独特的自然风光、民俗文化活动，充分调动旅游资源和文化资源，打造独特的旅游文化 IP，在保护和传承自身民族文化遗产的同时，吸引海内外众多游客的目光，带动当地旅游业的发展。

在文化振兴方面，各种各样的新媒体平台为彝族人民提供了发声渠道，增强了彝族人民的话语权，抖音等短视频平台更是生动直观地将彝族人民的精神文化生活呈现了出来。"凉山彝族"既是一个地理概念，也是一个文化概念[①]；而在当今世界全球化、城市化的背景下，包括彝族文化在内的优秀少数民族文化正面临着迅速消亡的危险[②]，因此，灵活运用新媒体平台、创新彝族文化传播方式，将成为凉山州彝族文化传承与保护的最佳方案。

在取得突破性的脱贫攻坚成果后，如何在巩固脱贫成果的基础上实施下

① 苏畅.网络直播时代凉山彝族文化的传播与创新［J］.汉江师范学院学报，2018，38（2）：93—98.

② 苏畅.社交媒体环境下彝族文化传播的创新与发展［J］.龙岩学院学报，2018，36（4）：108—112.

一步振兴战略、调动农村地区自身的资源与活力,将成为凉山彝族自治州未来发展的重点;而媒介技术的快速发展,无疑为凉山州提供了广阔的生产和创新平台。科技创新是当今时代发展的潮流,凉山彝族自治州要想全面推进实现乡村振兴,必须紧紧跟上时代的步伐,寻找多种创新力量来带动自身的发展。

三、凉山彝族地区发展亟须学术支持

(一)课题综述:从彝族地区实证出发研究智能手机对本民族影响的课题尚属空白

2015—2017 年,尽管涉及少数民族地区媒介传播的相关课题在国家社科基金立项名单中占有一席之地,但大部分研究或在藏族、新疆等地区展开,或从宏观层面上关注综合性的少数民族议题,其研究内容以国家认同、对外传播、文化传播、政务媒体建设为主。而关于彝族地区的研究仅 3 项,均为社会学领域研究彝区长期贫困和精准扶贫策略,无传播学领域展开的研究。

2018 年后,乡村地区逐渐受到重视,传播学研究者们对于乡村地区的关注度有显著的提高;以乡村振兴战略为背景,着眼于农村地区媒介传播效果和媒介使用影响的相关研究项目也逐渐增多。

2018—2023 年,在国家社科基金立项的研究中,聚焦于乡村地区的传播学研究有 30 项之多,这其中有相当一部分研究将关注点放在了新媒体给农村留守儿童和青少年带来的影响上。其他关于少数民族的研究课题也有较大的比重关注少数民族使用新媒体的状况和产生的影响。

这 6 年中,彝族地区相关研究有 21 项之多,但有 17 项仍聚焦于彝区贫困问题及脱贫战略,其余研究彝族地区的民族文化、"防艾"及人口分布,凉山彝族地区的传播学领域研究仅有一项——国家认同视阈下凉山彝族地区集体记忆研究(1978—2018),而从实证出发研究智能手机对本民族影响的课题尚属空白。

由以上对于近几年国家社科项目立项情况的分析可以看出,凉山彝族地区深受党和国家高度重视、社会关注度极高，但相关学术研究未跟上，学术氛围不对称。

（二）文献综述：国内学者对彝族的研究数量少且角度单一

国内学者对少数民族的研究角度单一，多集中在西藏自治区和新疆维吾尔自治区的维稳、社会主义核心价值观认同研究、国家认同研究方面，缺少对凉山彝族的关注，尤其是从传播学角度研究凉山媒介使用、新媒体使用方面的研究较少。

随着媒介技术的快速发展和移动通信网络的广泛普及，手机媒体、短视频、社交媒体等新兴媒介已逐渐成为新闻传播领域内学者研究的重点，其中关于少数民族地区的媒介使用及影响方面的研究也占有一席之地。在中国知网上以"少数民族"作为关键词进行主题类型的检索，可以检索到在新闻传媒领域有 4940 篇文献，多数集中在西藏自治区、新疆维吾尔自治区和云贵边陲地区，其研究角度以国家认同及民族认同、党政媒体工作建设、民族文化保护及少数民族地区旅游开发等为主。

截至 2024 年 3 月 29 日，在中国知网上以"凉山彝族"作为关键词进行检索，可以检索到 4888 篇文献，这些文献的研究维度以对彝族的风俗文化、语言传承、传统服饰、精准扶贫等方面的研究居多，新闻传播学领域内的研究较少，仅有 55 篇是在新闻与传媒领域下的学术研究，可见在传播学视角下，针对凉山彝族地区的研究仍然较为空白。

1. 传播学视角下凉山地区相关研究现状

在凉山彝族地区对于传统媒体的使用方面，有学者从实证研究的角度，对电视等传统媒体给彝族村落带来的演变和影响作出探究。李春霞使用大众传播的仪式理论，对彝族村落"草坝子"进行民族志研究，分析电视仪式给草坝子村民文化认知和行为互动等方面带来的潜移默化的变化。[①]熊洋通过

---

① 李春霞.电视与中国彝民生活——对一个彝族社区电视与生活关系的跨学科研究
[D].成都：四川大学，2005.

调查分析彝族群众对普通话电视新闻的解读，探究在凉山彝族村寨里发生的跨文化传播现象，指出由于在语言文化、宗教风俗等方面存在较大差异，彝族受众对普通话电视新闻的解读十分有限，需从推广普通话学习使用、注意彝汉语言结合等方面，继续提升普通话电视新闻的传播效果。[①]

新媒体语境下，社交媒体、网络直播、文化网站等新兴媒介给凉山彝族的文化传播、国家认同、居民媒介素养、党政媒体建设等都带来了深远的影响。在新媒体对彝族文化传播的影响方面，各学者均以借助新媒体平台优势、更好地发扬和传承彝族文化为导向，提出自己的研究见解。

在针对彝族文化传播的新媒体策略的研究方面，苏畅致力于彝族文化通过社交媒体[②]和网络直播[③]进行创新性传播的研究，认为社交媒体和网络直播平台有助于加大凉山彝族文化的传播力度，丰富其传播内容和样式，拓宽彝族文化的传播范围，但同时也存在内容质量参差不齐、传播效果不佳等问题；继而提出了继续挖掘彝族文化传播内容的现实价值，继续发挥社交媒体的特点打造互动性传播等解决策略。林晓华、邱艳萍则通过对彝族文化网站发展现状的考察，指出目前彝族文化网站的整体影响力较小，彝族文化传播需警惕在数字时代被再次边缘化的危险，需从仅有少数知识分子拓展传播的"第一层面"，向融入主流社会、突出社交功能的传播"第二层面"进行转型。[④]

在对彝族特色民间文化的传承发扬研究方面，陈小玉认为彝语依托新媒

① 熊洋.凉山村寨里的跨文化传播：汉语电视新闻的彝族受众解读效果调查［D］.成都：成都理工大学，2016.

② 苏畅.社交媒体环境下彝族文化传播的创新与发展［J］.龙岩学院学报，2018，36（4）：108—112.

③ 苏畅.网络直播时代凉山彝族文化的传播与创新［J］.汉江师范学院学报，2018，38（2）：93—98.

④ 林晓华，邱艳萍.赋权理论与彝族文化的网络传播——以彝族文化网站为例［J］.西南民族大学学报（人文社会科学版），2018，39（1）：161—166.

体平台进行传播和发扬，促进了彝族文化的传播。①张彤通过对"彝族人网"进行定性研究和文本分析，认为"彝族人网"已成为新媒体语境下彝族文化的数字传播新载体，但网站信息存在着简化彝族文化内核、弱化民族认同感的潜在问题。②彭婷婷认为在数字媒体环境下，彝族民间文化传播应借助真人动画电影、VR虚拟现实博物馆等呈现形式，在保留彝族民间文化原汁原味的民俗风情的基础上，拓展彝族文化的数字传播空间。③赵将提出新媒体时代下，互联网增强了彝族火把节文化传播的话语权，火把节文化得以高效地展示自己的独特魅力，但与此同时火把节文化也面临着文化内核变质甚至消解的困境。④

关于凉山彝族居民新兴媒介使用的研究较少，其中齐蒙通过调查问卷的研究方法，指出在凉山彝族地区，尽管网络、手机等新兴媒介的普及率较高，但居民普遍侵权保护意识较差，媒介使用的目的性弱、信任度低，整体媒介素养处于偏低水平。⑤何高明同样使用问卷调查的方法，探究手机媒体对彝族青少年民族认同的影响，并表示在彝族青少年民族文化认同、社会认同、民族归属感等方面，手机媒体都带来了正面影响，但也为青少年带来了虚假信息、手机依赖症等媒介使用上的问题。⑥何欣蔚则将快手平台中彝族女性形象的呈现作为研究对象，指出快手平台上的女性形象具有整体偏年

① 陈小玉.浅析新媒体环境下彝语言文化的发展与传播［J］.记者观察（中），2018（4）：96.

② 张彤.新媒体语境下彝族文化传播新空间——以彝族人网为例［J］.新媒体研究，2016，2（17）：63—65.

③ 彭婷婷.数字媒体环境下彝族民间文化传播业态创新研究［J］.知识经济，2019（15）：12—13.

④ 赵将.新媒体时代火把节文化传播的机遇与困境［J］.青年记者，2017（8）：47—48.

⑤ 齐蒙.少数民族地区居民的媒介素养现状及建议——以四川省凉山彝族自治州为例［J］.西部广播电视，2015（18）：193—194.

⑥ 何高明.手机媒体对彝族青少年民族认同的影响——基于四川凉山彝族青少年的调查［J］.今传媒，2017（11）：88—89.

轻、容貌身材迎合大众审美等特点，尽管凉山彝族女性在快手平台上的展示在一定程度上冲淡了传统的刻板印象，但仍未从根本上突破传统的形象，且存在过度景观化、视觉化和狂欢化的问题。①

新媒体环境下，欠发达地区党政融媒体的建设是另一值得关注的研究重点，但这其中针对凉山彝族主流融媒体建设的研究偏少。唐刚通过对《凉山日报》在"悬崖村"事件中的舆情应对处理进行分析，认为《凉山日报》作为党报，第一时间点面结合积极应对了各界关注的悬崖村问题，引领了全州正面舆论。②孟丽涛、苏勇则通过对凉山彝族自治州县级融媒体建设的现状分析，指出凉山州作为我国媒体融合战略部署的"最后一公里"地区之一，全媒体平台建设正在如火如荼推进，但仍需进一步加强顶层设计、优化融媒体平台运行模式、解决经费和人才问题，来更好地推进传统媒体和新兴媒体深度融合。③

2. 传播学视角下我国其他少数民族相关研究梳理

在手机媒体逐渐普及开来的前几年，孙信茹、周皓、黄健、李刚存等学者对不同少数民族村落手机的使用状况分别进行了调查研究。在孙信茹的《手机和箐口哈尼族村寨生活——关于手机使用的传播人类学考察》和周皓的《连通与离间：手机与藏民日常生活——基于云南藏区田野调查的阐述》中，两人均采用田野调查的方法，分别对云南箐口哈尼族村寨和云南藏区进行调研，阐述了手机在这两个少数民族区域中逐渐流行并改变人们社会交往和信息流通的过程。

近几年随着智能手机的大范围普及，学者们开始探究手机媒体给少数民

---

① 何欣蔚.快手平台中凉山彝族女性形象呈现研究［D］.北京：中央民族大学，2020.
② 唐刚.点面结合　权威发声　打组合拳——以凉山日报社"悬崖村"事件舆情应对为例［J］.中国地市报人，2017（C1）：48—49.
③ 孟丽涛，苏勇.全媒体时代深度贫困地区县级媒体融合路径选择——以凉山彝族自治州为例［J］.西昌学院学报（社会科学版），2019，31（3）：96—99.

族地区文化、经济、社会生活等方面带来的变化和影响，田野调查法仍是最常被使用的研究方法，如侯文妮的《手机与少数民族地区文化传播新秩序——基于云南德宏地区的田野调查》，田宏园的《手机媒介与少数民族村落日常生活——基于黄毛坪村的田野调查》，许孝媛、孔令顺的《强凝聚与弱分化：手机媒介在傣族村落中的功能性使用》等。

侯文妮指出以手机媒体为代表的新媒介在云南德宏地区已有较高普及率，尽管只有少数人使用手机媒介专门进行民族文化传播，但在潜移默化之中，手机媒体依然成了少数民族地区用户片段化、碎片化进行文化传播的手段。

田宏园认为手机媒体为在传统传播语境中处于弱势地位的黄毛坪村村民赋权，既促进了这个苗族村落产业经济的发展，也为苗族民俗文化的传承与传播带来了正面影响。

许孝媛、孔令顺以手机媒介在傣族村落中的功能性使用为着眼点，指出与城市手机用户不同，傣族村民强调集体、趋于内聚的民族价值观，使得他们在使用手机媒介时进一步强化了自身的聚合文化，而手机媒介的使用对族群分化的影响较小。

赵丹、刘一通过对智能手机传播特点的分析，表明智能手机为少数民族大学生提供了更多低成本、高质量的信息，对他们就业规划、文化认同等方面均有积极影响。[①]

其他关于少数民族手机媒体使用的研究还有很多，如孙信茹的《微信的"书写"与"勾连"——对一个普米族村民微信群的考察》；方元、阙筱的《社交媒体背景下少数民族大学生舆论形成分析——以西北民族大学和甘肃民族师范学院为例》；姬广绪的《城乡文化拼接视域下的"快手"——基于青海土族青年移动互联网实践的考察》；以及一些手机特定功能和产品给少

---

① 赵丹，刘一.智能手机媒体对少数民族大学生的影响［J］.新闻与写作，2016（3）：108—110.

数民族群体带来的影响变化方面的研究，如艾尔肯江·伊不拉音的《新疆民族地区维文手机报的优势与困境及发展策略》。

在少数民族文化传播方面，张瑞倩以青海藏区为例，认为大众传媒对少数民族文化具有修补功能。① 吴定勇也提出，电视、早期网络媒体等大众传媒为侗族的文化传播与传承带来了更大的拓展空间。② 王春芳从新疆传统文化的现代化转型入手，阐述了新疆现代文化传播的现状及可行的发展路径。③ 而随着"新媒体"日新月异的发展变迁，又有更多学者继续探讨在新媒体传播环境下，少数民族文化传播遇到的困境及转型策略。米楠、刘衡宇 ④、阎敏 ⑤、张芝明、张蕾 ⑥ 等学者都提出少数民族文化在新媒体语境下所面临的困境，如语言差异、文化冲击、新媒体平台开发不足、传播效果微弱等问题。封兴中 ⑦、闫凯 ⑧、麻晶晶 ⑨、张云 ⑩ 等学者分别以新疆、回族、青海、云南等地为例，分析少数民族文

---

① 张瑞倩.电视对少数民族传统文化的"修补"——以青海"长江源村"藏族生态移民为例 [J].新闻与传播研究，2009，16（1）：38—46.

② 吴定勇.电视、网络媒体与民族节日文化传播——以侗族为案例的分析 [J].节日研究，2012（1）：175—190.

③ 王春芳.新疆少数民族传统文化现代化研究——基于文化传播视角 [D].武汉：武汉大学，2013.

④ 米楠，刘衡宇.新媒体背景下的少数民族文化传承问题研究 [J].未来与发展，2016，40（9）：15—17+28.

⑤ 阎敏.新媒体传播少数民族文化的问题——以渝东南少数民族地区为例 [J].青年记者，2014（32）：14.

⑥ 张芝明，张蕾.民族文化撞上新媒体，怎么破？[J].新闻论坛，2015（1）：68—72.

⑦ 封兴中.新媒体对新疆少数民族文化传播的影响研究 [J].今传媒，2015（9）：132—133.

⑧ 闫凯.回族穆斯林文化的新媒体传播研究 [D].武汉：华中科技大学，2015.

⑨ 麻晶晶.新媒体对青海少数民族文化传播与创新影响的研究——以门源回族自治县回族、藏族、蒙古族为例 [D].西安：西北大学，2017.

⑩ 张云.新媒体时代下的云南少数民族文化传播 [J].云南社会主义学院学报，2019，21（2）：94—102.

化新媒体传播的现状，探索新媒体带来的影响。冀芳[①]、孙钰钦[②]、吴进友[③]等学者的研究则更侧重于少数民族文化新媒体传播的渠道和策略。孙信茹则分别将大理石龙白族村非遗文化传承人[④]和云南普米族青年的文化传播实践[⑤]作为个案进行分析，阐述了少数民族文化传播在媒介环境的变迁中逐渐变化的历程。

党的十八大以来，党中央高度重视传统媒体的融合转型工作。习近平总书记在全国宣传思想工作会议上指出："要扎实抓好县级融媒体中心建设，更好引导群众、服务群众。"而少数民族地区作为主流媒体舆论战线的"最后一公里"，其县级融媒体建设更是国家和学者向来关注的重点。于蕾以甘孜藏族自治州为研究对象，基于三圈理论分别分析藏区县级融媒体建设中存在的不足和发展路径。[⑥]何胤强则从体制、生产、行政、行业、产品、技术等方面探究四川省县级融媒体建设的现状和转型策略。[⑦]其他研究文献如《边疆少数民族地区县级融媒体中心建设的现状及对策——以广西崇左市为例》《少数民族地区县级融媒体中心发展路径——基于对甘南州卓尼县级融媒体中心的实地考察》《西部地区县级融媒体建设的模式借鉴与优化路径》《县级融媒体中心建设面临的问题与破局方向》等，均以各少数民族地区县

① 冀芳.新媒体时代下少数民族语言保护和传承策略研究［J］.编辑之友，2014（10）：69—72.

② 孙钰钦.新媒体时代少数民族文化传播渠道探索［J］.编辑之友，2013（8）：68—70.

③ 吴进友.基于新媒体时代的少数民族文化传播技巧研究［J］.传播与版权，2014（3）：108.

④ 孙信茹，赵亚净.非遗传承人的传播实践和文化建构——以大理石龙白族村为研究个案［J］.当代传播，2017（3）：21—24+29.

⑤ 孙信茹，杨星星.文化传播与行为选择——一个普米族青年的文化实践故事［J］.现代传播（中国传媒大学学报），2015，37（1）：29—33.

⑥ 于蕾.我国藏区县级融媒体中心建设研究——以甘孜藏族自治州为例［D］.成都：电子科技大学，2020.

⑦ 何胤强.县级融媒体中心建设背景下四川省县级广电媒体的转型策略研究——基于对苍溪、江油、青川、剑阁的调研［D］.成都：电子科技大学，2019.

级融媒体建设的现状为研究案例，提出需做好顶层设计、发挥民族特色、优化服务功能、坚持正面舆论导向等建议。

3. 其他视角下对凉山的相关研究

其他社科领域中针对凉山地区的研究主要有关于凉山彝族传统文化、语言文字、服饰舞蹈、教育等方面的研究，以及凉山地区脱贫攻坚与乡村振兴战略相关研究。

得益于凉山彝族充满特色的民族文化魅力，目前现有的针对凉山彝族地区的研究中，与彝族特色文化、艺术、民俗相关的占据了半壁江山，如张兵兵的《大凉山彝族诗人群研究》，邱贵友的《当代凉山彝族毕摩文化发展研究》，王美英的《凉山彝族传统饮食习俗与文化表征》等。

截至 2024 年 3 月 29 日，在中国知网上以"凉山彝族"结合"脱贫"为主题词进行检索，可检索到 211 篇文献，其中最早可追溯到 1991 年李绍明、杨健吾对普格县"两户"发展的调查研究。随着全面脱贫攻坚战略的推进，研究者们对凉山在新时代背景下精准脱贫的实现路径以及乡村振兴战略的推行有了更多的关注。禄开辉通过探究彝族毕摩文化与彝区农村现代化建设之间的关系，对二者的合理调适提出了思考和建议。[①] 郭丹以普格县火把节为研究对象，探究火把节等节庆文化如何为乡村振兴助力。[②]

除文化与脱贫和乡村振兴之间的关系外，其他学者涉及的研究角度还有村镇建设、数据分析、政治建设、教育教学等。如舒科提出在乡村振兴视野下，须建设现代农业型、旅游服务型、历史文化型、民族民俗型、生态宜居型等多种现代化彝族特色村镇。[③] 高静等学者以凉山彝族自治州的数据为研

---

① 禄开辉.四川凉山彝区毕摩文化对农村现代化的影响 [D].成都：西南民族大学，2019.

② 郭丹.节庆文化助力民族地区乡村振兴——以普格县洛乌乡火把节调查为例 [J].文化学刊，2019（10）：45—47.

③ 舒科.乡村振兴视野下的凉山彝族特色村镇建设模式研究 [J].农业经济，2019（10）：44—45.

究对象，通过建立脱贫攻坚与乡村振兴指标体系，检验两者统筹衔接现状，并从衔接共识、制度设计、优势产业培育、人力建设四个维度提出了脱贫攻坚与乡村振兴统筹衔接路径。① 任志江、胡小娇探究在脱贫攻坚向乡村振兴战略转轨阶段，农村地区基层党建工作发挥的作用、存在的问题和实践的路径。② 周燕认为新型职业农民是贫困地区脱贫奔小康的核心主体，继而研究了在精准脱贫视域下，新兴职业农民培育中的问题及相应对策。③

第二节

大凉山智能手机影响力研究的内容与方法

本书以中国最大的彝族聚居区——凉山彝族自治州14—35岁的彝族青年群体为研究范围，以该群体的智能手机使用情况为实证研究对象，探究了智能手机对其生活方式及其家乡发展的影响及深远意义，论证了该影响从生活方式贯穿至家乡振兴，其间的逻辑关系及该影响发挥的巨大效能。

一、大凉山智能手机影响力研究的对象与内容

（一）研究对象

关于"青年"的年龄范围，不同机构有不尽相同的界定，联合国在

① 高静，武彤，王志章.深度贫困地区脱贫攻坚与乡村振兴统筹衔接路径研究：凉山彝族自治州的数据［J］.农业经济问题，2020（3）：125—135.

② 任志江，胡小娇.从"脱贫攻坚"到"乡村振兴"战略转轨阶段的农村基层党建工作研究——以四川省凉山彝族自治州为例［J］.阿坝师范学院学报，2021，38（1）：5—11.

③ 周燕.精准脱贫视域下新型职业农民培育面临的问题与对策——以四川省凉山彝族自治州为例［J］.西昌学院学报（社会科学版），2019，31（1）：55—58+69.

1985 年首次定义青年的年龄在 15—24 岁，我国在《中国共产主义青年团章程》中将青年群体的年龄划分在 14—28 岁。2017 年，中共中央、国务院印发《中长期青年发展规划（2016—2025 年）》，规划说明其所指的青年，"年龄范围是 14—35 岁"；2020 年，中国青年创业就业基金会与恒大研究院联合开展青年创业专题研究，形成发布《中国青年创业发展报告（2020）》，其中也使用了《中长期青年发展规划（2016—2025 年）》的界定。

以"青年"为研究对象的各种研究层次的文献对这一群体的年龄范围使用情况也有所不同：宫起舞[1] 在研究青年公寓时将"青年"的年龄界定在"18—34 周岁之间"；贾志科[2] 在对城市"单独夫妇"的二胎生育意愿进行调查时，使用了其面向部分 18—35 岁城市在职青年的问卷调查数据；李卓[3] 在对微信影响青年群体人际关系的研究中，根据腾讯官方公布的信息和微信的普及发展体现在用户年龄范围上的扩大，将其研究的对象范围设定在 18—35 周岁的青年群体。

根据以上官方公告和研究文献，结合实际研究需要，本书以 14—35 岁为使用的青年群体年龄范围。

本书以中国最大的彝族聚居区——凉山彝族自治州 14—35 岁的彝族青年群体的智能手机使用情况为实证研究对象，研究智能手机对彝族青年生活方式及其家乡发展的影响及深远意义。

（二）研究内容

本书着重探究了以下议题：

---

[1] 宫起舞.基于群体需求的青年公寓空间设计研究［D］.济南：山东建筑大学，2017.

[2] 贾志科，风笑天.城市"单独夫妇"的二胎生育意愿——基于南京、保定五类行业 558 名青年的调查分析［J］.人口学刊，2015（3）：5—15.

[3] 李卓.微信对青年群体人际关系影响的研究［D］.呼和浩特：内蒙古大学，2014.

"彝乡手机青年"群体画像；彝族青年的手机使用现状、特征、习惯和内容偏好；彝族青年群体的生存环境，物质和精神世界的困境与迷茫。

手机在他们的日常生活中扮演了什么角色？在哪些方面发挥作用及发挥了什么作用？

手机为受访者展开了怎样的世界图景？该图景与受访者个体的现实生活图景是否对接，如何对接？

智能手机使用与彝族村寨的社会网络、社会资本变迁有何关系？手机使用与彝族民族身份认同。

智能手机是否促使了彝族青年的"离地化"和"去乡化"？"离地化"和"去乡化"之后，手机如何在"再乡化"和"返乡化"中发挥作用？

如何有效发挥智能手机的效能，从"认知—情感—行为"推动彝乡的振兴发展？

本书以"现状分析—问题透视—评价与反思"的研究范式和思路展开，运用质化和量化相结合的研究方法，对彝区青年群体智能手机使用现状进行把握，从"社会网络""社会资本""技术赋权""国家认同""文化展演""消费主义"等理论视角出发，从传播学及部分的社会学、人类学和民族学等领域，跨学科、多维度、立体化研究彝区青年群体的智能手机使用情况及对乡村带来的变革。

绪论部分介绍了大凉山智能手机影响力研究的缘起和背景，以及大凉山智能手机影响力研究的内容与方法，主要介绍了研究背景：凉山在国家"三区三州"脱贫工作中的特殊地位，凉山曾经"一步跨千年"的特殊性和今朝"跑步奔小康"的艰巨性与急迫性，而凉山彝族地区发展亟须学术支持，从彝族地区实证出发研究智能手机对本民族影响的课题尚属空白，从文献综述来看国内学者对彝族的研究数量少且角度单一，进而对研究对象与思路、研

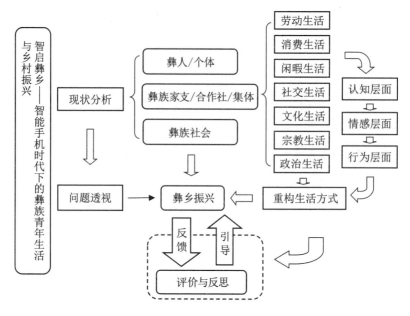

图 2　课题研究思路图示（1）

究方法与过程、研究价值与难点展开了概述。

第一章《诞生于大凉山"悬崖村"的彝乡"数字青年"》立足于研究主体，以质化个案深描为出发点，展开了大凉山第一网红直播彝族青年某色拉博与"悬崖村"的田野故事，从使用频率、使用时间、消费偏好、内容偏好、功能偏好、实践应用、手机依赖、数字反哺八个方面分析了大凉山彝族青年群体的智能手机使用现状与表征，论述了研究主体的四大特征。

第二章《智能手机改变彝族青年生活方式的 SOR 模型分析》立足于量化分析，从"生活方式"理论发展及内涵出发，就 SOR 模型的建立、提出与假设，问卷设计与数据分析、信度和效度检验、结构模型分析展开论述。

第三章《智能手机时代下的彝族"数字青年"生活方式》则紧紧围绕生活方式的七大子目录框架，结合质化调研的现状得出结论：

劳动生活方式：助力彝族青年投身新产业，提供劳动新方式，引入劳动新模式。

消费生活方式：符号化与实用性消费并存，保守型消费特征明显。

文化生活方式：缩小数字鸿沟，进行文化滋养；修补传统文化，促进优秀传统文化传承弘扬。

交往生活方式：本民族化和多元化相融合，情感需求的满足和社交货币的积累。

闲暇生活方式：丰富闲暇生活内容，拓展闲暇生活内涵。

政治生活方式：激发彝族青年国家认同，推动彝族青年关注民族事务。

民俗生活方式：提升民俗文化影响力，拓宽民俗传播途径。

第四章《彝族青年智能手机使用中的"去乡化"与"再乡化"》主要从现实困境（凉山彝乡的"去乡化"危机）、"再乡化"基础（日常生活中智能手机的"在场"）、突围路径（彝族青年的"再乡化"之路）三个维度展开层层论证。现实困境方面主要体现在彝族青年对外界的渴求与传统彝乡对青年的驱逐。"再乡化"基础则从日常生活中智能手机的"在场"来体现：赋予个体主动性，改变传播秩序与权力结构，缓解彝族地区"人户分离"的家庭问题，彝族社会的"再社区化"与"重新部落化"等。突围路径主要分为以下三方面：利用手机重构社会网络——打破传统社会关系，引入新型社会资本；利用手机重构经济基础——信息产业改造农业，自下而上的现代化；利用手机进行文化实践与自我书写。

第五章《媒介接合：手机"世界图景"与彝族青年日常"生活图景"》厘清了"世界图景""生活图景"与"乡村振兴"三者间的逻辑关系，认为智能手机作为媒介的功能构建了世界图景并助力乡村振兴。智能手机为研究对象搭建了"想象的共同体"，成为该群体实现自我认同（在信息和情感的获取中认识自己和他人）、国家认同（植根于民族向心力和文化认同感的国家观念）、民族认同（交往加深带来的对外误解和向内聚拢）、文化认同（线上新社区里的文化传承和宣传教化）的重要平台和空间，并使他们能够铸造属于自己民族的集体记忆。

第六章《智能手机助力大凉山乡村振兴策略及实例》中，以实地调研展开手机媒介助力乡村振兴策略及实例探讨，就经济建设（搭建商务平台，拓宽传播渠道，创新脱贫致富新途径）、组织建设（构建乡村振兴新格局，健全现代乡村治理体系，完善城乡融合发展政策体系）、精神建设（赋能文化扶贫，丰富乡村文化生活）三个维度展开评介与思考。

经过调研，总结出以下重要观点。

第一，从文化展演到少数民族青年文化自觉：在技术赋权下，凉山"悬崖村"彝族青年通过手机直播及短视频进行文化实践，以多元立体的符号化展演、场景化展演和风格化展演，向世人展现独特的"悬崖村"风光及彝族文化，促进了彝族青年自我认知，触发了彝族青年文化实践，形成了囊括独特少数民族的文化景观。

第二，"手机离地化""手机去乡化"的特征促使当地彝族青年的生活方式脱离乡村，而他们又利用手机中的世界图景去改造自己的生活实际，即"去乡化"之后的"再乡化"。

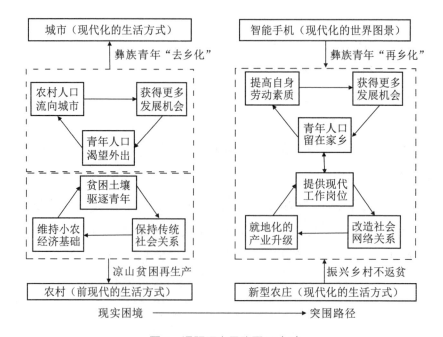

图3　课题研究思路图示（2）

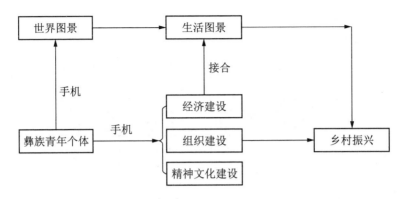

图 4　世界图景、生活图景、乡村振兴关系图

第三，手机媒介构建了彝族青年个体心中的"世界图景"，同时也在构建着他们日常的"生活图景"。手机媒体还发挥着两者间的接合作用，并通过这样的双重接合获得实现其社会和文化的意义。彝族青年群体正在通过自身的努力在"生活图景"的构建中实现自己心中的"世界图景"，并在两者之间距离日渐缩小与双向对接的现实下，实现着他们心中的乡村振兴梦。

第四，手机实现了"世界图景"与彝族青年"生活图景"的接合与双向对接，并在经济建设（搭建商务平台，拓宽传播渠道，创新脱贫致富新途径）、组织建设（构建乡村振兴新格局，健全现代乡村治理体系，完善城乡融合发展政策体系）、精神文化建设（助力乡风文明建设，赋能文化扶贫，丰富乡村文化生活）三个维度发挥巨大效能。

二、研究方法与过程

本书主要采用了量化和质化相结合的研究方法，在研究过程上，经历了优化框架、找准问题，开展田野、调研分析，资料分析、理论构建三个阶段：

（一）量化研究

量化研究是采用了实证主义范式，用量化手段（数字和统计）来揭示现象或问题，通过测量和分析检验研究假设的研究方法，强调客观性和精确

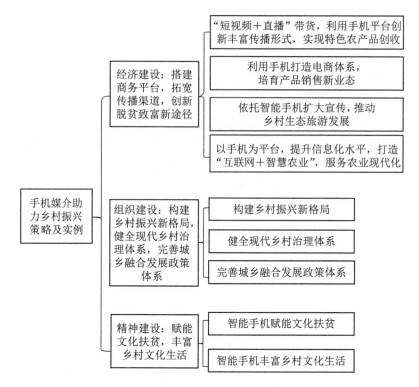

图5　手机媒介助力乡村振兴策略及实例图示

性，以求直观地呈现出研究对象之间的相关关系，从整体上准确把握现象或问题的机理。

1. 使用量化研究方法的原因

（1）量化研究可以提供一个具体的、可供比较的衡量尺度

定量研究可以理解为在一个人为设定的相对受控的模型环境下用线性思维构建研究对象之间的关系，应用在本研究中即为通过调查法、文献综述等手段和心理学领域的 SOR 模型构建彝族青年的手机使用行为与其生活方式改变之间的关系，以期证实智能手机与生活方式改变之间的一种普遍关系，甚至可以应用于其他少数民族接触智能手机的场景，并探讨手机如何引起少数民族地区生活方式改变，进而寻求新媒介环境下少数民族发展的路径。

（2）调查法可以在一定程度上保证测量与分析的科学性

本书主要选择使用调查法来辅助完成量化研究，而调查法往往可以获得相对"原生态"的资料，也因此具有相对较高的外在效度，即概括性和推广性较高。在数据分析的阶段，量化的研究可以有效地简化样本的特征，且可以通过先验的信度和效度检验来去掉不合适的问题、保留合适的问题，当然如果有条件使用学者们反复使用过的量表或相似调查中的问卷，则更有条件保证测量的科学性和可控性。

2. 使用量化研究方法的过程

（1）定量研究一般过程

本书将在第二章通过量化方法系统地分析和验证智能手机进入我国少数民族青年的生活并影响其生活方式的过程，即在充分的文献综述的基础上，选择恰当的基本模型并补充相应的维度和测量题项，构建完整的研究模型及量表；运用统计学方法完善调查问卷、设定样本框，罗列假设并进行数据和资料收集、梳理和归类。

在分析和解释量化数据阶段，将整理好的数据导入 SPSS 26.0 和 AMOS 27.0 分析软件，进行信度的可靠性检验和效度的因子分析检验后，适当剔除不恰当的维度和题项，确定最终的研究模型和研究假设，最后通过结构方程模型进行因子分析和路径分析，得出检验结果和研究结论。

（2）调查问卷发放过程

本书定量研究的数据收集主要使用问卷调查法完成，问卷发放采用线上线下结合的方式，由于研究对象为 14—35 岁四川凉山地区彝族青年的智能手机使用情况，因此主要在部分中学和大学进行线下组织和线上发放填写，范围包括凉山州境内彝族学生所在的高中、职校、本科院校：昭觉中学、凉山州民族中学、西昌市川兴中学、喜德县中学、冕宁中学、金阳高中、凉山职业技术学校、凉山州卫生学校、西昌学院彝语言文化学院、西昌学院传媒学院等十个学校，前后设计与发放了《凉山彝族青少年智能手机使用及影响》及《智能手机对凉山彝族青年生活方式影响调查问卷》两份问卷共

1500 份，另有少量问卷通过课题组成员的人际关系圈，如同学、朋友等在微信朋友圈进行转发填写。

（二）质化研究

在量化研究的基础上，在对整体的研究对象有了宏观的现状掌握和认识后，本书在中观和微观层面，更多选择了质化的研究方法，以结合具体的研究语境和生活场景，描述具体的文化情境，希望呈现出对研究对象更加具体的理解。

1. 选择质化研究方法的主要原因

研究的本质、感情、体验和行动都蕴藏在具体的情境之中，具体情境的描述无疑能帮助研究更清晰而准确地传达意义。同时，与量的研究相比，具体情境的描述也意味着能描述社会存在的不确定性。[①]

（1）质化研究可以更好地描述文化情境

"在对一个事件进行考察时，不仅要了解该事件本身，而且要了解该事件发生和变化时的社会文化背景以及该事件与其他事件之间的关系。任何事件都不能脱离其环境而被理解，理解涉及整体中各个部分之间的互动关系。"[②]

要进一步了解智能手机对大凉山彝族村寨的意义，就必须将智能手机使用的情况放置于具体的文化情境中。尤其是对于凉山彝族群体而言，他们有着千年的特殊民族发展历史，有着根深蒂固的传统民族文化和思想观念，这些观念渗透在祖祖辈辈的日常生活中，并体现在生活方式的方方面面。要研究智能手机给该群体带来的影响，无法仅仅从量化反映出的手机使用现状、内容偏好特征等数据中得到全貌，想要立体多维地了解智能手机在彝族青年群体中扮演了什么角色，智能手机在他们的日常生活中发挥了什么作用，是否改变了其生活方式，在哪些方面改变了其生活方式，对乡村振兴又带来哪

---

① 石迪.社会网络视野下少数民族村民的移动媒介使用及影响研究——以河坝村为例［D］.厦门：厦门大学，2018.

② 陈向明.质的研究方法与社会科学研究［M］.北京：教育科学出版社，2000：7.

些影响等一系列问题，就不能脱离其生活的文化情境和研究语境。情境不仅为理论和概念的阐发奠定基础，而且可以最大限度减少歪曲或者误传意义和事实的可能性。

（2）质化研究能更好地把握研究的动态性和互动性

本书所作研究中的质化部分专注于田野，田野是动态的，研究也是一个不断的积累和发展的动态过程，研究的方向随着资料收集及田野的深入，不断调整和进一步深入，整个研究的过程可以说是一个动态的和互动的研究过程。

质化研究能更好地把握研究的动态性，"质的研究将研究者作为研究的工具，强调研究者个人的背景以及他与被研究者之间的关系对研究结果的影响"[①]。

质化研究能更好地把握研究的互动性，在质化研究中，结果并不是其旨趣和目的，研究对象是怎样的、发展过程如何，以及其意义阐释才是研究的最终目的，研究者和研究对象是互为建构的互动过程。

（3）质化研究能获取一手资料，更好地进行理论阐释与建构

在研究中通过参与观察、焦点小组、深度访谈等质化的研究方法，能够最大化地融入受访者的日常生活场景中去，了解他们的日常生活方式，感知他们的所思所想，从物质生活是否贫瘠、精神世界是否充实，到生活有哪些困难和迷茫，都能有一个直观的认识，更重要的是从中发现问题所在。攀谈、对话、引语、故事、案例……任何形式的来自现场的一手资料都是我们所需要的。同时，理论的阐释与建构是累积性的，根据概念和理论的不断完善，研究者会对采访对象进行第二次采访，平时还会在社交媒体上保持互动，随时关注他们的动态和想法。在此基础之上，更好地去阐释和演绎理论。

---

① 陈向明.旅居者和"外国人"——留美中国学生跨文化人际交往研究［M］.北京：教育科学出版社，2004：42.

2. 选择的质化研究方法及其对应场景

本书用到的质化研究方法主要为多点民族志的田野调查法，具体包括：问卷调查法、参与观察法、深度访谈法、焦点小组及个案深描。

调研地点包括昭觉县"悬崖村"、三河村、火普村，冕宁县彝海村等彝族村寨，均为大凉山彝区腹地，彝族世居土著人口均占99%，具有整体性和典型性。

课题组在调研时也发现了一个很普遍的现象，某些村落尽管很具有代表性，彝族世居土著人口比例高，但村里的彝族青年基本外出打工，留在村里的多为老人和学龄前儿童。没有足够多的访谈对象，成了田野调研的一大难题。为了找到足够多的访谈对象，课题组走访了更多的田野点，尽可能寻找更丰富的样本，因此课题调研的地点有些零散，在涉及不同的地域和研究群体时，课题组也使用到了不同的质化研究方法。

因此，以下将结合具体的场景，来介绍本书所使用的研究方法：

（1）校园：问卷调研、焦点小组、深度访谈、参与观察法

课题组走访了凉山州境内彝族学生所在的高中、职校、本科院校，包括昭觉中学、凉山州民族中学、西昌市川兴中学、喜德县中学、冕宁中学、金阳高中、凉山职业技术学校、凉山州卫生学校、西昌学院彝语言文化学院、西昌学院传媒学院等十个学校，前后设计与发放了《凉山彝族青少年智能手机使用及影响》及《智能手机对凉山彝族青年生活方式影响调查问卷》两份问卷共1500份，通过调查问卷的发放与回收、参与观察法，并组织了多组焦点小组访谈和近50人的一对一深度访谈展开研究。

图6　课题组在昭觉中学、喜德中学调研

图 7　课题组在冕宁中学、凉山州民族中学调研

课题组选择进校园调研的原因如下：

首先，高中在校生群体年龄都处于 14—18 岁之间，职校和本科院校在校生群体的年龄基本处于 18—24 岁之间，这两部分群体都符合研究主体的年龄要求；从地域上而言，这部分群体均来自凉山州 17 县市，也都是彝族。

其次，彝族村寨中的青年群体普遍在外打工，学校无疑成为课题组调研的优选：学生群体相对集中，且都受到一定程度的教育，文化程度较高，能听懂普通话，较好地完成问卷的填写，在焦点小组和深度访谈中，也能畅通无阻地与课题组成员交流，用普通话进行表达。

最后，该群体非常热情及真诚，对于课题组老师和成员都格外尊重和喜欢。因为受过一定程度的教育，在了解了课题的意图后，大部分同学能够畅所欲言，小部分同学因为性格内向，以及过往经历的自卑感，仍然需要引导，但总体来讲，校园部分访谈的整体情况相较彝族村寨更顺利。

（2）彝族村寨：参与观察法、深度访谈、个案研究

课题组主要走访了 11 处彝族世居土著人口占 99% 以上的典型彝族村寨，包括昭觉县、布拖县、喜德县、冕宁县等地。

课题组沿着习近平总书记的足迹，调研了 2018 年 2 月习近平总书记考察过的昭觉县解放乡火普村；调研了红军长征途中书写过"彝海结盟"传奇故事的冕宁县彝海镇彝海村；走访了依靠网络扶贫等创新道路快速发展的几个彝族村寨，包括大力发展农民网校和电子商务的普格县五道箐乡洛果村，走"文创产品＋特色农产品＋电子商务"快速发展起来的普格县德

育村，打造"生态乡村旅游"的西昌市安哈镇长板桥村和响水乡斯阿祖村，依靠烟草扶贫的普格县特补乡甲甲沟村和乃乌村，以及彝族火把原乡布拖县等地。课题组还重点并多次调研了因国家高层关注、媒体聚焦而逐渐成为网红农村，并诞生彝族青年快手直播网红的昭觉县阿土勒尔村，即"悬崖村"。

本书前后共深度访谈了近百名对象，访谈时尽管提前准备了访谈问题的大纲，但在操作上依然从头到尾保持着较大的开放性，鼓励受访者尽可能更走心地自由表述，以开放灵活的态度，从容地表述自己的内心。如以"我记得我上学的时候学校是限制使用手机的，现在你们高二可以使用手机吗？"这样的问题作为开头，尽可能激发同学们的表达欲。

再比如"你课余/下班后的主要休闲活动是什么？""你有通过手机去获取彝族的文化或资讯的经历吗？你关注了哪些彝族内容的公众号？""能否描述一下，你第一次接触手机的情形？""你在使用手机的过程中，印象最深刻的事情是什么？"这样更加开放自由的问题。

访谈的大部分场景是他们所就读的学校教室，或者是家访时他们自己的家，也就是都是在对受访者而言更加熟悉的环境中进行，让受访者尽可能感到舒适，研究者借此机会去观察他们的生活、学习和家庭环境，了解其同学情况及家庭成员的情况。

课题组共走访了大凉山的 11 处彝族典型村寨，分别考察了它们的地理区位、发展特色，当地彝族青年群体的手机使用习惯和手机带来乡村振兴的基本情况：

◆ 昭觉县悬崖村 ◆

"悬崖村"，全名支尔莫乡阿土勒尔村，彝族世居土著人口 99%，坐落于昭觉县城 72 千米处，海拔 1400—1600 米的山脊上。这里的地形以山地悬崖为主，因世代村民进出大山依赖的唯一工具是用藤条和木棍编成的"天梯"，因此得名"悬崖村"。全村 7.22 平方千米，全辖勒尔、牛觉、特土 3 个农牧服务社。村民全部为彝族，户籍人口 355 户、1758 人。①

在 2017 年 3 月的十二届全国人大五次会议上，习近平总书记参加四川代表团审议时，对以"悬崖村"为代表的凉山彝族脱贫给予密切关怀，"悬崖村"因此受到中央电视台、《人民日报》等国家级媒体的报道，并由此引发了更多国内媒体的报道和关注。

在党和国家领导人的重视关怀、媒体聚焦、全民关注下，"悬崖村"的曝光率越来越高，进入了大众视野。2017 年 9 月，凉山州、昭觉县两级财政投入 100 万元建成的 2556 级"钢管天梯"，改善了村民的出行问题。

2017 年 6 月，互联网正式接入"悬崖村"，当地的彝族青年用起了微信、QQ 等社交软件，还开设了快手账号，通过直播和短视频发布，向外界展示"悬崖村"，至此产生了以某色拉博、某色苏不惹为代表的一批网红。他们依托特殊的地理环境、外界的关注和独特的原生态风味，向外界展示悬崖村的生活与变迁，吸引了大批的人气和流量，也成功拓展了少数民族文化传播和文化实践的途径。

在社会各界长达 4 年的密切关注后，2020 年 5 月，悬崖村 84 户精准扶贫户陆续搬进昭觉县城的易地扶贫搬迁集中安置点，实现了村庄从藤梯到钢梯再到楼梯的巨变。②2021 年 5 月，凉山州启动"悬崖村文旅搬迁项目"，将村里符合条件的非贫困户陆续搬下山。同年，"悬崖村"乡村旅游收入突破百万元大关。③

2021 年 2 月 14 日起，阿土勒尔村已经更名为悬崖村，而它之前所属的原支尔莫乡，和其他几个乡合并为古里镇。从阿土勒尔村到悬崖村，辖

---

① 注：来自悬崖村当地基层干部提供的相关数据与资料。

② 封面新闻.十年间，悬崖村脱贫了，改名了，长大了！[EB/OL].（2022-10-02）[2024-04-21].https://www.lsz.gov.cn/ztzl/rdzt/xczx/zxby/202210/t20221002_2333441.html.

③ 光明网."悬崖村"搬迁两年，他们开启了新生活[EB/OL].（2022-05-13）[2024-04-21].https://m.gmw.cn/baijia/2022-05/13/1302944403.html.

图 8 悬崖村快手网红杨阳在天梯上直播

区面积由 11 平方千米涨到了 26 平方千米，户籍户数由 171 户涨到了 355户，户籍人口由 688 人涨到了 1758 人。截至 2021 年，悬崖村人均收入达10400 元。

自 2020 年起，悬崖村就进入了巩固拓展脱贫攻坚成果与全面推进乡村振兴有效衔接新的历史阶段，旅游业、种植业和养殖业已经顺着钢梯，走进了悬崖村。大山深处产出的牲畜、野生蜂蜜、脐橙、油橄榄等农副产品和美丽风光顺着钢梯和互联网走向了全国各地。

截至 2021 年，悬崖村在产业上以提升传统马铃薯、玉米以及山羊和肉牛种养殖为主，围绕农文旅资源优势逐步拓展中药材、脐橙、油橄榄、青花椒、核桃等可融于旅游的产业。已发展油橄榄种植 205 亩、"三七" 50 亩、脐橙园 100 亩，仅油橄榄 2020 年就实现流转、就业等收入 30 万元。通过农旅销售各种农特产品 4 万斤，仅此一项村集体经济就增收 10 余万元。在产业上初步实现了"长短结合、种养互动、农文旅互融"的产业布局。

截至 2023 年 6 月底，昭觉县从大山搬进城的居民的人均年收入，已增加至一万多元。搬迁群众的腰包逐渐鼓了起来，信心逐渐足了起来，从"农民"变成"居民"的他们，彻底安心地在城里住了下来。[①]

本次考察主要对当地以快手主播为副业的年轻村民某色拉博、某色苏不惹、某色布且、某色日也、某色尔体和莫色曲布等展开访谈。

昭觉县解放乡火普村

火普村是昭觉县解放乡下辖的行政村之一，与三岔河村、光明村、红旗村相邻。村内的村民被分为两个村组，每一组分别有75户、286人，其中贫困户23户、68人。2018年2月，习近平总书记到访此处考察脱贫攻坚与社会发展工作。

2020年全村贫困户77户251人实现人均纯收入13288.54元（增长率56.3%），其中工资性收入（务工）占比54%，种养业占比26.2%，政策性收入占比21.2%，经营性支出占比1.4%。2020年实施"三建四改"项目15户；土地增减挂项目安全住房1户；"三类人员"安全住房11户。义务教育入学率100%，2020年全村有适龄儿童180人（含贫困户适龄儿童53人），全村有2个幼教点，入园率达100%，幼教点均采用普通话教学，确保3—6岁儿童能听会说普通话。

截至2020年2月，火普村建了14.6亩大棚，种植羊肚菌等经济作物，每亩能收入1万多元。村民可以获得土地入股分红和务工收益，还能利用闲暇时间外出务工，这样一年到头都能有事干、有钱赚。[②]截至2022年，火普村的特色产业较为丰富，已发展了羊肚菌、蓝莓、金银花、灵芝、香菇、高

---

① 凉山日报.他们，从大山搬进城3年了——昭觉县悬崖村"易地扶贫搬迁"户及其乡邻适应新生活了［EB/OL］.（2023-11-02）［2024-03-29］. https://www.lsz.gov.cn/ztzl/rdzt/xczx/zxfz/shfy/202311/t20231102_2580583.html.

② 人民日报.大凉山盼来好光景——回访四川昭觉县解放乡火普村吉地尔子家［EB/OL］.（2020-02-10）［2024-03-29］. https://cbgc.scol.com.cn/home/232422.

山蔬菜等。此外，火普村已试种了 50 亩蓝莓，将继续扩大蓝莓的种植面积，预计"十四五"期间，种植面积将扩大到 500 至 1000 亩。①

2022 年，东方电气集团在火普村启动综合能源示范村建设项目，将自身能源装备产业优势和当地资源禀赋充分结合，利用火普村 10 余亩滩涂荒地建设了 1 兆瓦分布式光伏，实现了防火瞭望塔、供暖、照明、安防、智能充电桩等能源供给，解决了农网接入距离远、接入代价高、新能源汽车充电难等问题。该项目预计年发电量 130 万度，每年可为村集体经济带来稳定收入约 30 万元，不仅惠及 392 户 1581 名村民，还解决了 2 名村民就地就近务工就业，为火普村村民生产、生活提供了充足的"能源"。

根据课题组走访了解，全村现有百分之五十的人口会使用智能手机，其中不乏投身社交电商、选择通过朋友圈微商改善生活的彝族村民。通过电商脱贫的吉勒子哈、吉泽尔夫就是其中的两大案例。

昭觉县三岔河乡三河村

三河村位于昭觉县西南部，辖区面积 35.5 平方千米，辖 8 个农牧社，户籍人口 699 户、3137 人。2023 年，三河村外出务工 600 余人次，实现劳务收入 1600 余万元；脱贫户人均纯收入达 17320 元，增幅 15.2%；村集体经济突破 100 万元，全村马铃薯种植面积 2250 亩、玉米 1960 亩、荞麦 1220 亩，全村农村户籍人口基本医疗保险参保率达到 95.3%。

三河村把建强基层党组织作为扎实推进巩固拓展脱贫攻坚成果同乡村振兴有效衔接的"关键钥匙"，把产业发展作为深入推进巩固拓展脱贫攻坚成果同乡村振兴有效衔接的核心举措，坚持党建引领，因地制宜探索出适合三河村的养殖、种植、加工、旅游、劳务输出"五大产业"，走出了一条"短

---

① 凉山日报.党建引领聚合力　文明新风润心田——昭觉县庆祝建州 70 周年系列报道（6）[EB/OL].（2022-11-11）[2024-04-21]. https://www.lsz.gov.cn/ztzl/rdzt/70zn/xsfc/202211/t20221111_2366108.html.

图9　课题组访谈三河村节列俄阿木家

期＋中期＋长期"的产业发展新路子。

县发改局驻村干部苏里古向课题组介绍，政府安置搬迁了这里居住的29户深度贫困家庭，他们入住了步行30分钟距离、靠近公路、地势低缓的水泥新房。新房配有三室一厅、厨房、彩电、沙发和淋浴卫生间。此外，当地干部为村民引入了优质牛种，发展畜牧业和种植业，通过倡导更文明的乡风建设和引导民风民俗，改良改变外部世界对这里地理偏远、土地贫瘠、高寒气候恶劣的负面印象。

课题组走访了当地贫困户吉好也求、节列俄阿木、洛古日作等家庭，重点了解了当前的脱贫攻坚进程、精准施策落地和家中年轻人的智能手机使用情况，获得了大量宝贵的一手资料。据新华网报道，2018年，三河村已实现全面脱贫。

2021年6月，随着新一轮东西部协作的开展，余姚市与昭觉县签订了东西部协作结对帮扶协议。余姚市推进了养殖场项目"雁阵工程"，与当地的富民肉牛养殖专业合作社等7家优质肉牛养殖专业合作社签订入股协议，同时借助东西部协作力量，与企业签订采购协议，形成了可持续发展的产业模式。该工程落地三河村一年，参与项目的 7 家合作社的肉牛数量从 212 头发展到 506 头，销售额超 370 万元。截至 2024 年，三河村已有 300 多户村民参与到"雁阵工程"中，全村肉牛养殖总数超过 1000 头，正在实现"雁阵工程"向"群雁工程"的转变。与此同时，人才队伍培养也初见成效，7 家合作社壮大成了 14 家。①

冕宁彝海镇彝海村

据彝海镇党委书记王栋介绍，彝海镇有 6572 人，农户的户数差不多 1540 户。建档立卡的户数是 291 户，人数是 1380 人，一共被划分成了 17 个村民小组。彝海村是这里下辖的行政村之一。

王书记充满深情地回顾，1935 年，红军主力部队先遣队司令刘伯承与彝族头人果基小叶丹在此歃血结盟，作为红军长征途中十大事件之一的"彝海结盟"被人们所知晓与传颂，而这一传说般的故事便是在这里发生的。在小叶丹的帮助下，红军顺利经过凉山。

2016 年开始，中国人民解放军战略支援部队开始对点帮扶彝海村。依凭得天独厚的文化历史资源，彝海村从 2017 年开始开发红色旅游产业、打造红色文化 IP。村中拆旧新建了安全住房，内设博物馆、红军村、卫生室、图书馆、幼儿园、办事处和农民夜校。因此，村中人将这种定点帮扶称作新时代的彝海结盟，战略支援部队援建的建筑群被命名为结盟新寨。

彝海村自 2014 年开始建档立户，完善对贫困户的评定。如今，整个彝海镇解决了 99% 的"两不愁三保障"问题。大量人口外出广东务农，或前往全国各地打工，整体人均收入为 8000 元/年，超过脱贫底线两倍有余。

① 浙江日报.三年东西部协作，让四川"三河牛"变"致富牛"［EB/OL］.（2024-04-18）［2024-04-21］. https://baijiahao.baidu.com/s?id=1796665358970811445&wfr=spider&for=pc.

图 10　课题组在凉山州冕宁县彝海村调研

迟迟无法脱贫的家庭多是残疾、因病、因灾等特殊情况，对于不能外出务工、又不能维持生活的贫困户，村中提供"兜底"低保申请政策，每人每月195元。

王书记还提到，村内早在20世纪90年代便开始实行退耕还林政策，一亩地为260元/年。在各种补助政策的帮持下，农民还可以申请到地力保护补贴。

目前，村中主要发展的产业还有花椒种植集体经济，技术支持由省农科院提供。特色花椒销路通畅，每年的平均单价在20元/斤浮动，借花椒种植作为主要从事工作的人家，收入可以达到一年几万的优裕水平。

本次调查中，课题组主要采访了彝海镇党委书记王栋、彝海镇彝海村文书邱莫木萨、彝海镇彝海村村民万青青一家和彝海镇彝海村高中生丁秀芳。

普格县五道箐乡洛果村

洛果村位于四川省凉山彝族自治州普格县五道箐乡，是一个全彝族村，也是凉山不多见的 Wi-Fi 全覆盖村。中共普格县委宣传部副部长韦慕向课题组介绍，作为依靠网络扶贫快速发展的代表性村寨之一，洛果村取得了大量令人侧目的成就：网络全覆盖、电商助脱贫、治病不出门、教育可远程……

　　据普格县洛果村第一书记刘维提供的相关数据，全村共有 362 户人家，共计 1335 人；精准扶贫建档贫困户 67 户共计 276 人中，文盲和半文盲人口 152 人，占 55%。村中全面覆盖了 Wi-Fi，每户人家都会用手机，但部分老人就算拥有智能手机也较少使用，他们更偏好使用老年机听广播，智能手机的主力用户依旧是年轻人。在网络的协助下，村委会可以更为便捷地通过微信群和村民交流。

　　尽管当地通过"互联网 +"和新农业产业在经济发展和社会工作方面取得了一定的成效，但由于土地资源有限，大量青壮年流出广东沿海一带打工，家中仅剩下劳作能力有限的老弱病残。所幸的是，在看到帮扶贫农村产业的发展后，部分外出务工人口选择返回家乡，参与参加农社合作产业的发展，并借此获得了一定的收入。

　　如今，较为高档的高寒草莓产业是村内主要发展的种植产业，取得了相当不错的发展。高寒草莓通过航空运输到成都、北京等大城市，需求量较大，仅 2018 年的订单就高达 600 多单。如今，高寒草莓的种植规模还在进一步扩大，2019 年扩大种植 200 亩。黑山绵羊、半细毛羊是村内主要发展的养殖产业，其中半细毛羊的毛专门用于编织彝族标志性的特有披毡——查尔瓦。

　　在这里，工作、生活与培训通过线上渠道合为一体。村民来合作农社打工的每日收入约在 50—80 元之间，年收入可达到 7000—8000 元。2019 年，每户增加 2300 元的收入。村民可以通过手机和电脑联系公司进行运销，通过手机进行开会，培训农技，各级专家也经常在线上开展讲座和答疑，远程医疗也能通过技术实现。2021 年，贫困户探索出"支部 + 建卡户 + 合作社"的专业化养殖模式，实现短、平、快的致富目标，达到户均增收 4000 元左右。①

---

①　凉山日报 . 普格攻坚　多方助力［EB/OL］.（2021-01-15）［2024-03-29］. https://www.lsz.gov.cn/ztzl/rdzt/tpgjzt/xsgz/pgx/202101/t20210115_1804894.html.

普格县德育村

德育村是四川省凉山州普格县螺髻山镇下辖的行政村，是螺髻山镇的区中心，坐落在平均海拔 1900 米的半山腰，辖区面积 13 平方千米，辖 6 个村民小组，农业人口 528 户、2192 人，农村党员 38 人，建档立卡贫困人口 67 户、294 人。该村于 2017 年实现脱贫退出。

德育村地理环境优越，背靠神奇秀美的国家 4A 级风景名胜区螺髻山，东邻世界最大温泉瀑布——螺髻山九十九里，面拥中国第一彝寨——螺髻山彝寨，距州府西昌 40 千米，交通条件便利，游客集聚周围。当地村民在"90 后"驻村第一书记王新的带领下，创办农村合作社，发展集体经济。驻村工作队与四川师范大学美术学院合作，沿着"旅游文创"思路，持续探索创新，一同围绕民族文化 IP、德育村的吉祥物"妞妞嬷"，聚焦彝绣、漆器、文化日用品等重点产业，生产了以彝绣枕头、彝绣饰品、彝绣服饰为代表的七大类二十余种文创产品、特色农产品。

普格县德育村驻村第一书记王新在采访中解释，合作社主要利用各种网络电子商务平台销售文创产品，分别搭建了微信公众号、有赞商城、微店、企业之家等销售渠道及 QQ、微博、腾讯视频、抖音、快手等推广平台。短短两个月的时间里，合作社已经实现了 25 万元的销售额，除了服务本村的集体经济之外，还帮助了村上建档立户的人实现居家灵活就业，实现了党中央提倡的在家门口就能解决就业问题。

在产业销路上，合作社自主开展的电子商务市场、与凉山州以购代捐中心签订的以购代捐协议和与几个帮扶单位签订的市场化订单这三条渠道齐头并进，保障了"文创产品＋特色农产品＋电子商务"路线的顺利启动与发展。

此外，教育扶贫、党建脱贫、医疗扶贫是德育村建设的三大中心点。

在教育脱贫中，地方单位联合教育优势，给村民提供读书机会，主办项目"触摸山那边"，将从来没有走出过大山的孩子们带到成都、绵阳、北川等地的企事业单位、高校，与那里的同龄人和实地工作生活环境相接触。

党建脱贫中，通过各个方面的工作深度融合，村中与合作单位进行了党支部联创联建。通过党支部的联合，领导组减少了沟通和管理的成本，提高了德育村党支部的治理水平，更好更有效率地发展建设德育村。

在医疗扶贫中，德育村主要是通过帮扶螺髻山镇卫生院来定点辐射整个德育村和螺髻山镇，主要方向是提升技术内涵建设，路径是更新技术医疗设备、协调当地政府、整合各方面的资源，助力村民建立远程诊疗体系。人员师资的培训也是一大重点，依托当地的大型三甲医院同时也是一个教学医院的优势，医务人员的培训、设施设备的使用都得到了较好的开展。

2020年春节，螺髻山镇党委、镇政府领导、德育村党支部第一书记王新在有序开展疫情防控工作的同时，密切与中国区块链扶贫技术推广中心、中国广告主协会电商数权专委会等积极沟通，在脱贫摘帽后防止返贫、建立脱贫致富长效机制方面寻求新技术、新模式、新理念的支撑与助力。①

德育村6组是普格县与宁海县两地携手打造的乡村振兴示范点，经过东西部协作两年多来精心谋划、建设，村集体入股的淡水鲈鱼水产养殖、彝寨精品民宿、文创中心等项目开始产生收益。2023年9月21日，在普格县首届螺髻山"乡村音乐节"上举行了村集体经济分红仪式，该县甫宁农业发展有限公司水产养殖项目为德育村带来12万元分红，为彝寨民宿项目带来10万元分红。②

普格县特补乡甲甲沟村和乃乌村

甲甲沟村，地处四川省凉山彝族自治州普格县特补乡北部，全村310户、1134人，建档立卡贫困户120户、505人，属于深度贫困村。

---

① 光明网.决胜决战大凉山脱贫攻坚　德育村全面拥抱数权经济［EB/OL］.（2020-03-23）［2024-03-29］. http://new.qq.com/rain/a/20200323A0PF2300.
② 川观新闻.携手打造乡村振兴示范点　德育村集体经济分红了［EB/OL］.（2023-09-22）［2024-04-21］. https://cbgc.scol.com.cn/news/4446586.

据普格县特补乡副乡长、凉山州烟草专卖局（公司）乡村振兴办副主任冯乐向课题组提供的有关数据，凉山州是全球第二大烟叶产量地区，烟草行业已成为全州支柱产业，占全州税收三分之一，共计约45亿元。烟草引领了凉山现代的农业发展，受益户数达7万户，约30万烟农，普格县特补乡甲甲沟村便是此处受到烟草行业精准扶贫的重要阵地之一。

2020年12月，甲甲沟村实现了"两不愁三保障"目标，全村无一人辍学，无一人因病致贫，实现农民人均纯收入8930元，120户贫困建卡户512名贫困人口全部脱贫。2021年被国务院扶贫开发领导小组办公室命名为"全国脱贫攻坚交流基地"，荣膺省级"乡村振兴先进示范村""四好村"。

在突出监测帮扶、防止规模返贫方面，该村严格落实"四个不摘"要求，建立健全防止返贫动态监测和帮扶等七项机制，按照"排、访、评、录、测、补、销"七步工作法，全覆盖监测脱贫不稳定户、边缘易致贫户，一月一访、一户一策、一户一业，守住不发生规模性返贫底线。有效利用三峡集团、省烟草专卖局等帮扶力量建设彝居工程，截至2021年，累计投入5300余万元，实施易地搬迁安置和农村危房改造260户，实施绿化美化亮化工程，家家户户配套"微田园"，建立"三个一块钱"保障机制，常态化开展垃圾整治、污水处理、沟渠清理，成为"山水如画、美丽彝居"的网红打卡地。

创建党支部为核心、"萨啦"（彝语"越来越好、越来越幸福"）党支部统筹、党员队伍和村庄治理员抓落实的"一核三治"治理体系，通过"无职党员设岗定责"、订立"新村公约"、成立红白理事会等，积极引导群众移风易俗，培育文明乡风、良好家风、淳朴民风，激发群众内生动力。近年来，甲甲沟村把巩固拓展脱贫攻坚成果摆在重要位置，全面迈入乡村振兴新阶段。

特补乃乌村位于凉山州普格县特补乡东部，距普格城区34千米，平均海拔2150米，辖区面积9.6平方千米，辖6个村组，人口307户、1122人。四川省烟草公司启动的"581扶贫惠民工程"中，综合集中投入3123万元协调特补乃乌村推进产业扶持、新居建设、基础设施、综合工程四个类别26个重点项目。据统计，该村建卡贫困户直接受益7.6万元，非建卡户直接受益6.1万元，全村村民间接受益1.6万元。2018年，该村所有建档立卡贫困户已全部脱贫。

马鞍山乡猫猫石村

马鞍山乡副乡长、猫猫石村第一书记潘兴树告诉课题组：马鞍山乡甘伍村（猫猫石村）地处凉山州马鞍山乡边壤，平均海拔2200米左右，占地15平方千米，共计209户、938人，建档立卡贫困家庭46户、217人。由于自然条件恶劣、农作物出产过低，部分人群搬迁到西昌周边，青壮年大多选择流出在外，在沿海、山东、济南一带打工，截至2019年3月，山上仅余下111户人口。劳务输出是当前主要的脱贫方式，人均标准是3750元/年。

猫猫石村的主要产业是畜牧业，饲养牛、羊、猪。由于非洲猪瘟，牛羊涨价，养殖业行情见长。村内平均每户养殖40多只羊，每年每户可以卖10只左右。海拔低的地区则着力开发青椒、核桃与烟叶种植，但由于环境因素，烟叶种植难以发展，数量有限，只有二三十亩。贫困户年收入约4000元/年，全村收入平均区位在5000—6000元/年。

猫猫石村是一处边界村，交通不便，距离各地都较远，孩童读书需要前往乡上，大费周折，且本地师资力量薄弱、编制长期空出，因此教育问题持续严峻。政府针对这一问题提供了低保兜底，孤儿可以每月享受700元的补贴，发钱发物，到18岁成年截止。

潘兴树书记称，村中于2017年成立合作社，向村民投工投劳，探索运行"党支部＋合作社＋村监委＋老百姓"的新模式，共收集到了110万元总投资。2018年，全长11千米、连接甘伍村一组和二组之间的水泥路正式贯通，并顺利完成集体经济分红。目前，以水电网为代表的基础设施建设已基本做到覆盖全村，电视已经完全普及，手机使用率较为普遍。

图 11　课题组在凉山州马鞍山乡猫猫石村调研

西昌市安哈镇长板桥村

　　长板桥村位于安哈镇域西部、镇区西侧，是螺髻山矿泉水的发源地。土地肥沃，森林覆盖率高达 90%，植被种类、各种林木高达 2000 种，野生菌类、野生药材和野菜数目多见、品类繁多，除猪牛羊鸡鸭鱼等家养牲畜外，山内还有各类生物资源，极其适合发展无公害特色农产品。

　　据安哈镇长板桥村党总支书记兼村主任余彬介绍，长板桥村下辖 5 个村民小组，即长板桥组、黄土坡组、擦而岩组、大草坝组及深山组。辖区面积 117 平方千米，截至 2023 年，长板桥村辖村民小组 11 个，共有人口 7642 人，党支部 2 个，党员 84 名。为了做好基层治理，该村共设置了常职干部 7 名，分工明确、共同协作，通过党建引领带动老百姓发展致富。①

　　长板桥村从业结构单一，以务农为主、外出打工为辅，主要集中为 20—50 岁的中青年，多前往浙江、新疆、广东、山东、内蒙古等地务工。

---

① 西昌发布.【乡村振兴】安哈镇长板桥村：加强基层治理　绘就乡村秀美图景［EB/OL］.（2023-05-29）［2024-04-20］. https://mp.weixin.qq.com/s/X2KvYxNBGp_EoX4XjcMIzA.

2016年，长板桥村170多户贫困户完成全部脱贫。

随着近年来第三产业的发展，长板桥村调整战略，大力规划发展生态旅游产业。农家乐、火把节等旅游资源可为村民带来每天高达10多万的毛收入，直接带动周边农作物与土特产的销售。大力发展"农业＋旅游"特色产业，每年举办梨花节、民俗文化旅游节、彝历新年美食节等节庆活动，开展彝族歌舞表演、彝族传统斗牛、斗羊、斗鸡、赛马等竞技比赛，吸引国内外游客纷沓而至。同时，长板桥村积极建立信息服务平台，利用"互联网＋"模式，打造电商平台，实现农特产品的网上销售，2021年通过电商平台销售苹果、梨8万多斤。① 在2022年四川省文化和旅游发展大会上，长板桥村正式获得"四川省第二批天府旅游名村"授牌。

西昌市安哈镇摆摆顶村

安哈镇摆摆顶村位于西昌市东南45千米，全村辖3个村民小组、290户、942人，有建卡贫困户88户、437人。摆摆顶村第一书记黄平回忆道，2013年底，农民人均纯收入仅2200元。摆摆顶村自然条件恶劣，平均海拔达到2500米，春夏常有冰雹，秋冬常有霜冻。

《安哈镇摆摆顶村高山特色旱地农业（错季产业）发展基本情况》指出，2016年春季，种植500亩错季萝卜，当季错季萝卜大获丰收，亩均产量达到1万斤，均价0.45元/斤，最高达到1.2元/斤，实现产值250万元以上，夏季种植的萝卜也实现产值200余万元。全村每年人均稳定增收0.35万元，户均稳定增收1.55万元。在错季萝卜取得成功的基础上，摆摆顶村自2018年以来，开始尝试优化产业结构：一是于2019年引资德昌"纯雨草莓合作社"在村中流转150亩土地种植商品草莓苗，土地流转价格

---

① 金台资讯.西昌长板桥村：螺岭彝风长板桥 美丽乡村彝家乐［EB/OL］.（2022-12-08）［2024-04-20］. https://baijiahao.baidu.com/s?id=1751610674917224624&wfr=spider&for=pc.

高达 1000 元 / 亩；二是采取积极的态度争取西昌学院"马铃薯高效栽培技术"研发项目在村中落地；三是联系"凉山燕兰莉药材种植有限公司"提供技术支持和销路保证，支持贫困户叶子火试种 1.4 亩金银花套种当归，非贫困户叶字刀试种 4 亩当归，非贫困户石尔初试种 2.7 亩金银花和 10 公斤重楼。

摆摆顶村因独特的自然资源优势，种出来的萝卜脆甜不辣，可以当水果吃。萝卜产业是该村优势产业之一。该村依托自身资源优势，紧紧围绕现代农业发展之路，通过一年三季轮番种植，大力发展萝卜产业，引领萝卜产业提质增效，实现助农增收。"摆摆顶村萝卜产量有 300 余万斤，产值 500 余万元，下一步，全村还将依托螺髻后山的资源优势，结合生态旅游、生态养殖等融合发展，进一步拓宽群众致富增收的路子。"①

在西昌市安哈镇摆摆顶村，课题组主要探访了西昌市安哈镇摆摆顶村幼教点，这里是安哈镇仅有的 3 个幼教点之一。这里的学生数为 44 人，年龄集中在 3—6 岁，幼师均为中专或大专学历，年龄集中在 23—25 岁。马冬梅、马秀珍两位年轻女性代表幼师接受了采访。

响水乡斯阿祖村

斯阿祖村是四川省凉山州西昌市响水乡下辖的行政村，位于西昌市樟木箐镇东北方，东接丘陵村，西连阿嘎保古村，辖区面积 41 平方千米，人口 602 户、2200 人。斯阿祖村村主任呷哈向课题组介绍，全村总人数为 1400 人，其中贫困建卡户为 78 户，共计 284 人。目前，村内贫困人口已全部脱贫。村内主要以农产品作为经济发展的支撑，包括樱桃、青椒、核桃、葡萄、杏子等作物，村中正着手打造万亩水果基地产业，旅游产业还有很大的开发空间。

---

① 西昌发布.【乡村振兴】萝卜地里"话"丰收 产业发展有"甜头"［EB/OL］.（2023-12-23）［2024-03-29］. https://www.sohu.com/a/746492799_121106884.

　　为帮助村民尽快摆脱产业发展困境，斯阿祖村"两委"和驻村工作队借助西昌市委、政府将该村列为"西昌市万亩水果基地"的契机，把发展黄桃产业作为支柱产业，让农民获得实惠，助推乡村产业振兴。

　　截至 2022 年 4 月，全村的黄桃种植户已达到 35% 以上，种植面积达到755.7 亩，成活率达 95%，2022 年已实现初挂果。下一步，斯阿祖村将借助乡村振兴战略契机，争取更多的产业发展项目资金，在现有 755.7 亩黄桃的基础上，逐步发展壮大建成 3300 亩的高标准现代化农业产业园区，整村推进规模化、产业化发展的致富路子。①

　　课题组通过对孙华丽、孙拉火、孙伍甲等当地青少年的采访，获取了有关彝族青年手机使用资料的一手信息。

　　（3）田野点：个案深描、参与观察法

　　在上述样本中，课题组又着重抽取了几个彝族村寨进行重点的田野调研，通过参与观察法，选取个别案件进行深度人物访谈、个案挖掘与长期跟进，如：昭觉"悬崖村"，以网红村悬崖村的第一网红某色拉博为深描对象。

　　丹尼·L. 乔金森（Danny L. Jorgensen）认为，参与观察是"将此时此地的日常生活的情境和场景作为研究方法的基础，并要求从具体的人类生活场景中获取资料，不断地重新定义问题"②。通过对受访者的参与观察，笔者结识了更多的村民，通过观察和近距离接触村民，获得大量有价值的第一手材料，加深了对村民生活方式和生活态度的认识，加强了对当地文化和社会结

---

① 西昌发布.【乡村振兴】以黄桃为支柱产业　斯阿祖村开启致富新门道［EB/
OL］.（2022-04-21）［2024-03-29］. https://mp.weixin.qq.com/s?__biz=MjM5NT
Q5MTA3MA==&mid=2652337265&idx=3&sn=59e2adbc2519753260daec18ac1
aec1c&chksm=bd1469e08a63e0f6b694b0b4e61ba33e214018465e5cead50edde3d4
9e9935d2505bf21c22b0&scene=27.

② 丹尼·L. 乔金森. 参与观察法：关于人类研究的一种方法［M］. 张小山，龙筱红，
译. 重庆：重庆大学出版社，2015：3—4.

构的理解。

如 2018 年在悬崖村预调研时，笔者无意走进了位于村口的杨建新家中，和他聊天，最后了解到他当时正在宜宾职业学院文秘专业就读，而他也是悬崖村中为数不多受过高等教育的年轻人。笔者向他表明调研意图后，得到了他的认可与支持。在他的带领下，笔者陆续接触到了更多的悬崖村村民，其中不少都是他的亲戚，和他同属于一个家支。在他的帮助下，村民对笔者有了基本的信任，也放松了警惕，笔者可以跟着他们干农活、做饭，甚至看他们的手机。而在后期的田野调研中，杨建新也成为带领笔者深入田野的不二人选，承担了彝语和普通话的翻译工作，以及情况介绍等工作，保障了课题顺利进行。

3. 研究过程

在研究过程上，课题经历了优化框架、找准问题，开展田野、调研分析，资料分析、理论构建三个阶段。

第一阶段：优化框架、找准问题。

本阶段主要是听取专家意见，调整优化研究设计。全面梳理研究文献，掌握最新研究动态，确立分析框架。广泛收集资料，进一步凝练和聚焦问题，多渠道寻找有价值的文献资料。

在研究的准备和探索阶段，本研究最为重要的就是熟悉研究问题，寻找合适的田野调查地点。因为笔者的家乡就在大凉山的缘故，加上本身从硕士到博士期间都是研究移动媒体，一直以来都非常关注自己家乡新媒体使用的情况，尤其是在手机媒体异军突起迅猛发展的近几年，感受到智能手机在新时代新征程的伟大浪潮中喜闻乐见而又百花齐放地传播经济文化、搭建商务平台，助推精准扶贫和振兴彝乡发展，其可复制做法令人振奋，激励笔者义无反顾地选择了此课题。

在正式的田野调查开始的前一年时间里，笔者开始关注适合田野调研的地点，并进行了前期的踩点和调研工作。并因为自身经历，积累了一些凉山州的政府工作人员、学校老师、媒体朋友等社会人脉资源。在正式进入田野调查之前，笔者一直与认识的当地人保持联系、了解情况，并通过与当地政府工作人员、学校老师等的联系，进一步了解到课题相关的情况，做了诸多相关调研和准备工作。

但由于笔者是传播学出身，而本课题的研究内容实质上是一个跨学科的议题，这就要求笔者跳出传播学领域的束缚，从研究理论、研究方法到样本的选择上，综合运用社会学、人类学和民族学的交叉领域知识来展开研究。为了弥补自身研究视野的狭隘，笔者也拜访了一些相关领域的专家，听取他们对课题思路设计更好的建议。

笔者首先请教了上海大学新闻传播学院的吴信训教授，吴教授建议从彝族青年的日常生活入手，从当下鲜活的案例出发，从彝族青年使用手机的现状出发去探寻手机在日常生活中发挥了怎样的作用，这和家乡振兴之间的逻辑关系又在哪里，大胆使用社会学和人类学的田野研究方法，扎根田野，融入田野，发现问题。

云南大学民族学与社会学学院媒体人类学研究所郭建斌教授，建议把新媒体对少数民族生活方式的研究融入他们的日常生活中，观察媒介在场所发挥的作用，同时告诫笔者研究新媒体也不能忽略在新媒体出现之前，该地区和族群传统媒介的使用情况，从传统媒体到新媒体，才能纵向梳理并掌握媒体发展的趋势，体现其背后更为深层次的文化变迁和社会变迁。

中共四川省委党校、四川行政学院社会和文化教研部肖尧中教授，从社会学和民族学的角度出发给予了宝贵建议：只有先厘清使用手机所带来的"去乡化""离地化"和家乡振兴之间的逻辑悖论，进而研究传统彝族家支社会结构与社会网络特征，才能知晓凉山彝族长期贫困和慢性贫困的根源所在，以及在整个社会的文明进程中，手机在瓦解和挑战传统彝族家支社会结构与关系网络方面，发挥了怎样的作用。

云南师范大学传媒学院肖青教授，建议笔者重新思考什么是"生活方式"，并建议用深度访谈等质化的方法去解读生活方式。

此外，凉山彝族自治州教育和体育局晏平副局长，中共普格县委宣传部副部长、外宣办主任英比韦慕，凉山日报社记者石进、融媒体中心主任蒋映春，州电视台融媒体中心主任阿比伊木，州烟草专卖局（公司）调研员王剑、乡村振兴办副主任冯乐，以他们常年来在一线工作的宝贵实践经验，为课题设计建言献策，帮助笔者更好优化框架，找准问题。

此外，课题的顺利进行还离不开以下基层干部和教学一线老师们的支持，他们不仅提供了调研的资源，还为课题提出建议，他们是：

普格县德育村驻村第一书记王新；昭觉县解放乡火普村驻村第一书记罗平；三河村第一书记张凌；三岔河乡党委书记宋仕伟；普格县洛果村第一书记刘维；冕宁县彝海镇党委书记王栋、彝海村文书邱莫木萨；西昌市马鞍山乡副乡长、甘伍村（猫猫石村）第一书记潘兴树；西昌市响水乡斯阿祖村村主任呷哈；安哈镇摆摆顶村第一书记黄平；安哈镇长板桥村书记余斌；昭觉县县发改局驻村干部苏里古先生。

凉山职业技术学校陈启昭老师；凉山州卫生学校杨寒老师；凉山州民族中学晋大洪老师；西昌市川兴中学李杨倩老师；昭觉中学余开顺老师；冕宁中学朱国慧老师；金阳县教师发展中心主任吉鲁比古；金阳县教师发展中心唐莉；金阳中学叶志君老师、朱乾凤老师、阿木尔日老师；喜德县教师进修学校原校长沙马瓦铁；喜德中学胡德彬老师；雷波县汶水乡中心小学程永强老师。

第二阶段：开展田野、调研分析。

第二阶段主要是从前期确定的田野点着手展开田野调研。

在彝族村寨区域的调研部分，一部分田野点是通过走访认识当地村民开启研究的；另一部分田野点是跟随基层干部走村访户开启的，取得了相当好的研究效果。学校区域的调研部分，基本上是通过班主任组织的形式，一个班级一个班级地展开，具体先由班主任带领课题负责人到班级中去，做一个大致的课题负责人介绍及接下来调研的流程和要求，再由课题负责人详细介绍课题的流程和需求，由课题组成员发放调查问卷，在班主任和课题负责人共同协商的基础上确定部分深度访谈的对象，在课间及课后，由课题组成员对被访者展开一对一的深度访谈。在此期间，课题组会为每一位接受深度访谈的同学拍摄一张白墙为背景的照片，同时记录下该同学的联系方式，若其有微信、QQ 等即时社交软件，则及时添加好友并备注姓名，以便后期的补充访谈、跟进及参与观察其朋友圈。

第三阶段：数据处理、个案分析，第二轮的田野调研与回访。

在第一阶段的田野调研基础之上，课题组就掌握的情况进行深入分析，量化部分：问卷调研的录入、数据分析、SOR 建模工作；质化部分：田野点情况的梳理与查阅资料、受访者录音整理、个案的撰写、图文的处理；并在研究的基础上又展开了第二轮的田野调研及部分受访者的回访。

第四阶段：研究与成稿写作。

在前几个阶段工作的基础上，结合文献理论、查阅资料，展开研究分析，发表了阶段性论文，于 2021 年底完成了课题结项书稿。

4. 研究价值与难点

本研究是建立在质的基础上对人、技术和彝族社会发展的深层探究和理解，是多个学科和理论交叉研究的成果体现，有利于加强政府部门、学者和公共媒体对少数民族群体的媒介使用、信息传播、生活方式、乡村振兴的理解和管理。

（1）研究价值

学术价值：在研究方法上，本选题借鉴了民族学和人类学的田野考察法，融跨学科研究思路为一体，力求呈现出一个多维立体的彝族青年智能手机使用样本，弥补了当前学界在此研究领域的空白。课题选择实证调研的彝族村寨，彝族世居土著人口占 99%，位于大凉山腹地，因深度贫困，社会关注度极高，极具整体性、典型性和历史性，伴随着新时代新征程的步伐，将不断孵化出新成果，学术价值长久。

选题具有较好的前瞻性。青年代表着国家的未来，是国家的新生力量，理解当今青年的生活方式，有利于理解我们身处的时代。彝族青年智能手机的使用，作为异军突起的文化新景观、新现象，折射出了当今社会、文

化、经济、科技的种种变革与趋势，选题切中了"全面建设社会主义现代化
国家新征程"时代和新媒体时代下，我国彝族地区文化、经济、社会发展的
命脉。

应用价值：选题研究对于正处于决胜"全面建成小康社会"新征程时代
的中国社会，具有重要的现实意义和应用价值。智能手机已日渐成为彝族地
区最重要的现代传播工具，课题提出的"家乡振兴发展战略建议"将为国家
和相关决策部门提供参考，指导彝族地区更好地使用智能手机在精准扶贫方
面发挥科技创新作用，释放"拇指经济"，发挥智能手机在信息传播、基础
教育、健康科普、生活服务、文化娱乐、经济建设中的作用。

基于研究获取的样本和数据，课题组还将用于彝族青年的智能手机使用
培训，孵化年轻一代的彝族电商能手和文化传播达人，沟通山里山外，做到
真正落地生根、立竿见影、方便易行，产生"未来已来"的社会效益和应用
价值。

（2）研究难点

本课题牢牢把握"彝族青年智能手机使用"状况及其影响，论证该影响
如何从生活方式贯穿至家乡发展及作用于家乡振兴，着力掌握并解决以下
问题：

凉山彝族青年智能手机使用的现状与特征是什么？

手机为受访者展示了怎样的世界图景？

智能手机对彝族青年生活方式产生了哪些影响？

有哪些喜闻乐见的利好与令人担忧的弊端？问题与困境是什么？

手机的"离地化""去乡化"特征改变当地彝族青年的生活方式，
使其脱离乡村，脱离乡村又如何振兴乡村呢？

手机展示的世界图景与受访者个体的生活图景是否对接？如何
对接？

"去乡化"之后如何"再乡化"？

如何有效发挥智能手机的效能，从"认知—情感—行为"，从而推动彝乡的振兴发展？

主要的难点有：

路途艰险遥远难抵达：课题所选取实证调研的彝族村寨，路途艰险且遥远，均位于海拔2000米左右的大凉山腹地，费时费力，尤其是"悬崖村"需要徒手攀爬几个小时，对体力的要求较高，较难抵达。

田野调研时间难协调：在时间的安排上，因笔者在学期内还担任教学任务，所以只能选择在暑期集中调研，而暑假恰逢凉山山区降雨量多，泥石流山洪等自然灾害频发，经常出现道路意外中断和山石滚落现象，增加了调研风险。

语言文化障碍难克服：如何在彝族世居土著人口占99%的地区，通过彝汉双语进行问卷设计、发放与回收，准确选择样本进行深入接触和采访，确保访谈内容的真实有效，都是需要解决的难题。

疫情影响：2018年课题立项，2019年底就暴发了新冠疫情，随之而来的各地防疫政策，严重影响了田野调研的进度。

研究不足与欠缺：由于本研究是跨学科研究，涉及传播学、社会学、人类学的交叉领域，其中涉及的理论知识较广；在研究方法上，实证研究的量化和质化相结合的方法在具体语境中的运用，都需要课题组成员在研究的过程中不断学习与实践，难免存在由于缺乏经验而导致的一些问题。

在把握"彝族青年智能手机使用"状况及其影响方面，课题组所了解到的情况仅局限于调研过的凉山部分地区，还不足以代表整个凉山州的情况，只能在一定程度上反映凉山的整体性和典型性。而对于论证该影响如何从生活方式贯穿至家乡振兴，其间的逻辑及该影响的效能，也需要与时俱进，深入具体的田野点中进行后续的研究。

第一章

诞生于大凉山"悬崖村"的彝乡"数字青年"

手机正在改变着偏远彝区信息不对称的历史，彝族青年正借助手机新媒体平台展开文化实践，曾经的"直过民族"开始进入信息社会，曾经与世隔绝的"三区三州"深度贫困地区的彝乡，正在蜕变为视频直播平台上的热点 IP。这种根植于互联网的日常生活，是彝族青年对旧有生活方式的一种颠覆和蜕变，一种理解和阐释，重塑着他们的日常生活方式，凝聚着民族文化精神，改变着他们脚下的彝寨乡土。

◀ **第一节**

大凉山网红彝族青年的文化传播实践故事

28 岁的某色拉博向笔者展示着他用手机拍摄的一张照片：

一个 4 岁的彝族小男孩，腰上系着一根手指粗的麻绳，怯怯地蹲在暴露着土黄色山体的陡峭边缘，倚靠在石头边。

"哇，好险呀！"

"我们都非常小心，其实最危险的地方是最安全的地方，以前我们上下山都是走藤梯，正因为不好走，所以会集中精力，我反而感觉比现在的钢梯还安全。"

这张照片，正是某色拉博发布在快手平台上的一张照片，发布时间是 2017 年 7 月 25 日 14 时 26 分。

"也就是这张照片，让你爆红的？"

"是的，当天上了快手的首页热门，当晚就涨了几万粉丝，第二天早上起来我被吓了一跳。"

"从此以后就开始了每天直播谋生的日子？"

"也就在 2017 年底，直播了半年。"

这位肤色黝黑的青年男子叫某色拉博，外号"悬崖飞人"，在快手平台上的昵称是"（悬崖飞人）拉博"（快手号：1b879854）。2017 年 10 月，23 岁的某色拉博在快手平台开始了他人生中第一次 40 分钟的直播，记录他和小伙伴攀爬钢管天梯出行的情景。这为他在接下来的 5 个月内带来了 13 万粉丝，他在腾讯视频平台上发布的《悬崖村飞人》短视频播放量甚至超过了 2.7 亿次，由此成为"悬崖村"第一个网红直播彝族青年。

课题组曾在 2019 年及 2021 年两年的暑假专程访谈某色拉博，第一次见面前，笔者就在网上读了不少关于他的新闻报道。

选择某色拉博作为本课题的个案展开深描，缘于该案例所具备的典型性和显著性：

"悬崖村"全名四川省凉山彝族自治州昭觉县支尔莫乡阿土勒尔村，地处美姑、布拖和昭觉交界处的大凉山腹地，彝族世居土著人口 99%，坐落于昭觉县城 72 千米处，海拔 1400—1600 米的山脊上。这里的地形以山地悬崖为主，因世代村民进出大山依赖的唯一工具是用藤条和木棍编成的"天梯"，因此得名"悬崖村"。

全村占地面积 7.22 平方千米,全辖勒尔、牛觉、特土 3 个农牧服务社,户籍总户数 171 户 688 人,据 2018 年统计,贫困户为 44 户 165 人,村民收入以传统的畜牧养殖业、种植业和外出务工为主要来源。村主要产业:种植产业为青花椒、核桃、三七、橄榄油、马铃薯、荞麦;养殖业主要为牛、羊、猪。

在 2017 年 3 月召开的十二届全国人大五次会议上,习近平总书记参加四川代表团审议时,对以"悬崖村"为代表的凉山彝族脱贫给予密切关怀:"看着村民们的出行状态,感到很揪心。"

"悬崖村"因此受到中央电视台、《人民日报》等国家级媒体的报道,并由此引发了更多国内权威媒体的报道和关注。

在党和国家领导人的重视关怀、媒体聚焦、全民关注下,"悬崖村"的曝光率越来越高,进入了大众的视野。2017 年 9 月,凉山州、昭觉县两级财政投入 100 万元建成 2556 级"钢管天梯",改善了村民出行问题。

2017 年 6 月,互联网正式接入悬崖村,当地的彝族青年们用起了微信、QQ 等社交软件,还开设了快手账号,通过直播和短视频向外界展示悬崖村这几年的巨变,诞生了以"悬崖飞人"某色拉博为代表的当地年轻网红,悬崖村从一个与世隔绝的深度贫困彝乡蜕变为视频直播平台上的一个"大 IP"。

可以说,某色拉博的走红,除了党和国家对"悬崖村"的重视关怀、媒

图 1-1 悬崖村建设"钢管天梯"前后对比

体聚焦以外，很大程度上是基于 4G 网络的连接，4G 网络不仅连接了"悬崖村"和大山外的世界，也使得某色拉博经历了从离乡到返乡的人生历程，实现了从未想象过的人生跨越和逆袭：

通过使用智能手机，小学学历的某色拉博，自学了手机视频和大疆航拍器拍摄、剪辑、后期制作的技能，他在短视频平台上发布的热门作品都是自己拍自己剪辑的，真正掌握了一技之长，成为短视频内容创作和传播达人。

通过使用智能手机，某色拉博也认识了越来越多的文字，提高了自己的知识文化水平，更好地向村里的年轻人和晚辈展示知识的力量，向他们树立了通过学习改变命运的榜样。

通过手机直播的走红，某色拉博结束了在外打工赚钱的漂泊生活，成为投资"悬崖村"旅游公司聘请的户外向导，月稳定收入 4000 元，实现了不用外出打工，在家门口就能就业，一人工作养活全家的华丽转身。

通过从普通农民到直播网红达人身份的转变，某色拉博更是看到了、去到了、体验到了更大的世界，他几乎是以"悬崖村"形象代言人的身份，参与包括《央视新闻》、四川省电视台等各级媒体的栏目录制，各大媒体和其他平台的采访报道、短视频、纪录片制作及拍摄，宣传、推广等社会活动，得到了前所未有的关注和人气。

而在身份转变的同时，某色拉博也获得了更多的机遇去学习和提升自己：户外旅游行业和手机视频制作的培训和学习……

一言以蔽之，因为智能手机，或者说基于智能手机，某色拉博实现了从未想象过的人生价值，拥有了做梦也不敢梦到的新的人生，关键是，他开始敢梦了。

课题组通过对某色拉博的参与观察与深度访谈，从几个侧面来展现他的日常生活，并尝试通过这些描述，展现出智能手机如何改变并塑造了他的生活方式，尤其是通过他在 2017 年直播前后的对比，展现他的生活现状，以此还原作为新媒体典型代表的智能手机，对一个彝族个体，一个彝乡数字青年的影响，立体呈现这个彝乡数字青年的生活方式及文化传播实践故事。

早上 7 点刚过，某色拉博从位于昭觉县不色列洛村（当地人称：悬崖村大平台）的悬崖酒店二楼"舍五"房间走出，虽说是酒店，但实际上是类似于民宿的几间房子，尽管简陋，地理位置却得天独厚：环绕一圈是郁郁葱葱连绵起伏的大山，云海在你的脚下，站在房门口的二楼过道上，迎面是大山，低头可看见深深的山谷悬崖。

酒店通往悬崖的路，是一条半米宽约 200 多米长的石头小径。这条小径对于某色拉博来说最熟悉不过了，他从去年开始，就在山下河谷里亲自挑选石头铺成这条石头路，每个石头约 20 厘米长，整齐的一面齐刷刷朝向一边，石头之间的缝隙用林子里揉入枯草的泥土夯紧。来到山崖边，向下俯视，对面约 1000 米的低处有一块高山草甸，零散地分布着几十户人家，蓝色的屋顶，整齐方格的田地，某色拉博指着告诉笔者，那就是他的老家"悬崖村"。

2018 年，某色拉博一家就住在"悬崖村"老家的房子里，和他一起同住的还有他的妻子，来自美姑县拉马乡的阿洪阿果，以及他的三个孩子：3 岁的大女儿某色云梦，2 岁的儿子杨小东和 1 岁的小女儿某色婉伊。那时某色拉博家主要依靠务农为生。

2019 年，由于网络走红的关系，某色拉博被投资"悬崖村"的旅游公司聘请为户外向导，从 2020 年开始，他住在悬崖村大平台，开始了都市白领般上下班的生活，每个月的工资大约 4000 元。

而脚下的"悬崖村"老家，已在 2020 年整体搬迁到了位于昭觉县城的 5 个社区里：沐恩邸社区、南坪社区、昭美社区、轿顶山社区和依乌社区。某色拉博的父母及全家都搬迁到了南坪社区，3 岁的大女儿某色云梦就近在南坪社区幼儿园读小班，某色拉博也实现了稳定的收入。小孩步行上学，大人家门口实现就业，老人医疗得以保障，某色拉博一家的生活发生了天翻地覆的变化，这一切是 2017 年"悬崖村"通 4G 网络之前做梦也想不到的。

一、没有手机的日常："全村挤在一起看电视"

"整个客厅都会挤满人，最少的时候也是 20—30 个人，有人坐着有人站着，有人在门外露出一个头来看，讨论剧情，很是热闹。"

某色拉博出生于 1994 年，他坦然笑道："我生下来的月份我自己也记不得了。小时候因为'悬崖村'还没有幼儿园，小学从一年级读到三年级，四年级时转学到特土社，六年级转学到了乡政府，读完了小学后就没有再继续念书了。六年级时，学校离家远，天没亮之前就要从家里走路出发，走到天黑时候才能到学校。"某色拉博告诉笔者，因当时所处的环境和老师自身的文化水平有限，加上父母那一辈人的思想开放度低，老师不会教你什么知识，也不会去监督你读书任务，说是读书，其实不过是在老师家里帮忙干农活，父母也不会去监督学习任务，是当时政府有规定必须读书才不得已去的学校。有的时候走着走着，天下雨了就会和同伴半途返回家，有时在学校待两三天就会回家；当时的'悬崖村'村党支书记某色吉日不得已，有时自掏车费让他们去学校。

在某色拉博的印象中，2008 年奥运会时，他小学四年级考试只考了 1 分；小学毕业考试时，只会写自己的名字。

"我就一直在考试的卷子上写名字。监考老师说，再继续这样，警察会来抓人，我才停止。我能听懂大部分普通话，也能说，但只会写一小部分。彝语因为从小耳闻目睹，听得懂，也能说，但不认识彝文字，也不会写。"

小学毕业后，某色拉博在家放羊种地，种土豆和玉米，那时尽管没有收入，生活上却也自给自足。17 岁时，看到村里同龄人都出门打工赚钱去了，他也想买新衣服穿，家里也需用钱，于是有了出去打工的想法。妈妈很担心他，舍不得他离开，不支持他外出打工，他就偷偷和几个老乡离开了"悬崖村"，开启了背井离乡的打工之路。

"经昭觉的亲朋好友介绍，我去了江苏无锡的一家玩具厂，每天上十二三个小时，又上夜班，因为之前没经历过夜班，一直站着，厂房没有空调又很冷,上到凌晨三四点时会困得忍不住,于是倒下就睡着了。"

没有结算工资,第一段打工经历就这样匆匆结束,不过热情又乐观的某色拉博很快就找到了第二份工作:

"听说广东暖和,认识的人也多,好耍一点,我就放弃了无锡的工作,也没有结工资,直接就到了广东惠州。"

某色拉博的第二份工作是在惠州的电子厂做电视机 VCR 的组装工作,有时一天工作十三四个小时。

"但我并不累,这些活儿比起在家干活要轻松好多,每个月还有一两千块的工资。"

某色拉博之后在惠州的鞋厂也打过工,主要是做鞋底,那时候的工资两千多一点。

在 2016 年以前"悬崖村"还没通网络的日子里,他每天的娱乐时光就是和同乡们挤在某色尔伍家的客厅看电视。2016 年以前,"悬崖村"只有一点点网络信号,打电话发短信时必须跑到山上去找信号;村里也没有广播,当时全村只有某色尔伍家有一台小的电视机,拥有电视机可不容易,不仅家里要稍微有点钱,而且还需要通电。当时"悬崖村"村下有个水电站,但能分到且接到电的没几家。

某色尔伍家十分好客,于是热闹的一幕出现了:村里人有空就会聚集在他家看电视剧《神雕侠侣》《李小龙传奇》《西游记》……某色拉博说起来记忆犹新:

"整个客厅都会挤满人,最少的时候也有二三十个人,有人坐着有人站着,有人在门外露出一个头来看,讨论剧情,很是热闹。有的人会忍不住说大家小声一点,都听不到电视声音了。只要剧情没结束,大家就会一直看,有预告,大家还会提前来预告,看完后直到晚上十点左右才会休息睡觉。"

二、某色拉博的手机使用简史

拥有第一部手机是在 2013 年,从自给自足的大山走到惠州,通过打工,某色拉博挣到人生的第一桶金，花了 200 元购买了人生中第一部手机。这部手机主要用来满足打电话和发短信的基本需求，每个月的话费是四五十元左右，那个年代打电话不是很贵，对于某色拉博来说发短信还是有点贵。

2015 年，某色拉博听周围人说有一种可以用手来触摸屏幕进行控制的手机，他觉得很高档很厉害，于是花了 500 多元买了第二部手机，结果因为是杂牌，加上 8GB 内存卡，使用起来很卡，体验很不好。

用了一年很卡的手机，2016 年，某色拉博终于买了人生中的第一部品牌手机，OPPO 的智能手机，用了三年。这三年也刚好遇到了互联网接入悬崖村，通过互联网就能连接大山外的世界，某色拉博开始了直播，每个月的手机费用也升级到了 140 多元。

2019 年，初尝甜果的某色拉博下重金 5000 元买了一部华为 P20 手机，此时每个月的话费大大减少，在没有话费补充减免优惠的情况下也只需要 100 元左右。他的工作地点安装了 Wi-Fi，因此工作的时候可以使用室内网络，外出时才会使用无线流量，这进一步减少了流量方面的开销。

2021 年，旅游公司的老板送了某色拉博一部华为 P30，这是他的第五部手机。

使用手机已成为某色拉博日常生活的标配，即使再忙，他每天也要看一两个小时的屏幕。闲暇的日子里，他待在房间里，一看就是六七个小时乃至更长。

但手机并不仅仅是用来纯粹消遣时光的，大多数时候，手机是某色拉博生产内容的工具。拍视频、制作视频、剪辑视频占据了他绝大多数的时间。他每在外拍摄一两个小时的视频，回来就要在剪辑视频上花费七八个小时甚至十一二个小时的时间。同时，为了取材和学习，他还要花费更多的时间来看别人制作的视频，尤其是风景类、旅游类、摄影类和剪辑类的视频。

微信、快手、抖音是某色拉博使用频率最高，也是他认为最为重要的 App。在接触微信之前，他主要使用的社交通信软件是同为腾讯公司出品的 QQ。但在接触微信之后，QQ 退居二线，成为他存储视频和照片的工具式应用，不再承担过去那般频繁的社交功能。西瓜视频，微信视频号，快影、剪影，App 短视频方面的内容是某色拉博的最爱。在剪辑视频、学习视频的空隙间，他偶尔也会娱乐一下，玩一下吃鸡游戏。不过，即使他在自我提升方面有很强的积极性，但囿于文化理论水平不足，他几乎不怎么听得懂具体的知识讲解，只是跟着视频上的操作一步步实践。

现在，某色拉博的手头有两架无人机，各自属于乡政府和公司。他会使用无人机的一些基本操作，但对于具体的原理一头雾水：

"平常游客来得多了，看看他们的操作就学会了。怎么上来下来，怎么停在空中，这些简单的操作一看就能学会。"

三、返乡后"在云端"的日子

"在那么多关于你的媒体报道或视频作品中，你最满意的是哪一个？"

"我最满意的，是我自己拍的作品。"

白云之上有村庄，与风越冬，与鸟歌颂。

"云端"在此有双重含义：从地理位置上而言，悬崖村地势高，常年云雾缭绕，充满仙气，是直观上的在云端；从媒介使用上而言，某色拉博基于互联网及信息社会的新生活，更是赋予了他"在云端"的属性。

央视网制作的动漫微视频《云端上的幸福》就以某色拉博为原型，从他的视角展开讲述悬崖村的故事，这也是在来自外界的关于他的作品中，他目前最满意的一部。

2016 年村里接通互联网后，某色拉博开始好奇，直播究竟是什么样的？他也想上热门，想吸引外地人来游玩，看到别人直播的样子觉得挺好玩，也想借此来介绍家乡的风景，特别是极具特色的悬崖村钢梯。钢梯在某色拉博心中是独一无二的风景，于是他开始了在快手上的第一次直播：走在钢梯上，边走边介绍，尽管观看人数很少，但他也坚持直播一两个小时，那时的他不在乎观看数，只希望下次直播观看人数能比这次多，当然也会梦到上热门。

第一次上热门是在 2017 年，这让他觉得不可思议，平凡的自己竟然也上了热门。最开始直播时，某色拉博每天都有固定的时间，上午场从 9 点左右开始，下午场从 4 点左右开始，每场直播时间不会太长，只持续 1 个小时左右。

之后，哪天有时间就哪天直播，直播人气多就直播得久一些，有时一两个小时，有时三四个小时，特别是在山上有事需要下来的时候，就慢慢直播到山底，或者上山回家时候也会直播着回家。

某色拉博直播的内容基本都是介绍走钢梯过程，介绍钢梯路和之前藤梯路之间的对比，以及村里的风景、村民的生活、小朋友上下学等悬崖村日常。

"很好看，很吸引人。"出于好奇，某色拉博在手机里下载了短视频软件，并开始发布视频。他的素材，俯拾即是，村里有大山、峡谷、温泉、溶洞、原始森林，一年四季，美得不重样。

他最大的绝活就是展示自己在悬崖峭壁上"奔跑"的功夫，这是一条顺着悬崖蜿蜒的连接村里和山下的 2556 级的钢梯，下山，他最快只要 15 分钟，上山，他最快只要 30 分钟，因此他被称为"悬崖飞人"，这个纪录至今还无人打破。而曾经有过播放量 2.6 亿的腾讯的一段热门视频，是某色拉博在休息时，被同伴拍下来，然后在朋友圈里被成都一个记者发布到腾讯视频上的作品。

如今，某色拉博在多个平台同时生产并发布内容，他的生活成为村里人的焦点，全国乃至世界都将目光聚集到了这里。快手、抖音、微信视频号：《主播采访美国记者》《做梦的自由》《CCTV 来采访我直播》《我要翻过那座山》《第一次上电视的时候》……在《我的视频播放量 2.6 个亿》短视频中，他还插入了自己被不同媒体报道的图片。

通过使用手机，某色拉博也习得了不少技能：看快手和抖音短视频，学习拍照、拍视频、视频的制作剪辑技能，学习作为户外向导该有哪些更好的技能，然后在快影 App 和剪影 App 里操作视频的制作与剪辑。某色拉博更是通过自学，用他的话说是："自由放开的操作，哪里有不懂的问题自学操作几次后就容易懂。"某色拉博已经掌握了使用手机视频拍摄和剪辑、后期制作的技能，他本人短视频平台上的全部热门作品都是自己拍自己剪辑的成果，他还学会了使用大疆飞行器进行拍摄，同样，都是靠自己自学完成。

因为直播的走红，某色拉博也被悬崖村庄旅游公司聘为户外向导，主要给游客介绍风景和讲解曾经的老悬崖村历史，带领游客放羊、看日出，体验乡村生活，在外拍视频、剪辑视频、发作品，通过政府官方媒体宣传家乡；每个月固定工资 4000 元左右，目前家庭人均年收入达到了 7000 元以上。

除了直播，某色拉博还参与电视台栏目录制，媒体和其他平台的短视频、纪录片制作及拍摄：

2018 年 10 月 20 日，某色拉博参与动漫微视频《云端上的幸福》的制作。

2019 年 7 月，某色拉博登上央视财经频道《生财有道》节目。

2020 年 9 月，某色拉博与周迅等明星一同参加了央视频道录制的《脱贫攻坚星光行动》。

2020 年，某色拉博在央视新闻频道《今日中国》中成为凉山彝族青年形象大使。

2020 年，某色拉博在央视频道《新闻 30 分》、央视新闻《我和我的村庄》中出镜。

2020 年 10 月 24 日，某色拉博被选为 CCTV-13 新闻频道《新闻周刊》本周人物，且该频道播出其纪录片。

2020 年 5 月 13 日，央视新闻独家全程直播某色拉博全家搬家。

2020 年 5 月，某色拉博在 CCTV-13 新闻频道《两会你我他》特别报道直播活动中出镜。

2021 年 7 月 1 日，某色拉博在央视财经频道《再访悬崖村，看悬崖之上巨变》报道中接受采访出镜。

2022 年 5 月 27 日，某色拉博在《2556 级钢梯建成后，"悬崖村"的青年如今生活得怎么样？》报道中，接受央视网的采访。

2022 年 9 月 20 日，某色拉博在《瞭望 | 昂扬志气骨气底气》报道中，接受新华社的采访，体现了悬崖村青年的信心与志气。

2023 年 2 月 25 日，某色拉博在中国之声《为了总书记的嘱托》系列报道中，接受采访。

······

在所有的电视节目中，某色拉博最喜欢的是动漫微视频《云端上的幸福》。他认为，这部片子以自己为原型，讲述了最真实的故事。某色拉博录制的短视频的主要内容与悬崖村村民的生活紧密相连，以介绍家乡村民的日常生活、日常出行和那条连通村里村外的钢梯路为主。随着短视频拍摄经验的不断积累，他的拍摄技巧也日益纯熟。2020 年，他拍摄的短视频《悬崖村上的酒店》荣获"中国移动 5G 美好凉山"短视频比赛 5 月赛优秀奖。

除了直播，某色拉博还参与了不少社会活动、培训 / 代言 / 广告：

2018 年 11 月，某色拉博参加了西昌国际马拉松比赛。

2019 年 6 月，某色拉博参加了"纵横云南·秘境国家步道线路勘查"户外向导培训。

2019 年，某色拉博荣获"秘境百马"最佳摄影奖。

2020 年，某色拉博在全国两会特别节目《两会你我他》中为凉山悬崖村代言。

2020 年 7 月，某色拉博参加了"佛凉协作·云上优选"云展销活动，推销家乡特色农产品。

2020 年 10 月，某色拉博参加了在深圳举办的"中国陆上赛艇百日创纪录赛",并创立项目全国一千米纪录。

2021 年,某色拉博参加 2021 年四川省乡村文化旅游能人培训班第一期培训。

……

对于某色拉博而言,参与录制是他走出大山、见证世界的契机。作为大山里土生土长的彝族子弟,他在深圳参加赛艇比赛时才第一次看到大海。他形容,见到大海的瞬间,他的心跳也随之激动。翻涌澎湃的海浪让他一方面因为担心翻船而紧张不已,另一方面也不由为了那无边无际、宽广绵延的感觉而沉迷。

四、某色拉博的短视频创作:从《我要翻过那座山》到《云端的幸福》

"在大凉山天天只能见到大山,翻过这座山,又是另一座山在等着你;一次次地走出大山,见到外面繁华的大城市,见到外面世界的美景,回家乡后也还想再去看,但自己始终只留恋自己的家乡,家乡才有安全感和归属感,有真正的家的味道。自己的文化水平跟不上外面发展的节奏,去外面始终是为了应酬,根本不可能在那长居安定下来。"

在短视频《我要翻过那座山》里,某色拉博站在悬崖边旋转一圈展示钢梯及周边的悬崖峭壁,而《云端的幸福》是记录悬崖村从藤梯到钢梯的脱贫过程,二者从标题到内容,无不体现出了某色拉博从离乡到返乡之间心态和身份的转变,从对大山外面世界的好奇,通过手机展开对世界图景的想象,到看过外面的世界,完成了个人世界图景的构建,最终与自己内心达成和解,尘埃落定的选择。

某色拉博强调,相比较直播,他更喜欢现在这份剪辑视频的工作,因为这份工作能让他有稳定的收入来源来养家糊口。尽管直播能为他带来价值不菲的打赏,但他觉得"别人白刷礼物就感觉不劳而获,只能靠别人刷礼物才能生活一样，不喜欢那种感觉"。当谈及薪水的时候，虽然两种工作的报酬相差不多，但他也承认，自己如果坚持直播，收入可能比现在这份工资高：现在还在直播的一些悬崖村村民，直播人气红火时，每个月能带来接近一万元的收入。

由于工作的内容是他最擅长的攀爬和拍摄，他感到自己颇能担任短视频博主的职责。通过从事自己最喜欢的在外拍摄和视频剪辑，某色拉博宣传着家乡的美景，吸引着更多的游客前来家乡游玩。这位青年的想法其实非常单纯：把家乡的旅游业开发好了，就能待在这里上班，就能不用离开家人去远的地方了。某色拉博的父母也很喜欢他这份工作。

不只是拍摄技巧，手机也给某色拉博带来了方方面面的进步。

"在没用手机之前，我一句普通话都不会说，现在我会的所有普通话都是用了手机之后才慢慢学的。以前我最多只会写自己的名字，用了手机后认识了很多字，能写的字也慢慢多了起来。手机还提高了我的彝语水平，通过手机，我了解了更多地方的彝语方言，看到了外面世界的美景，也认识到了外面（现代化）世界先进的样子（面貌）。"

某色拉博说，使用手机让他感受到了身心放松。对他而言，生活中的最大成就感莫过于长期工作后完成了让自己满意的作品。发布的作品登上热门也能使他产生发自内心的快乐，他觉得，这是别人对他剪辑制作的视频的认可。

手机彻底重塑了某色拉博的生活，却也给他带来了一定的困惑迷茫。一方面，手机让他可以经常跟家人通视频电话，增进了他与家人的联系。另一方面，长时间使用手机让他的眼睛受到了较大的影响。同时，自从有了手机后，他和过去关系亲密的朋友反而越走越远了。有时，哪怕他们面对面聚在一起，也只是各自看各自的手机，没有互动交流，也不知道该怎么聊天。某色拉博说，他有一种友谊被割裂的感觉：

"觉得友谊不像以前那么好，各自眼里好像只装了手机，心里不需要朋友了一样。"

他试图通过约定大家都不看手机，或者自己尽量少掏出手机来看的方式来解决这个问题。但不知怎么的，大家心里都清楚，和朋友在一起的感觉不会再像曾经那样了。

五、回望曾经的"悬崖村"

"在你眼中，过去的悬崖村是怎么样的？现在是怎么样的？期待中未来的悬崖村是什么样的？"

在提问某色拉博上述问题后，某色拉博的回答也再次复原了过去悬崖村的面貌：

这里与世隔绝，没有外地人，唯一连通外界的藤梯路极为危险。村里人世代居于此地，长于此地，搬离悬崖村的说法简直就是天方夜谭。因为上学路不安全，几乎没有孩子能去村外上学。不过，即便必须依靠这样的藤梯路出行，村里却基本没人出过意外事故。按照某色拉博的说法："最危险的就是最安全的。正是因为太过危险，村民走的时候必须全神贯注，一步一步慢走，反而不容易出事。"

通行不便的最大弊端，体现在将临危病人送往医院的生死之间。某色拉

图 1-2　课题组访谈大凉山"悬崖飞人"某色拉博

博清晰记得，自己的嫂子当年在悬崖村生下孩子后不幸大出血，束手无策的家里人背上她，将她送往医院，然而嫂子在藤梯的半路上就去世了，她的孩子没过多久也夭折了。

悬崖村被报道后，村民希望政府能够修一条路到悬崖村上。但由于施工难度过大，当地政府只能暂时修建一条钢梯路，保障村民的出行安全。后来，悬崖村接到了整体搬迁的通知。现在的悬崖村成了外地人的旅游景点，某色拉博偶尔还会看到被宣传吸引而来的外国人。

某色拉博期待，未来的悬崖村能够被更好地开发建设。他提议，从悬崖村山上到大平台可以分别修上钢梯路、索道缆车和水泥路，让游客有三种不同的游玩选择。在他眼里，这样的悬崖村更有机会成为人山人海的景区。

其实，当地政府原本已经制定了修建索道缆车的计划，然而在这之后，乡政府遭到撤销，悬崖村被合并为镇。行政区划的改制耽误了原定的计划，导致缆车迟迟得不到修建。某色拉博有些担忧，村民的集体搬迁可能影响到未来的旅游业开发，因为悬崖村这一景区的最大卖点就是让游客亲身体验悬崖村民如何生活。如果人都不在了，游客量必然会受到影响。他设想，未来可能会让老年人留在县城，让孩子在县城上学，青壮年则回来上班，接待游客，做做生意。

在过去，村里人基本能靠自主生产的农产品自给自足。搬到县城以后，各方面的支出比例都大了起来，生活开支也就随之增大。孩子们开始上学，某色拉博需要支付相应的费用。最大头的支出就是婚丧葬礼费用支出。

"我丈母娘去世时，需要给四五万块甚至更多的礼金。其他的亲戚或者朋友家人去世，最低也是四五百块起步。"

作为悬崖村最早的本地网红，很多外地游客通过某色拉博以前的直播和热门作品才获知了这座云上小村庄，他也见过特意通过自己而来、为寻找自己而来的旅客。他现在是凉山彝族青年的代表，也是凉山风景、特产、文化的宣传者。现在悬崖村的直播青年之所以会做出直播生活的选择，也大多是受到了某色拉博的影响。

"县城的房子对我来说，一直以来都是一个梦一般的存在，更好看，也更安全。我从来没想到，居然这么快就能住上这么好的房子，政府就像是我的父母一样。"

离开时，笔者忍不住问某色拉博：

"对你而言，你觉得最开心的事情是什么？"

"最开心的事情就是在外拍摄很长时间的视频，回到家自己制作和剪辑视频，完成作品上传，再看到作品登上热门。"

"你最开心的一天是哪一天？"

"没有最开心的一天，我的每一天都很开心。"

"那最遗憾的又是什么呢？"

"没有什么遗憾的，如果真的要说遗憾，那可能就是小时候没有机会好好读书吧。但这也不全怪我自己，因为那时候我并不理解读书的目的，只知道应付了事，去了学校也只能帮老师家挖土豆和耕地。现在，我只希望我的孩子未来能取得好成绩，去做他们想做的事情。"

"未来有什么什么期待呢？"

"希望自己的工作能够持续稳定，悬崖村的旅游能够更进一步，让更多当地年轻人不用出去打工就能在这边上班。我也会尽己所能，努力宣传，吸引更多外地游客过来游玩。"

望着站在山脊上眺望着远处群山的某色拉博，他赤忱的笑容灿烂，露出两排雪白整齐的牙齿，黝黑的皮肤，带着彝腔的"团结话"……

笔者深深地被他身上一些独特的气质所打动，他虽然居于深山老林里，却活出了一个纯粹的隐士境界，在云端自己动手修房子、做树洞、编织秋千、种土豆和玉米，感觉整座山都是他的乐园，他就是这片土地上的国王，真正地活在当下，幸福满满，无欲无求，逍遥快活。

或许在常人看来，这种状态是难以企及的，但对于某色拉博而言，这只是他最日常的生活，他甚至都不知道这有何不同，又有何意义，因为以上都是他完全不会去思考的问题，他只管生活，只管爱上这座大山。

◀ 第二节

大凉山彝族青年群体智能手机使用画像

为了实现课题研究的"点—线—面"立体呈现,除了对田野点进行质化深度访谈以外,课题组还对凉山彝族自治州境内部分学校和彝族村落14—35 岁间的青年投放了"凉山彝族青少年智能手机使用及影响"调查问卷,以期从微观到宏观,更好把握研究对象的智能手机使用情况与特征。

从西昌学院本科生年龄分布上统计,66% 的彝族青年年龄主要集中在20—22 岁,21% 的彝族青年年龄主要集中在 23—25 岁,10% 的彝族青年年龄主要集中在 17—19 岁,3% 的彝族青年年龄主要集中在 26 岁及以上。

从地理分布上看,本调查的人群地域样本较为丰富,受访彝族青年均来自四川省凉山彝族自治州,包含喜德县、昭觉县、冕宁县、普格县、美姑县、雷波县等。他们目前生活的地区以西昌市区为主,也有部分人居住在宁南县、金阳县等其他地域,其中 96% 的彝族青年都在校寄宿,4% 的彝族青年不在校住宿。

从性别分布上看,所调研的彝族青年中女生占比 77%,男生占比 23%。

从专业分布上看,调查人群包含西昌学院中的汉语言文学、传媒、技术、文秘等各个学科专业的彝族青年。

而在受访彝族高中生调查问卷中,从年龄分布上看,51.56% 的受访者年龄在 15—17 岁,45.31% 的在 18—20 岁,3.13% 为其他。

从地理分布上看,受访彝族青年均来自四川省凉山彝族自治州,包含昭觉县、冕宁县、金阳县、喜德县、布拖县、普格县等。他们目前生活的地区以昭觉县、金阳县、冕宁县、西昌市区等为主,其中 68.23% 的彝族青年在校寄宿,31.77% 的彝族青年不在校住宿。

从性别分布上看,所调研的彝族青年中女生占比 60.94%,男生占比 39.06%。

作为用户,彝族青年在手机使用中呈现出若干鲜明的特色,本书从使用频率、使用时间、消费偏好、内容偏好、功能偏好、实践应用、手机依赖和数字反哺这八个不同的维度探索，总结得出以下结论：

一、使用频率：智能手机使用率较高，占 88.8% 以上

数据显示，智能手机的使用在彝族青年群体之间已经极为普及。手机在彝族中学生群体中有 88.8% 的使用率，平均手机使用时长约为两年；手机在彝族大学生群体中有 99% 的使用率，平均手机使用时长为四到五年。

针对彝族中学生的手机使用时长情况调查显示，彝族青少年的每日手机使用时长为一两个小时；而针对彝族大学生的手机使用时长情况调查显示，绝大多数的彝族青年每日手机使用时长在 4 小时以上。可以看出，彝族青年群体的年龄和他们智能手机的使用率之间有着极强的正相关关系。由于考试的压力，校方和家长往往会联合起来，一同禁止和管理中学生在上学期间的智能手机使用情况，而大学生不会遭到这样的反对，因此年龄的增长不代表自我管控能力的增强，无人监管的大学生反而会在使用手机的过程中更加难以自拔。

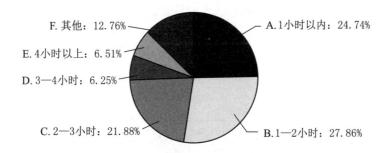

图 1-3　受访凉山彝族高中生手机使用时长情况

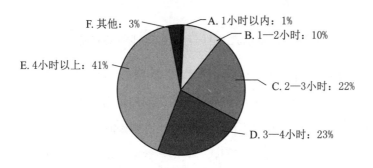

图 1-4　受访凉山彝族本科生手机使用时长情况

　　不过，无论是对于中学生还是大学生而言，手机都已经充分且深入地嵌入了各个年龄层彝族青年群体的日常生活之中，成为他们难以分割的一部分，在他们眼中，使用手机"并非时尚，而是一种常态"。

二、使用时间：使用场景碎片化，占据闲暇时间

　　在不少中学校方的有关规定下，绝大部分彝族中学生不被允许在校期间使用智能手机，仅 1.56% 的彝族中学生会随身携带、随时使用智能手机，88.54% 的彝族青年通常在家里使用手机。感到无聊时、临睡之前和乘坐交通工具时是最为频繁的手机使用情景。

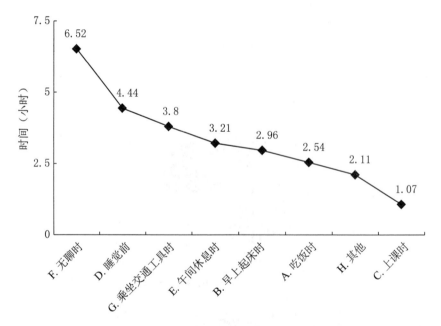

图 1-5　受访凉山彝族高中生手机使用场景情况

　　而对大学生而言，他们并无这样的顾忌：绝大多数彝族青年在日常生活中与智能手机寸步不离、难舍难分，最常见的使用场景是学校，但他们自称不会在课堂上使用手机。除无聊时和睡觉前，空闲时间较为集中与漫长的午休也是重要的手机使用情景。因此，大多数彝族青年在使用手机时主要还是怀抱着一种消遣与打发时间的心态。

三、消费偏好：偏爱国产平价品牌

绝大部分彝族青年都只固定使用一个手机，vivo、OPPO、华为等平价而有一定市场认同度的国产品牌是他们使用的主要手机品牌。

在拥有手机的中学生之中，78.59%的学生使用的是父母赠予或使用过的手机，平均价格在1000元左右。他们也表达出了更多的欲望，希望能够置换更好的智能手机。大学生更多会选择自力更生，靠打工赚钱为自己购买智能手机，他们使用的手机档次也更为高级，均价约为2000元。此外，由于使用率和使用时长的不同，年纪越长的彝族青年同样会在网络流量上消费更多的金钱。

值得一提的是，在谈及理想中的新手机之时，"华为"成了最常被他们挂在嘴边的名词。对于他们而言，这个国产品牌不仅象征着技术先进、性价

图 1-6 受访凉山彝族高中生手机使用品牌

图 1-7 受访凉山彝族本科生手机使用品牌

比高，也承载着一种国家认同和自豪感，这种认识往往来源于他们长期以来通过各种媒介所接触的相关报道和网络言论。

以下对话摘自对彝族青年进行的个人深度访谈①：

A：（我）想买华为手机，因为是国产品牌，芯片也很好，比较骄傲。

B：学校设有报刊处，报纸都是最新的，都可以看。新闻联播也常听，（对）华为有种民族自豪感。

C：有钱的话，想买华为 P30，感觉挺好的，支持国产。

四、内容偏好：碎片化、流媒体、多屏幕、娱乐化和个性化

游戏教育学家马克·潘思金（Marc Prensky）提出，数字时代的用户中存在着"数字原住民"（Digital Natives）和"数字移民"（Digital Immigrants）的不同划分。相比在网络时代之前成长起来的"数字移民"，出生在新时代，被智能手机、数码相机所包围的"数字原住民"更少倾向文本阅读，他们习惯于碎片化、流媒体、多重任务共时的屏幕阅读，也更偏向于娱乐化、个性化的内容消费。②

今天的彝族青年在很多方面都呈现出了所谓"数字原住民"的特征。例如，彝族青年喜爱接受碎片化、多媒体化的信息：以 QQ、微信为代表的即时通信应用，以 QQ 音乐、网易云音乐为代表的音乐应用，以爱奇艺、优酷、芒果 TV 为代表的视频及直播应用和以抖音、快手为代表的短视频应用是他们最为青睐的媒体形态，远超以单一文字形式呈现的小说、电子书和新闻。

而手机直播及短视频是一种去精英化、平民化、碎片化，具有实时性和

---

① 注：对话来自 2019 年 6 月 18 日在昭觉中学进行的宿舍访谈，访谈对象为高二的 13 名彝族学生，其中男生 8 名、女生 5 名，平均年龄为 18 岁。

② 曹培杰，余胜泉.数字原住民的提出、研究现状及未来发展 [J].电化教育研究，2012（4）：21—27.

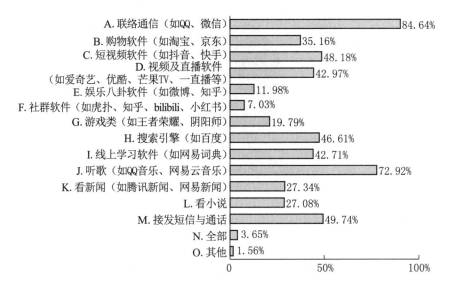

图1-8　受访凉山彝族高中生手机应用使用情况

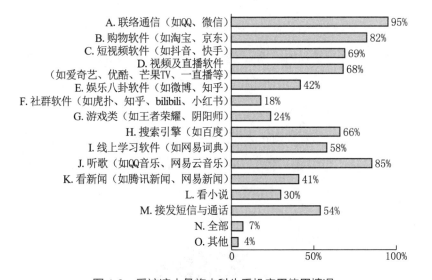

图1-9　受访凉山彝族本科生手机应用使用情况

互动性的传播形式。至关重要的是，直播和短视频新闻为群众喜闻乐见。作为一种立体信息承载和传播方式，它不仅满足了网民在碎片化时间的娱乐需求，也满足了广大草根群众自我表达的愿望。而手机直播节目延续了电视媒体声画合一的形式，使用灵活、收看方便，因而在文化相对较低的民族地区

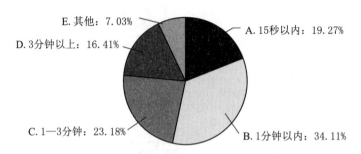

图 1-10　受访凉山彝族高中生短视频时长偏好情况

的普及率和传播率很高。

　　在短视频消费中，他们表现出了一种"越短越好"的偏向：在彝族中学生中，34.11%的受访者倾向于时长在 1 分钟以内的短视频，19.27%的受访者倾向于 15 秒以内的短视频，23.18%的受访者倾向于 1—3 分钟的短视频内容，只有 16.41%的受访者能够接受 3 分钟以上的短视频。

　　而在彝族大学生中，碎片化倾向更进一步加重，38%的彝族青年倾向于短视频时长在 1 分钟以内，29%的彝族青年倾向于短视频时长在 15 秒以内，23%的彝族青年倾向于短视频内容的时长在 1—3 分钟，仅 8%的彝族青年能够接受 3 分钟以上的短视频。

　　而在他们的日常媒体内容消费选择中，尽管本民族的文化内容占据了重要的一席之地，也引起了相当程度上的民族认同与自豪感，但不及幽默搞

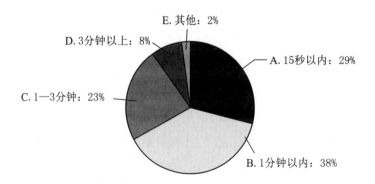

图 1-11　受访凉山彝族本科生短视频时长偏好情况

笑、青春校园和国产综艺更为符合主流喜好：在邀请彝族青年为自己喜爱的媒介内容类型评分的结果中，以搞笑幽默为特征的短视频、网络电影、电视剧和网络动漫均位列第一；青春校园和国产综艺不仅排名上名列前茅，也常常被彝族青年挂在嘴边。

以下内容摘自对彝族高中生进行的焦点小组访谈 ①：

问：你最爱的综艺／电视剧／短视频类型／手机游戏是什么？能具体说说名字吗？

A：我最喜欢看芒果 TV 上的《快乐大本营》，还喜欢看一些言情古装剧、历史类的电视剧，也喜欢彝族电视剧，如《彩青春》。我一般在微信上看，偶尔会在 QQ 看点上看些短视频，我觉得本民族的电视剧给我带来很大影响。

B：我不怎么追剧，一般通过腾讯视频看综艺节目，我喜欢青春校园类的节目，不看短视频。

C：我喜欢国外的综艺，如《艾伦秀》《吉米秀》；国内的我喜欢《天天向上》《极限挑战》，手机上一般看腾讯视频、bilibili。我喜欢励志类，阳光向上的内容，彝族的本族纪录片我也很喜欢，我也追古装剧，最近在看《都挺好》。

D：我喜欢用手机看综艺节目，尤其是腾讯视频，还有《非诚勿扰》《跑男》，以及青春校园类、搞笑励志的短视频，微信公众号也会关注本民族文化的片子，如《千里凉山》。

E：我喜欢用"一点英语""流利说·英语"App 学习英语，平时喜欢看《艾伦秀》，我也喜欢追日本动漫，比如《进击的巨人》。

---

① 注：对话来自 2019 年 6 月 19 日在昭觉中学进行的焦点小组访谈，访谈对象为高二的 5 名彝族女生，平均年龄为 18 岁。

同时，对外部世界景观的展示对他们有着巨大的吸引力，考虑到 **65.1%** 的彝族中学生渴望自己的未来能够离开家乡发展，**29%** 的大学生渴望更进一步离开当地，这种内容消费的取向不足为奇。与当地风情迥异的繁华大城市是他们"世界那么大，我想去看看"的主要目的地。

以下内容摘自与上文同一场的焦点小组访谈：

> 问：你在手机上了解过其他城市吗，有没有非常喜欢的城市，是哪个，为什么喜欢？
>
> A：浙江杭州，课文中很多作者住在浙江，感觉浙江很有历史和文化底蕴，景色也很不错，会在网上搜索相关的图片和信息。
>
> B：成都，感觉成都有很多很好的大学，鱼米之乡，自然河流融为一体，风景美。
>
> C：苏杭，感觉很舒服，自然和人融为一体，每个人都很好，很向往。
>
> D：成都。
>
> E：杭州，感觉杭州的学校也不多，也想去北京，听哥哥说北京很好。

不过随着年龄的增长，彝族青年的消费取向也有了一定的转变和成熟。例如相较中学生，大学生彝族青年群体对于明星娱乐类内容的兴趣下降，同时爱情题材、科普知识和经典名著等内容受到了更多的关注。

五、功能偏好：获取知识、传播民族文化、加强与他人的交往

除了上述反复提及的娱乐休闲之外，彝族青年也把获取知识、传播民族文化、加强与他人的交往的希望寄托在了智能手机之上，而这些希望的背后则承载着他们意图改造自己的家乡，将民族文化发扬光大的内在动力。问卷显示，手机使用对彝族青年的帮助涉及很多方面，包括"交友、娱乐、了解世界、拓宽眼界、联系家人、了解文化、了解时事"等。他们希望通过手机完成的心愿大部分与彝族文化有关，其中还包含"提高成绩、提升收益、看

图 1-12　受访凉山彝族高中生认为"手机对你最大的帮助"情况

图 1-13　受访凉山彝族本科生认为"手机对你最大的帮助"情况

见世界、传播彝族文化"等。

　　政治学家哈罗德·拉斯韦尔（Harold Lasswell）提出，大众媒体主要有监测环境、社会协调和传承遗产三大功能。[1] 监测环境是指受众通过学习有关自然环境和社会环境的信息，及时调整自己的行动和预期。在日常生活和学习中，相当一部分彝族青年会下载学习强国、百词斩、金山毒霸、腰果公考等学习 App，助力自我发展。通过知乎、bilibili、微信和微博等平台，他们知悉社会舆论动向、流行发展趋势、美剧日漫资源、时政新闻资讯和各地的历史文化，获得了比老一辈人更为丰富的认知和更为开阔的眼界，对自己未来的规划也显得更为清晰独到。

---

① 哈罗德·拉斯韦尔. 社会传播的结构与功能［M］. 何道宽，译. 北京：中国传媒大学出版社，2013.

以下内容摘自对彝族高中生进行的焦点小组访谈 ①：

问：你毕业之后有什么打算？有没有想过上大学？想去哪个城市上大学？为什么？

A：想上大学，浙江大学，但感觉四川大学也很好，想读发展心理学、文学之类相关的，梦想的话，现在还没有具体想过，一直在寻找。

B：想上大学，四川大学，西南民族大学，但是可能能力不够，想学心理学、摄影，考上心目中的大学。

C：想上大学，西南民族大学，更想去厦门大学（网上了解的），或者去四川成都，想学经济、医学，梦想是希望努力的事情会有回报吧。

D：想上大学，想去成都，西南民族大学，想学酒店管理，推广风景、民风民俗，梦想是想考上理想的大学。

E：想上大学，想去杭州读书，也想去北京，受哥哥影响，哥哥鼓励我好好学习，说北京很好，我很想去，想读律师、法学，梦想是走出大山，去更好的城市生活，带上自己的亲人（爸爸妈妈、爷爷奶奶）去国外旅游，不希望子欲养而亲不待，他们为我付出太多了。

社会协调是指媒体润滑与接合了社会的各个部门，使得相对独立又彼此相关的个体或组织间达成一致的作用。42.19% 的彝族青年认为自己通过使用手机拓宽了人际圈，认识了新朋友；39.06% 的彝族青年认为和朋友聊天时有了更多的谈资和话题；34.38% 的彝族青年认为自己在使用手机后克服了羞涩心理，建立了更多的自信，增强了社交能力。超过一半的彝族青年在网络上与同等比例的同龄人维持着交往，在进行交往对象的选择中，他们感到"没有什么区别"。彝族青年还通过网络结识了外乡、外省市乃至外国的朋

---

① 注：对话来自 2019 年 6 月 19 日在昭觉中学进行的焦点小组访谈，访谈对象为高二的 5 名彝族女生，平均年龄为 18 岁。

友,网络世界与物理空间的隔离为他们在一定程度上卸去了"害羞不敢说"的负担,也化解了一定的偏见和误解。

促进其他民族对彝族群体的进一步了解和认识、化解戴着有色眼镜的目光和修补族际间的关系这一事业同样为彝族青年们所热衷。63%的彝族高中生和73%的彝族大学生会在与陌生人通过社交软件聊天时主动向外人介绍他们的家乡和彝族文化。在对"你希望通过手机完成的三个心愿"这一开放式问题的回答中,"传播彝族文化"成为出现频率最高的回答。

图 1-14　受访凉山彝族高中生对"你希望通过手机完成的三个心愿"的回答情况

图 1-15　受访凉山彝族本科生对"你希望通过手机完成的三个心愿"的回答情况

传承遗产是指媒体可以被当作积累文化、传递文明的一种重要渠道。当下的彝族青年对彝语语言能力和民族文化知识的掌握都呈现出了流散化的趋势,因此他们纷纷感受到了一种迫在眉睫的危机感和"自己民族的东西一定要保存"的强烈责任感。近九成的彝族青年会在火把节、彝族新年等传统节日中主动用手机记录和分享他们的民族文化，近八成的彝族青年会在平日里主动关注和彝族相关的新闻资讯与文化风俗。在此基础上，他们仍感受到一种强烈的不满足，渴望接触更多的民族文化内容。对更为便捷的彝文输入法、专业的彝文信息渠道和交流平台的需求是极为常见的诉求表达。

以下内容摘自对彝族大学生进行的焦点小组访谈 [①]：

A：作为大学生要有危机感，在学到一定的年龄阶段的时候，会发现汉化的东西越来越多，不能说只喜欢哪一种文化，但是自己民族的东西一定要保存，因为你会发现那种传统的会淡薄，你说十句话至少有三四句当中会掺杂普通话，会简化，很多以前古老的传统的东西我们都不懂了。下一辈一定要让他们会说彝族话，因为普通话是迟早能学会的，但彝族话未必，现在国家都提倡保护本民族文化，设立专门的学校专业，自己更要努力去传承，不管是哪个民族都要去学习、传播自己民族的文化和习俗，跟大家讲彝族的文化，如果需要志愿者，自己会义务参加。

B：从自己做起，做力所能及的事情。高中自己学彝文，会写，但是不会写诗歌，同学会写关于彝族的文化历史之类的诗歌，在一个微信公众号上面传播我们的文化。虽然自己现在不学彝文了，但是会积极查字典，还是会坚持写的。

C：会彝语的听说，但不会写，以后自己想学，但现在没有课程可以跟着学习，希望后代学好普通话和彝语。

D：对于大学生，就是传播和传承，传播：能力越大，责任越大，要主动去承担这种责任，会的不要丢，不会的要学。

E：从教育抓起，觉得还不够，因为学生很少，一个学校就 1000 多

---

① 注：内容来自 2019 年 6 月 26 日在西昌学院彝语言文化学院进行的焦点小组访谈，访谈对象为 2018 级汉语言文学专业的 6 名彝族学生，其中男生 3 名、女生 3 名，平均年龄约为 21 岁。

个，中考有个彝文加试，但是很少人考，西南民族大学有个教授发明了彝文输入法，打汉字可以出现彝文字，彝汉对比，加强学习。

F：商学院有一次用输入法来采集音频，自己还参加过相关的活动，觉得很有必要去传播和学习，自己识彝族文字比较多，高中三年学完了，老一辈也教自己，可以和同伴一起发动朋友去传播，教别人，如果有志愿者的工作，也会考虑去加入。

六、实践应用：搭建商务平台，健全现代乡村治理体系，推动乡村振兴

对如今的彝族而言，手机的使用早已不仅被局限为一种虚拟空间中的互动实践，通过线上线下网络空间的接合，彝族青年实现了身体的在场，在互联网发展的快车中身体践行地去实现对民族文化的传承和对昔日贫困落后的彝乡的改造。

以普格县德育村为例，当地村民在"90后"第一书记王新的带领下，创办农村合作社，发展集体经济。在与当地高校与扶贫单位的合作下，德育村深耕民族特色、捕捉时代发展特征、提炼文化底蕴，生产出了别具一格的文创产品、特色农产品，再利用各种网络电子商务平台销售。

在冕宁县彝海镇彝海村，智能手机是当地工作中必不可缺的生产资料，组织会议、处理工作、乡务管理都离不开它。

火普村、长板桥村等地的年轻一代村镇干部也纷纷启动在线农民夜校计划，采用更为新颖、更为多元的媒体形态向村民传播有关农业种植技术和扶贫的相关政策。在线远程医疗、政务平台搭建、网络 IP 塑造均是有关工作建设的重中之重。这些措施和方法切实有效地改变着今日人们的生活方式和现实环境，发挥着新媒体打破传统时空局限和去中心化的重要作用。

扶贫干部们的以身作则对尚未正式踏入社会的彝族青年起到了鼓舞人心的模范作用和激励作用。一些彝族青年明确表示，自己从现有的扶贫理念中收获了启发，未来打算在新媒体的协助下投身家乡的建设事业。

以下内容摘自对彝族青年进行的焦点小组访谈 [1]：

A：与山东威海现在退休的张书迎老师建立了联系，会帮忙发一些物资给需要帮助的同学，也算是助力了家乡教育的发展吧！另外的话，还可以惠农，推广青花椒等农产品！可以投放旅游景点，发展第三产业。自己会和农牧局沟通，把这个政策文件发给村主任，帮助建设家乡。

B：等我有了稳定的工作以后，副业会做一个美食主播，吸引别人来凉山旅游。

C：尽量往美食方向发展，传承一些美食，让更多人知道，推动经济发展。

D：因为地理原因，交通不便，工业资源比较少，不能发展工业，可能会大力发展旅游业，自己想学景观相关的，多在网上推广凉山的风景，让更多人了解这里。

E：希望老乡可以通过手机看见外面的世界，外面的世界很好，环境很好，希望提升自身的素质，搞好卫生，关于凉山的发展就是发展旅游业。

踏着直播带货和手机短视频的浪潮，不少人投身电商脱贫的事业之中。例如，2017 年 6 月，互联网正式接入"悬崖村"，当地的彝族青年用起了微信、QQ 等社交软件，还开设了快手账号，通过直播和短视频发布，向外界展示"悬崖村"，自此产生了以某色拉博、杨阳、陈古吉为代表的一批网红。他们或通过朋友圈卖货，或通过快手直播，在短暂的时间内便获得了原先全家几年的收入。

---

[1] 注：内容来自 2019 年 6 月 18 日、6 月 19 日在昭觉中学进行的焦点小组访谈，访谈对象为高二的 13 名彝族学生，其中男生 8 名、女生 5 名，平均年龄为 18 岁。

七、手机依赖：手机负面影响严重，影响身心健康难以摆脱

　　彝族青年的手机依赖已经发展成了一个不容小觑的严峻问题。从对于彝族中学生手机使用的统计情况来看，77.08% 的彝族青年认为"玩手机成为习惯，在不知不觉中浪费了我很多时间"；48.44% 的彝族青年认为"经常熬夜，作息不规律"；36.46% 的彝族青年声称自己"身体健康状况变差，视力下降、指关节酸痛等"；36.46% 的彝族青年认为手机导致自己"学习质量、效率下降，影响成绩"；25.78% 的彝族青年认为自己中度依赖手机；46.09% 的彝族青年认为自己轻度依赖手机。

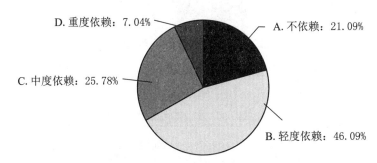

图 1-16　受访凉山彝族高中生手机依赖情况

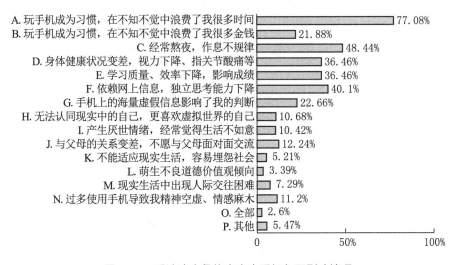

图 1-17　受访凉山彝族高中生手机负面影响情况

　　彝族大学生的手机依赖情况还要更为恶化。91%的彝族青年认为"玩手机成为习惯，在不知不觉中浪费了我很多时间"；47%的彝族青年认为"经常熬夜，作息不规律"；45%的彝族青年声称自己"身体健康状况变差，视力下降、指关节酸痛等"；45%的彝族青年认为手机导致自己"学习质量、效率下降，影响成绩"；45%的彝族青年认为自己中度依赖手机；41%的彝族青年认为自己轻度依赖手机；8%的彝族青年认为自己重度依赖手机。

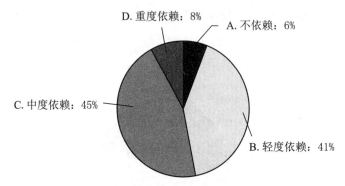

图 1-18　受访凉山彝族本科生手机依赖情况

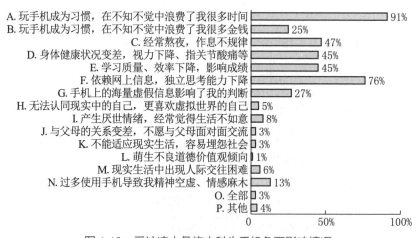

图 1-19　受访凉山彝族本科生手机负面影响情况

　　在与彝族青年的交流中，"非常沉迷手机，会熬夜玩，很喜欢玩，所以停不下来，影响睡眠""过度依赖，浪费时间""依赖手机，变得更懒惰，不想做其他的事情""影响学习，依赖性太强""和亲人的沟通交流变少了"等都是他们常见的自我评价。

大量实证研究已经指出，大学生的手机依赖倾向与孤独感、人格特征和社交焦虑之间具有一定的相关性。[1][2] 这可以部分解释彝族青年群体严重的手机依赖倾向。由于当地大量青壮年人口流出打工的社会环境，很多彝族孩子都有在单亲家庭或留守家庭中出生成长的经历。例如，一名彝族高二女生在谈及自己的家庭情况时如是描述道[3]：

"妈妈在新疆工作，父亲 11 年前因病去世，小时候不懂事，感觉没什么，至少还有妈妈，但是随着不断长大，感觉心里空落落的，一直在想如果父亲还在，会不会我们家也不用这样子，会不会母亲也可以像其他同学的妈妈一样在家陪伴我们，还有我爷爷奶奶会不会也不用像现在这么辛苦。现在想想，好像真的感觉缺了点什么。"

对她而言，手机是孤独感中唯一的排遣和寄托，每日和远在新疆的母亲通话使她切实感到与亲人间的距离能被拉近：

"我在家里，自己一个人租房子住，以前不害怕，现在有点害怕，感觉有阴影跟着自己……（通过手机）和朋友联系多了……但也影响了学习，玩着手机内心有急迫感，但是放不下手机……会过度依赖，影响睡眠，晚上到了睡觉的点了，但是自己会死盯着手机，看一些无关紧要的东西，就是不想睡。"

八、数字反哺：不仅通过手机获取知识，也向非手机使用者传播知识

综上，从使用特征来看，彝族青年是一群偏好娱乐化和个性化内容、喜

---

① 王欢，黄海，吴和鸣.大学生人格特征与手机依赖的关系：社交焦虑的中介作用[J].中国临床心理学杂志，2014，22（3）：447—450.

② 刘红，王洪礼.大学生的手机依赖倾向与孤独感[J].中国心理卫生杂志，2012，26（1）：66—69.

③ 注：内容来自 2019 年 6 月 19 日在昭觉中学进行的个人深度访谈，访谈对象为高二的 1 名 17 岁彝族女生。

爱流媒体和碎片化形式信息，通过线上线下的协作交往维持日常社会关系，有意愿运用手机汲取并传播民族历史文化、振兴民族发展，但同时也受到客观社会环境和手机媒体负面影响的数字原住民。在此基础上，彝族青年掌握了网络空间中的话语权，转而开始向自己的长辈们反哺数字文化。

人类学家玛格丽特·米德（Margaret Mead）认为，世界各地的文化一路发展至今，在代际传承中共出现了三种模式：前喻文化（Pre-figurative Culture）、并喻文化（Co-figurative Culture）和后喻文化（Post-figurative Culture）。①

前喻文化主要是指前现代的文化传播模式，由于那时的人们抱持着世界循回往复、一成不变的时间观念，他们眼中的生活方式和生活意义是绝对既定的，为了文化的绵延不绝，年轻一代必须在老一代人的严格控制下完成全部社会化，因此所有的知识和观念都源自本族的长者。

并喻文化是前喻文化和后喻文化之间的过渡阶段，原来的族群接触到了新的观念和环境，所以他们需要学习并适应异质的新鲜事物，在此过程中，学习能力强、人际交往活络的年轻人往往通过将同龄人作为榜样，更快地完成对环境变化的适应。

后喻文化，即人们所说的"青年文化"，是一种和前喻文化截然相反的知识传递过程。在信息大爆炸的辐射下，在时代变化日新月异的现代社会中，父辈与祖辈不再拥有对现实世界的解释权，年轻人成为带领族群社会化的主导力量。

访谈过程中，一部分彝族青年表示，由于自己的长辈是文盲或无法听懂普通话的缘故，他们需要教会上一代人如何使用智能手机②：

---

① 玛格丽特·米德. 文化与承诺——一项有关代沟问题的研究［M］. 周晓红，周怡，译. 石家庄：河北人民出版社，1987：27.

② 注：内容来自 2019 年 6 月 18 日在昭觉中学进行的个人深度访谈，访谈对象为高二的 1 名 19 岁彝族男生。

"……父母平时看快手，在微信群聊天，用语音功能。父母开始玩微信是在一年前左右，是我教的，他们很少打字，只会发语音。"

平日里，面对以普通话形式播报的新闻节目和电视剧，也需要青年们在其中转译沟通[①]：

"（平时会使用）广播、电台听音乐。听不懂的话我会给他们翻译，爸爸喜欢战争片，妈妈喜欢爱情片。"

另一方面，彝族青年在过去几年间主动在新媒体语境下改变传播方式，自主生产并传播更有特色、更贴近时代的民族文化记忆。门户网站"彝族人网"、微信公众号"今日彝族"和一系列彝族本土快手网红，不仅受到了他们族群内部年轻人的广泛认同和喜爱，也成了外界社会了解当代彝族民族样貌的一个窗口与渠道。在较为复杂精深的民族文化上，父母的知识甚至可能主要来源于孩子分享的动态与朋友圈[②]：

"（我的）朋友圈和QQ动态同步。一般会转发微信公众号'洞见'里面的文章，关注有利于写作的文章。喜欢的公众号还有'中国彝语'，里面会发布母语的诗篇、凉山地区的MV、凉山地区名人等。另外还关注'唯彝出版'，里面会发布彝族的经典作品。"

"（我）会（通过手机去获取本民族的文化），对家族史、彝族起源历史感兴趣。"

总而言之，从使用率上来看，手机在彝族青年群体的生活中已经非常普及，成了他们生活方式的一部分；从使用场景来看，一旦没有外界管控措施的干预，彝族青年群体会选择随时随地与手机亲密相伴；从手机消费来看，平价又有口皆碑的国产品牌是彝族青年群体最为理想的选择，有民族情

---

① 注：内容来自 2019 年 6 月 21 日在喜德中学进行的焦点小组访谈，访谈对象为高一的 9 名彝族学生，其中男生 5 名、女生 4 名，平均年龄约为 17 岁。

② 注：内容来自 2019 年 6 月 18 日在昭觉中学进行的个人深度访谈，访谈对象为高二的 2 名 19 岁彝族男生。

怀加成的华为博得了年轻少数民族群体的好感；从内容偏好上来看，搞笑幽默、青春校园、国产综艺最受青睐，直播、音乐、短视频、即时动态最得人心；从功能偏好上来看，获取知识、传播民族文化、加强与他人的交往是彝族青年主要寄托的美好愿景；从实践应用上来看，他们渴望通过手机脱贫攻坚，改造家乡；从依赖倾向上来看，手机的负面影响严重，伤身伤脑，瘾戒不了；从族际交往上来看，彝族正在从传统的"前喻文化"转向由年轻人主导的"后喻文化"，新时代的彝族青年掌握了网络空间中的话语权，向外构建民族新形象，向内反哺数字文化。

◀ 第三节 ┈┈┈┈┈┈┈┈┈┈┈┈┈┈┈┈┈┈┈┈┈┈┈┈┈┈┈

大凉山"彝乡数字青年"的主体特征

"你认为同学们（同龄人）把使用手机上网当作一种时尚的象征了吗，为什么？"

"使用手机并非时尚，是一种常态。"①

上述问答来源于对四川凉山昭觉中学一名彝族男高中生进行的一次质性访谈，它以一种直白简洁却切中要害的方式解释了今天彝族青年手机使用率超过 88.8% 这一现象：智能手机已经成为某种特定生活方式中不可或缺的一部分。由于智能手机的存在和时代发展的变迁，这种生活方式不同于他们代际有别的彝族长辈；由于文化语境的差异和社会环境的迥然，这种生活方式也不同于山里山外的他族青年。因此，我们可以认为，今天的彝族青年在使用智能手机的过程中，已经发展出了一套独具风格的彝族青

─────────────────────────

① 注：内容来自 2019 年 6 月 18 日、6 月 19 日在昭觉中学进行的访谈，访谈对象为高二的 13 名彝族学生，其中男生 8 名、女生 5 名，平均年龄为 18 岁。

年手机亚文化。

亚文化（Sub-culture）是指一种总体文化的附属文化。在伯明翰学派的定义下，文化是这样一个方法和过程：某一社会群体调用（Handle）了他们所处环境的社会存在和物质存在的原料，发展出自己独特的生活模式，并且这种独特的生活经验被这一群体以一定的形式表现出来。[①]

由于我们的社会不是一个同一而静止的整体，一个社会的文化也不会是同一而均质的。就像社会可以被划分为不同的群体和层级一样，文化也可以被划分为不同的文化群。处于主流社会中心之外的边缘社群或区域集体同样能够创造与享有自身的文化，因为他们发展出了独属于自己的一套价值观念、文化风格和生活方式，即具备从属性质的"亚文化"。

亚文化具备从属性，是人类的实践与经验不能凭空生成，文化的创造者需要从所处环境中调用原料的缘故。所以，亚文化所附属的、规模更大的文化网络系统也就成了它不可或缺的构成要素，这种更大的网络系统被称为"父辈"（Parent）文化。亚文化和父辈文化本属同源，它们分享着种种共通之处。

在彝族青年手机亚文化的个案中，作为亚文化主体的"数字彝乡青年"取用的原料既来自他们生于斯长于斯的彝族本土民族文化，又来自他们通过日夜不离的智能手机接触到的互联网文化。同时，一种亚文化若想要作为独立实体存续下去，就必须具备并保持其不同于父辈文化的形态和方面，所以它又必然是反叛和逆主流的。这些特性汇聚在彝族手机亚文化的主体之上，表现出了一种交织错综的矛盾感：既有传统文化赋予的本土民族性，又有互联网文化和现代性带来的主体自我性，还有青年群体和亚文化构建者固有的叛逆颠覆性。

---

① 斯图亚特·霍尔，托尼·杰斐逊.通过仪式抵抗：战后英国的青年亚文化［M］.孟登迎，胡疆锋，王蕙，译.北京：中国青年出版社，2015：73.

一、本土民族性：民族文化认同与传统社会角色

彝族青年在文化实践中表达出的本土民族性源自他们强烈的民族文化认同。在抽象的层面上，这种认同是通过象征性符号的指认完成的；在具象的层面上，这种认同是通过人与人间的日常交往与关系建立完成的。在认同这些民族文化的过程中，他们也不可避免地认同了传统的社会规范和社会期望，并按照这些外在规训扮演着属于他们的传统社会角色。

（一）民族文化认同

一般说来，认同就是指对共同或相同的东西进行确认。① 因此，文化认同就是指对人们之间或个人群体之间某种共同的生活方式和表现形式的确认。彝族青年对养育他们的四川大凉山彝族民族文化有着强烈的认同感。

一方面，这种认同来源于彝族青年对自我的扩大："我"不仅是我，也是"我们"中的一员。调查显示，在向外人表明自己的彝族身份时，84.89%的彝族高中生和81%的彝族大学生会因自己是彝族人而感到骄傲；在通过网络与陌生人进行对话时，64.33%的彝族高中生和73%的彝族大学生会主动向外人介绍他们的家乡和彝族文化。

另一方面，彝族青年通过自我设限，又把"我们"和"他们"泾渭分明地划分开来。即使是在互联网这样一个无视时间和空间限制的场所，彝族青年似乎也维系着聚族而居的习惯，43.49%的彝族高中生和22%的彝族大学生声称，他们网络社交圈中的彝族人占据了90%以上。只有7.03%的彝族高中生和15%的彝族大学生认为，自己通过网络结交的外族人超过了彝族人的数量。

为了探究彝族青年具体如何认同本土文化，我们需要更进一步，来到认

① 崔新建.文化认同及其根源［J］.北京师范大学学报（社会科学版），2004（4）：102—104.

知的领域。从抽象的层面上看,彝族青年是通过充满象征意义的符号来认同彝族文化的。在描述凉山彝族文化时,他们往往会指向毕摩信仰、当地习俗、节日仪式、彝族歌曲、语言文字、服饰舞蹈等一组充满"异域风情"的、常被描绘为特定民族象征的符号集合。

以下内容摘自对彝族高中生进行的焦点小组访谈 [①]:

> 问:我的这两个学生是第一次来到大凉山,第一次接触彝族,能不能告诉她们你们彝族都有什么样的特点?
>
> A:有自己的习俗,有自己的节目,有自己的歌曲、文化、语言、文字,可以说是一个相当有文化底蕴的民族。
>
> B:彝族人能唱能跳,比较好客。
>
> C:异域风浓,和其他民族不是很像,信仰毕摩文化,会祈福。
>
> D:有自己的文化,个性独特,豪放。
>
> E:文字语言独特,有自己的太阳历,服饰独特,节日独特,彝族人很讲义气,会祈福。

在这里,所有人都提及了她们了解的本民族毕摩文化,在她们的理解中,这是一种生病、发生了不好的事情或者祈福时会得到启用的仪式,一年大概会进行 2—3 次,时间在开春或火把节前后。

从具体的层面来看,彝族青年是通过与族人和外人间的不同关系来认同彝族文化的。当彝族青年在介绍自己的同族族民时,并不会将他们与符号相联系,而是使用描述特定性格的形容词。其中,友善、热情、好客、豪放、大气等用词最为常见。

---

① 注:内容来自 2019 年 6 月 18 日、6 月 19 日在昭觉中学进行的焦点小组访谈,访谈对象为高二的 13 名彝族学生,其中男生 8 名、女生 5 名,平均年龄为 18 岁。

以下内容摘自对凉山州民族中学的彝族高中生进行的焦点小组访谈①：

A：能歌善舞，火把节的时候会聚在一起，玩火把。热情，豪爽，一般都会出去打工，如果不出去打工就会在家干农活。喝酒有一种"525"的说法，两人一瓶啤酒对半分，都要喝完。喜德县县歌叫《喜德拉达》，意思就是和谐，讲述汉族和彝族之间的团结、友爱。

B：很和谐，很大气。

C：感觉更和谐，城市里的人把门关得死死的，但是在彝族这边晚上都夜不闭户，大家互相信任。

D：彝族很团结，不会因为分家产闹矛盾。

E：觉得彝族热情，平常喜欢串门，过节的时候，街坊邻居会一起喝酒吃肉，会聊一些平常的故事。关系比较和谐，喜欢认亲戚，一个家族分到不同的地方，家支分布，可能一开始都不认识，但是后面都会成为亲戚，亲戚族群庞大。

F：好客，一般身份地位高的亲戚来访会杀猪庆贺，或者杀鸡，亲人会互相聊孩子的学习。

乍一看来，这是少数民族对本民族性格充满自豪的自我表达，但这些话语的背后其实隐含着一种对人际关系截然不同的理解，一套与浸润在乡村人情社会中的生活方式相匹配的价值判断和道德标准。居住在四川凉山的年轻一代依然保持着对传统家族和血缘联系的认同：在对他人进行评判之时，"人情""关系""血缘"和"情感"的地位自然是无以复加的，"老彝胞""脏乱差"和贫困问题则无涉人品道德，并不值得上升到为某人定性。相较而言，高度城市化的居民间那种相互疏远、相互防备、"斤斤计较"的"理性"

① 注：内容来自 2019 年 6 月 19 日在凉山州民族中学进行的焦点小组访谈，访谈对象为高一的 7 名彝族学生，其中男生 3 名、女生 4 名，平均年龄约为 17 岁。

思维和高度异化的亲朋关系不仅难以理解，在道德上也颇显可疑。

迥异的衡量标准自然也会带来迥异的行为模式，这也使得不同民族间的矛盾摩擦和误解偏见时有发生。彝族青年可能会因为接受不了同学间 AA 制的聚餐习惯和对私有物品的重视和强调，在背地里大发议论，感慨他们既"无趣"又"特别小气"；同龄青年也有可能完全无法理解彝族青年间为了朋友就要倾尽一切、两肋插刀以致同族间冲突连连的"勇气"，将之简单地定义为野蛮。

（二）传统社会角色

彝族青年对传统民族概念的深刻认同，也不可避免地影响到了他们在今天的彝族社区中所扮演的社会角色。社会角色（Social Role）是由美国社会学家米德（G.H. Mead）和人类学家林顿（R. Linton）引入的一个社会心理学概念，它是指个人在特定的社会或团体中占有了一个适当位置，而占据这个位置的人会反过来被其背后的社会或团体规定一套特定的个人行为模式，换而言之，他必须符合自己所应承担的社会期望、规范、责任和义务等外在限制。这些外在限制——即一个人"应该如何"的社会观点，汇聚成了一种公认的、符合规范的理想角色。[①]

若是透过社会角色这一理论视角的透镜考察，彝族青年承担的理想角色依然有着浓厚的传统烙印，它们可以被简要划分为三种：孝顺的子女角色、旧式的性别角色和既定的传宗接代者。

1. 孝顺的子女角色

在扮演这一角色时，彝族青年认同并顺从父母长辈的权威与期望。如果以城市中的汉族孩子作为衡量的标准，大多数彝族青年的家庭可能远远够不上"美满"二字。仅以西昌市安哈镇长板桥村为例，这里是一个典型的彝族聚居区，全村 99% 的人口是彝族人，属于凉山彝族三大支系之一的阿都

---

① 喻安伦. 社会角色理论磋探［J］.理论月刊，1998（12）：40—41.

彝族，从业人口中的 30.57% 长期在外打工，多为能够从事体力劳动的中青壮年；全村人口中的 20.16% 是无业人口，在过去很长一段时间里挣扎在贫困的温饱线上；全村人口中的 55% 以上是文盲，不光是"不会写自己的名字"，很多人连普通话的听说基础都无法掌握，在收看电视节目或与外人交流时，常需要孩子作为媒介翻译沟通。

然而，文盲、长期在外与贫困等问题无损长辈应有的尊严与权威，外人很难不为彝族孩子对父母表现出的真挚感恩与体恤理解所动容，即使是平日里较为顽劣叛逆的孩子，也会将亲人视为不可分割、不可隐瞒的"重要的人"，更遑论当面顶撞父母或逃避日常家务了。正是因为他们处于一种亲人间不扶持相依就难以存续的艰难生活中，他们懂得体谅，意图回报父母的辛苦与不易。

例如，在对彝族青年进行的深度访谈中，一名彝族男高中生提到，他"一开始的梦想是成为医生"，主要是因为父母总是积劳成疾："今年她生病，明年他生病。"每逢前去医院看病就是"大几千"的花费对普通的彝族家庭来说是难以承受的重担，成为医生的梦想暗含着"让他们能每个星期都检查"的美好愿景。

再例如，一名彝族留守女高中生谈及自己在成长中长期缺位、幼年有过家暴行为的父母时，尽管不可避免地心有怨怼，但她仍然认为他们"非常辛苦"，将气撒在父母身上是"对不起他们"。

以下内容摘自对彝族高中生进行的焦点小组访谈①：

> "……联系父母，微信视频聊天多，时间也会比较长，因为有很多事情要说，也有一些问题需要请教父母。父母平时都在外面各地跑，自己跟外婆住，什么事情都要自己承担，自己生病父母也让自己忍，有时

---

① 注：内容来自 2019 年 6 月 21 日在喜德中学进行的焦点小组访谈，访谈对象为高一的 9 名彝族学生，其中男生 5 名、女生 4 名，平均年龄约为 17 岁。

候感觉父母不理解自己，不负责任，不能理会自己的感受。家里什么事情都要自己做，弟弟腿脚不方便，自己需要做表率，每次说到爸爸妈妈都会哭，因为家里没有其他大人，也不想去麻烦别人。妈妈身体不好，有时候爸爸下班就要去给妈妈代班，比较辛苦，为了学费，寒暑假不得不去打工。"

"……负面情绪不会说出来，如果父母生气了撒在我身上可以理解，如果我生气了撒在他们身上就感觉很对不起他们，尽量自己消化，不会很在意。除非父母很过分，不然都是不说话的。"

2. 旧式的性别角色

在扮演这一角色时，彝族青年受到社会规范和刻板印象的束缚。过去，彝族是习惯"参战旅行"的民族，标榜"雄武为男子之美德"，狩猎和武艺在诺苏男子的日常生活中相当重要。① 男子在捍卫家支、掳掠奴隶、夺取汉人财务等行动中展现出战斗本领与耐力，便能够获得崇高的社会地位和名声。甚至有研究者认为诺苏人具有"斯巴达"的尚武精神。② 彝族男性青年非常强调他们之间的友谊："好兄弟"要义薄云天，"除父母外最重要的就是朋友了"；为了朋友发生冲突或打架并不值得羞愧，这是充满阳刚之气的表现；真男人不能扭扭捏捏，要不拘小节、爽朗大方。所以，一些彝族男性会直白地表达对汉族"小气"的嗤之以鼻。相较同龄同族的女性，他们有更多的自信、更多的无所顾忌，却更少对自己的未来有明确的规划和目标。

彝族女性青年对自身性别的感触无疑更加深刻，她们会更为频繁地提及自己的社会性别，在仅仅涉及服饰民俗、仪式舞蹈等脱离日常生活的象征性符号时，这些话语可以被解读为女孩特有的浪漫主义和对本民族美好事物的

---

① 马长寿.凉山罗彝考察报告［M］.成都：巴蜀书社，2006：29.
② 刘绍华.我的凉山兄弟——毒品、艾滋与流动青年［M］.北京：中央编译出版社，2015：40.

向往。例如当一名彝族女高中生谈到自己将要经历的成人礼时，她满怀欣喜地如是描述：

"……十八岁会有成年礼，我内心还是比较期待长大的。女孩子那天要很早起床，很亲的亲戚，比如说嬢嬢要帮女孩子换衣服、梳头，给她祝福，成年礼意味着更懂事。"

但一旦降落到具体的现实生活中来，这些看似美好的意象和寓意却如同泡沫般一触即碎。性别成了令她们四处碰壁的阻碍，也造成了她们的敏感、安静与自卑。一名彝族女大学生在接受采访时，由于无法使用准确的普通话表述，全程都显得局促而不自然。但在谈及艰苦的求学之路时，她用了很长的篇幅来倾诉自己过去的"牺牲"：

"我初一的时候因为家里钱不够用，一下子瘦了十多斤，我不吃饭，只喝水，只为了把钱节省下来给哥哥用，因为哥哥花钱比我多。我之前是在市民族中学读书。爸爸不重男轻女，妈妈很严重，有好吃的都给哥哥，不给我和妹妹，有好的衣服也是给哥哥。我的爸爸像一头耕地的牛，压力特别大，为这个家也付出了很多。爸爸现在不工作了，就靠务农赚一点钱。哥哥现在跑面包车拉客，妹妹现在在新疆打工，妹妹当时彩礼要了 18 万，哥哥先结婚的，当时的彩礼先欠着，然后妹妹结婚了再还。妹夫在另外的地方打工。哥哥他们养儿子也特别困难，抚养孩子压力太大。读完六年级他们把我送到西昌市正中食品有限公司，准备不让我读书，后来正中食品看我年龄太小了不要我，我才继续读书的。现在也是在贷款上学，每一年我都会去贷款，一年 8000 元，工作以后慢慢还。"

当然，年轻彝族女性因性别而面临的压力不只来自父母，事实上，即使是在通过网络进行的虚拟社交中，她们依然逃不开刻板印象的束缚。一名高二彝族女生表示，自己不喜欢发朋友圈，主要是介意旁人的异样眼光和搬舌弄唇[①]："我这个年龄的彝族女孩子都嫁人了，只有我在读书，如果我发朋友

① 注：内容来自对昭觉县解放乡三河村田野调查中的入户采访。

圈，别人可能就说我没有好好读书，一天只知道发朋友圈。"

3. 既定的传宗接代者

在扮演这一角色时，彝族青年显露出极大的矛盾感。一方面，他们想要反抗，想要肯定爱情是婚姻的基础；另一方面，他们又根深蒂固地抱持着种种封建思想，即使是按理来说思想最为进步的年轻人，"一定要生男孩"的念头也萦绕不去，彩礼消失更是连想象都无法触及的白日做梦。

以下内容摘自对彝族大学生进行的焦点小组访谈[①]：

> A：彩礼是自己不敢想的一个话题，因为价格比较高，想走一步算一步，以后自己想生两个小孩，一男一女，一定要生男孩子吧，这是一种观念，彝族传统说法是没有男孩子就是香火断了。自己有时候想反抗，现在有些彝族的传统已经改变了，已经汉化了，比如婚嫁方面：以前彩礼很高，因为以前都是父母之命结婚，但是现在更强调感情基础，现在彩礼也更看重双方的意愿吧。

> B：生小孩想生一男一女，一定要有个男孩子的，没有男孩别人看你的眼神都是怪怪的，相当于无后，以后需要分家，因为男女分工不同吧，女方负责出席，男生包办，以前家里那边有一家全是女儿，办丧事就非常惨，大家都互相推，如果有儿子的话，就好办多了。我家里父亲是最小的，爷爷去世的时候，丧事是由父亲来操办的，所以一般各种重大场合还是由男人来出面和主持。

二、主体自我性：原子化个体与多元化主体

彝族族群的现代化历程，同时是一个共同体生活解体、个体主义兴起的

---

① 注：内容来自 2019 年 6 月 22 日在川兴中学进行的焦点小组访谈，访谈对象为高二的 6 名彝族学生，其中男生 3 名、女生 3 名，平均年龄约为 17 岁。

不可逆进程。智能手机的出现不仅重新连接了传统社区与原子化的彝族青年，也将他们和更为丰富多彩的互联网文化相接，培养出了他们的多元性和自我性。彝族青年也被互联网赋予了更多的选择权，他们是主导自身重新部落化的主要推动力量。

（一）原子化个体

不可否认，今天的彝族依然保留着大量前现代社会的社会结构、生活方式和思想观念。然而，人们绝无可能将其定义为一个全然的传统社会。距 20 世纪 50 年代新中国正式开始推进凉山彝族的现代化以来，至今已有近 70 个年头。党的十八大以来，全面建设小康社会的提出，进一步把彝族社会的发展绑在了乡村振兴和脱贫攻坚的现代化战车之上。

在摆脱贫困的上令下行中，国家机器调动着它翻天覆地的巨大能量，哪怕是偏僻如坐落在海拔 1900 米半山腰中的德育村、自然条件恶劣到很难产出农作物的猫猫石村等穷乡僻壤，水泥路、电力、自来水和广播电视等也基本覆盖全村，稍好一些的乡村更是完成了 Wi-Fi 全覆盖、全村搬入公建房、电商脱贫、远程医疗教育。

民族现代化的历程象征着现代社会对传统社会的全面改造，它必然与崭新的自由市场秩序和宏大的民族国家认同相伴相生。在激增的社会流动性冲击下，传统社会静止稳固的人际关系逐渐消逝，个体主义顺着革新的传播途径攫住了它能接触到的每一个人。在这种剧烈的社会转型期内，作为人类生活确定性、安全感和价值归属来源的共同体——中间组织（Intermediate Group）遭遇了前所未有的撼动，社会原子化这一命题也应运而生。[①]

社会转型的巨大洪流汹涌袭来，首先影响到的是与彝族青年血脉相连的父母亲人，他们漂泊不定，顺着外来打工人口浪潮流入了广东、山东、新疆等地区从事长期的机械体力劳动，被落下的孩子只能留守一地，像被分离的

---

① 田毅鹏，吕方.社会原子化：理论谱系及其问题表达［J］.天津社会科学，2010（5）：68—73.

原子一样，无处可依、独自等待。一名大一的彝族女生回忆起自己童年时的经历，仿佛一切都还历历在目：

"我读小学的时候特别特别苦，穿着爷爷给我编的草鞋，走一个小时的山路，每天要是能吃到白米饭就会特别幸福。背一个很烂的包包，我们会把白米饭挂在一排树上，然后中午就去山上找，有的时候会被放牛的爷爷拿走，有些会被蚂蚁粘上。觉得背累了就挂在树上，带到学校去的话，可能你上个厕所，白米饭就不见了。可能你们觉得没什么转变，但是我真的觉得改变非常大。当时全村只有一台电视机，那台电视机还是送给村里那个老党员的。书籍和报纸只能在学校接触到。所以我现在真的觉得很幸福，遇到事情有时会觉得很难过，可是一想到以前，就觉得很幸福。"

是智能手机的出现重新填补了被迫断裂的人际关系，带给了彝族青年"不会和亲人同学朋友失联"的"安全感"。"原子化"程度越高、越无法体会亲密关系的彝族青年，往往会表现出越为严重的手机依赖倾向。同样是这位大一女生，当她被询问"是否能接受手机在你的生活中消失"这一问题时，她的反应相当剧烈："我首先会崩溃吧！现在手机不仅是手机，还能够直接影响我们的生活和情绪，手机是个好东西。"

此外，在一个普遍将手机用作交流方式和日常工具的社区中，没有手机这一事实就足以断绝一个人的一切社交网络。一名没有智能手机的彝族女高中生对自己缺乏交流能力的现状深表不安与遗憾[1]：

"会有点害怕通信问题，因为以后上大学了，离家越来越远，害怕会和父母亲人联系越来越少，感觉挺恐怖的。现在有时候回家想找父母来接自己，但是没有手机，需要问别人借，但是如果有手机就会方便很多，手机最重要的功能是通信。"

"……周末的时候同学都是手机不离手，自己心里感觉有点不能接受，

---

[1] 注：内容来自 2019 年 6 月 19 日在凉山州民族中学进行的个人深度访谈，访谈对象为高一的 1 名 17 岁彝族女生。

但是也有一点点羡慕嫉妒的感觉，因为自己没有手机，感觉有点脱离。小学有个朋友，本来关系超好，但是一毕业就各奔东西，再见面就认不得自己了，因为很久没有联系，自己心里有一点失落吧，如果有手机，可能关系会好一点。现在如果有手机，也会和自己玩得好的朋友保持联系，如果距离远就用手机联系，如果距离近就会去找他们玩。现在周末会写作业，看电视，基本上没有时间出去玩了。"

（二）多元化主体

然而，智能手机的存在绝不仅是维系了中断的传统社区，它也绕过了一切时空和语言的局限，将彝族青年和开放包容的外界社会、国家乃至世界互通相连。虚拟网络带给了他们远超先辈的视野，也引入了更多的外部异质性，使他们经历着由单一向多样发展，由统一向分散变化的多元化历程。今天，彝族青年的知识构成、社会观念乃至身份认同都正处于一种持续而快速的流变中。

手机使用对彝族青年认知的巨大影响，从数据统计上便可窥见一二：在高中生群体中，70.31%的彝族青年认为手机使用"提升了我对社会和世界的了解和认知"，61.98%的彝族青年认为手机使用"让我学到了更多知识"；在大学生群体中，78%的彝族青年认为手机使用"让我学到了更多知识"，78%的彝族青年认为手机使用"提升了我对社会和世界的了解和认知"。

若是稍作更深一层的探索，彝族青年通过智能手机涉猎的领域之广、了解的信息之多，丝毫不亚于与他们同龄的其他各族同胞。普及如美剧韩剧、好莱坞电影和日本动漫；流行如国产综艺、电视剧和体育赛事；通俗如娱乐明星、短视频与网络游戏；深沉如严肃文学、名人传记和纪录片……无论大众小众，彝族青年群体中总能找到这些文化圈的参与者与爱好者。

这些多元化的年轻人在无边无际的网络世界里肆意发展，自由成长，培养出了自己独有的棱角与形状。然而，当他们试图带着这些棱角回归族群时，族群却不再能容纳这些"见过世面"的年轻人了。一名彝族女大学生称，家中的人现在一半信基督，一半信毕摩，信仰的冲突造成了家庭的冲突，而她夹在彝族文化、现代教育和外来宗教间无所适从，竟分不清自己到底应该归属何处①：

"……我们那里只有火把节还有彝族年。我觉得这边的风俗特别好，我们那里都没有了。我连自己的彝族服饰都没有，我妈妈说结婚了就有了。一套好一点的要四五千，带上银饰还有上万的。还有除了结婚的时候洒点水，不然我真的不感觉自己是个彝族人。我也不是汉族人，真是不知道自己是什么人了。"

在这种尴尬的境况下，或许真有年轻人足够潇洒，能另辟蹊径地找寻到一种更为宏大、更为无所不包的认同，并以此消解那个人类永恒的追问——关于"我是谁"的追问。

在课题组对川兴中学中学生开展的一次焦点小组访谈中，接受访谈的少男少女们在民族身份问题上达成了空前一致的共识：我们是彝族人，但也不会因为彝族人的身份感觉更自豪，因为人跟人是平等的。无独有偶，在《彝族是一个什么样的民族?》这篇微信公众号文章中的满屏透露着强烈的民族自豪感的回复中，却有这么一条评论被默默地赞到了前排：

"千百年后，民族概念都要消失，语言都要统一，社会在进步，科技在发展，人类一只脚已经踏出地球，更加波澜壮阔的宇宙等待人类去探索。"②

三、叛逆颠覆性：出格的享乐主义与反传统的价值认同

迪克·赫伯迪格（Dick Hebdige）在对 20 世纪 80 年代的英国青年亚文化的研究中，考察了朋克运动表现出的强烈反叛性。他认为，任何东

---

① 注：内容来自 2019 年 6 月 26 日在西昌学院进行的深度个人访谈，访谈对象为汉语言文学专业的 1 名 20 岁彝族女生。

② 彝族. 彝族是一个什么样的民族? [EB/OL].（2020-05-25）[2023-07-17]. https: // mp.weixin.qq.com/s/Y5O_Gyen03eIWQQ7P2eAEw.

西——只要在"自然的"与被建构的语境中能够造成清晰的断裂，就都能够转变为朋克文化"对抗性"的一部分。换而言之，这些叛逆青年的行为背后没有任何的意义和表达，他们的行为本身就是目的，就是对社会实在的虚无主义和攻击威胁，就是为了引起旁人的不快和反感："假如帽子不合时宜，那就把它戴上。"①

然而，如果有人试图把这种舶来的"反叛性"强行叠加于彝族青年之上，那他大概会因为过于强烈的、概念和主体间的水土不服而感到无从下手。为了保持自身文化的独立性，彝族青年必然会带有一定的叛逆颠覆与逆主流色彩。但他们也与前者有着决定性的不同：从主观上来看，彝族青年并没有恶意，也不打算刻意引起不悦和不满，尽管他们的所作所为在客观上可能严重冒犯到了他人。

这种冒犯往往是彝族青年的行为打破了约定俗成的群体常识和社会规范的结果。驱使彝族青年做出反规范行为的背后动力可以被粗略地划分为以下两种截然不同的类型：

一是无意识的、纯粹为了有趣新奇的享乐主义；二是有意识的、反对传统观念的现代化价值认同。

（一）出格的享乐主义

娱乐可以被认为是今天的彝族青年使用智能手机、沉迷社交应用与消费媒体内容的主要原因之一。64.84%的彝族高中生和88%的彝族大学生认为，智能手机提供了更多的娱乐休闲方式。在为智能手机的功能使用与需求满足的打分中，智能手机极好地满足了他们使用手机的需求，满足程度排名第二，仅次于信息获取。

除了功能使用方面，他们在媒介内容的消费领域也表现出了极其强烈的娱乐化倾向。问卷显示，在内容偏好方面，彝族青年对幽默搞笑和喜剧类内

---

① 迪克·赫伯迪格.亚文化：风格的意义［M］.陆道夫，胡疆锋，译.北京：北京大学出版社，2009：133.

容有着超乎寻常的喜爱，尤其是以搞笑为特征的短视频、网络电影、电视剧和网络动漫。

不过，对于玩乐、有趣和标榜自我的过分追求，常常会让彝族青年在毫无知觉的情况下"出格"——越过一些他们不被允许触碰的界限和规范。例如，一名彝族男高中生向课题组讲述了自己过去一桩令人哭笑不得的经历①：

"自己感觉性格比较率性。以前因为不受约束，也犯过错。初中的时候，牛顿说站在巨人的肩膀上看世界，所以自己爬到了鲁迅的雕像上拍了张照片，做了头像，后来被同学举报了，结果差点被处分。"

也有男生抱着青春期特有的好奇心，想要在陌生人社交平台中体会网恋的感觉②：

"用过陌陌，自己是看《爱情公寓》了解到的。有朋友也给我分享过，《爱情公寓》里说这个软件可以聊天，可以找男女朋友，然后自己就抱着好奇心去了解了一下。"

但在某些青年的身上，由于缺乏父母和师长的有效约束，对玩乐心态的放任如滚雪球般愈演愈烈，演化到最后竟成了常态化的越轨习惯③：

"我以前天天出去玩不回家，一般通宵喝酒，困了就开房在外面住。现在回西昌就是约上朋友一起玩，去网吧上网，打英雄联盟。"

"小学五年级就开始交女朋友了……"

"我真的好想时光倒流，回到初一好好学习，但我往往认真不超过一个星期。上个学期期末我从第一节课能睡到最后一节。我真的好想考个好大

---

① 注：内容来自 2019 年 6 月 18 日在昭觉中学进行的个人深度访谈，访谈对象为高二的 1 名 19 岁彝族男生。

② 注：内容来自 2019 年 6 月 18 日在昭觉中学进行的个人深度访谈，访谈对象为高二的 1 名 18 岁彝族男生。

③ 注：内容来自 2019 年 6 月 24 日在昭觉中学进行的个人深度访谈，访谈对象为高一的 1 名 16 岁彝族男生。

学，不考专科，我羡慕姐姐身边的朋友。我以前进过看守所，初三毕业在网上和人骂战，然后就去约了架，在看守所被关了29天。"

刘绍华在对彝族当地的流动青年进行的田野考察中指出，彝族年轻人将在城里偷抢扒窃这种快速轻松赚钱又充满风险的行动称之为"好耍"，他们常挂在嘴上的话就是："有钱就好耍，没钱不好耍。""耍"是彝族人对"玩"的称呼。越轨人群也同样把拉帮结派、打架斗殴和赌博嫖娼视为"耍"的一种方式。20世纪90年代之后，以海洛因为代表的新型毒品流入彝族社区，"尝鲜"和"找乐子"成了彝族年轻人重要的吸毒动机，他们不断追逐新潮乐物，其实象征着追求以快乐为消费之本的资本主义现代性。①

（二）反传统的价值认同

但也并非所有彝族青年都面临着这种过分惨痛的命运，不少年轻人对自己从何而来、去往何处这个问题抱有清醒的认知和主张。他们并不全盘认同自己的民族传统，更不会对血亲长辈和当地社会规范言听计从。他们的"反叛"不是源于动物本能般的享乐追求，而是源于良好的教育，以及教育所带来的现代社会价值认同和先进理论指导。

例如，当一名女大学生被问及外界对本民族的偏见与无解时，她不无无奈地回答了这个问题，话语间条理清晰、直击重点②：

"这个有，我必须承认。但我觉得这和我们的生存环境及经济有着直接的关系。彝族是个'一步跨千年'的民族，一下子从奴隶制社会过渡到社会主义社会。我出去打工的时候，很多包工头招人时都不要彝族，对彝族有陈旧的偏见，听到时我心里是有点无奈的，但这样的情况正在慢慢好转。"

---

① 刘绍华. 我的凉山兄弟——毒品、艾滋与流动青年［M］. 北京：中央编译出版社，2015：42.

② 注：内容来自2019年6月26日在西昌学院进行的个人深度访谈，访谈对象为汉语言文学专业的1名20岁彝族女生。

例如，很多年轻人对娃娃亲和近亲结婚的风俗习惯表示无法理解，也有人痛斥这是"封建糟粕"的影响①：

A：很残忍，近亲结婚就像一个笑话，有的时候女孩儿一出生，爸爸喝酒后就把女儿定亲给了一个男生。那个女生成绩很好，男生长得不好看，女生不想嫁，男生家就想娶过来，现在也没谈出个结果。我打算二十七八岁结婚，生 3 个小孩，必须生男孩的思想是一种封建残留思想。

B：娃娃亲有点残忍，结婚还是需要相互了解。希望有资本结婚的时候再结婚，我想生两个小孩。娃娃亲属于历史遗留问题，必须生男孩的思想是一种封建糟粕。父母教育好子女，自己的后事孩子都能处理好，彩礼要看女方的文化程度，而且如果男方很优秀，女方应该也不会太过分。

C：支家有给自己女儿定娃娃亲的，自己感觉很残忍，因为太小了，感觉长大后会遇到更好的人吧。十三四岁就要定亲，对象是认识的，算是亲戚，该结婚的年龄就结婚，大概 25 岁左右，可以因为发生变故不结婚，但是悔婚的一方要给钱，加倍赔钱，生 1 个小孩就够了，不一定要男孩。我打算 30 岁左右结婚，因为结婚会有家庭压力，为什么要这么早就承担这些压力呢？

一名长期受到父亲重男轻女观念所扰的彝族女生对这一问题的反应最为激烈，她毫不留情地形容这种包办婚姻的形式"像卖牲畜一样"。

费孝通先生指出，文化自觉是指生活在一定文化中的人对其文化有"自

---

① 注：内容来自 2019 年 6 月 22 日在川兴中学进行的焦点小组访谈，访谈对象为高二的 6 名彝族学生，其中男生 3 名、女生 3 名，平均年龄约为 17 岁。

知之明"，明白它的来历、所具的特色和它发展的趋向。① 彝族的现代化进程
是一个自上而下主导的现代化进程，指望本土自发生长出一种带领民族重新
振兴的文化自觉，既是不切实际的，又是不负责任的。唯有加强对彝族青年
一代人的教育，通过自上而下的社会化，才更有可能令这一少数民族适应时
代、充分转型。而在这一关节上，智能手机发挥的能量将是不容小觑的。

四、青年亚文化特征：逆主流的风格化与精英文化解构性

彝族青年手机亚文化是四川凉山彝族自治州的彝族青年在日常生活中通
过手机创造出的一套独具特色的亚文化。在创造文化的同时，作为文化主体
的"彝乡数字青年"也无时无刻不接受着它的反作用，影响并重构着自身的
认同。在这流动的构建——反构建过程中，彝族青年不断借用彝族文化和网
络媒体中的"原料"，通过象征符号、视觉符号和听觉符号传递出了与上述
本土民族性、主体自我性和叛逆颠覆性相结合的文化风格。这种独特的文化
风格象征着彝族青年对主流文化的反抗，解构着权威的精英主义。

（一）逆主流的风格化

迪克·赫伯迪格认为，社会结构的复杂层面相互作用，再现于统治群
体和从属群体的经验之中，这种经验又依次变成了"原料"，并在文化与亚
文化中发现各种富于表现力的形式——这些"富于表现力的形式"即可被
界定为某种特定文化的风格。由于今天的媒体在人们的经验体验中扮演了
如此重大的角色，编码在亚文化中的风格往往会受到媒体的二次处理和重
新解读。

在伯明翰亚文化研究盛行的 20 世纪 80 年代语境之下，媒体尚且还是大
众媒介的代名词，是主流文化的马前卒，但今天彝族青年亚文化赖以依存的
媒介载体却有所不同：手机媒体是一种去精英化、平民化、碎片化，具有实

---

① 费孝通.反思·对话·文化自觉 [J].北京大学学报（哲学社会科学版），1997
（3）：15—22+158.

时性和互动性的新型传播形式，这种新型的传播方式不仅使得彝族青年亚文化与主流文化进一步脱钩，也为他们提供了自由生长、文化展演和自我呈现的空间。往日受众单方面被动的秩序遭到了彻底的颠覆，亚文化主体握住了创造与解读风格的主动权。

以课题组在"悬崖村"展开的一系列田野考察为例，彝族青年主播通过手机直播和短视频积极展开文化实践，使其摇身变作了多元立体的文化展演平台。这种文化展演主要可以被归为三种类型：

一是符号化展演，通过象征符号、视觉符号和听觉符号，传达彝族本地的舞蹈音乐、服饰习俗、仪式节日等原始风味和家乡情结浓郁的民俗文化。

二是场景化展演，通过手机镜头的聚焦放大个体的私人空间和日常生活，将主播的农村生活赋予戏剧性的舞台效果。

三是风格化展演，彝族青年在当地的文化系统中发展出了一套独特的、充满乡土气息的审美价值和评判标准，这一标准来源于他们对"自我"的想象和定义，这些少数民族青年按照这种想象和定义来呈现自我，从中映射出的是他们理解与诠释生活的方式。①

随着以快手抖音为代表的、以小镇青年与农村村民为目标市场的短视频软件兴起，充满乡土气息的"土味文化"日渐成为传播学界讨论的一大热点。有人将其视为媒介盛行的消费主义规训生产者特定生产动机的过程。陈名艺将这种现象的流行归咎为审丑和猎奇的大众心理作祟②；吴国泰和潘子彬认为这是"90后"青年人的文化追忆和自我表达③；张欢和袁浩然以使用与满足作为理论视域，认为土味文化帮助底层群体摆脱失语状态、构建自我认

---

① 江凌，严雯嘉.以文化展演践行少数民族青年文化自觉——以凉山"悬崖村"彝族青年手机直播及短视频为例 [J].传媒，2020（1）：55—58.

② 陈名艺.审丑与猎奇：土味文化潮流下的粉丝狂欢 [J].视听，2020（4）：148—149.

③ 吴国泰，潘子彬.怀旧与想象：透视土味视频中的青年表达 [J].山西青年职业学院学报，2020，33（1）：7—10.

同、唤醒乡村共情、缓解社会压力①。也有人从亚文化理论的路径入手，尝试将土味文化的表征与更大的社会结构相接合。李彪认为，这是悬浮在城乡二元社会中的农民工试图冲破身份的桎梏，渴望依靠模仿想象中的都市奢靡、成功人士和时尚标杆来强调自己和群体的身份，并以此在虚拟空间中获得更多的社会认同、社会资本和经济资本。②

底层失语和城乡矛盾的问题同样体现在今天的彝族青年身上，他们仍然面临着难以融入主流社会的困境。彝族学生在前往城市打工的过程中往往会遭到歧视，这不光是彝族人"素质低""会喝酒闹事"的刻板印象早已深入人心的结果，"彝族杀人不入刑"等广泛流传的网络谣言和民族政策上的不平等也是排挤和攻击背后不可忽略的原因。

以下内容摘自对彝族大学生进行的焦点小组访谈③：

> A：感受最深的一次是上个假期去成都做暑假工，老板认为彝族素质低，只知道喝酒闹事，我自己就想证明一下，其实彝族人不是这样子的。

> B：去成都兼职，本来说可以进去，后面又说不要了，是一个电子厂。自己和宿舍的三个女生有点气愤，一个月2200—4000元吧。我会为彝族的文化、文字、服饰感到骄傲，自己觉得在没有真正认识一个民族的时候不能随意评价，也许有人做得不好，但是也不能完全否定这个民族。

---

① 张欢，袁浩然."使用与满足"理论视域下土味文化传播机制探析［J］.新闻研究导刊，2020，11（9）：232—233.

② 李彪.亚文化与数字身份生产：快手新生代农民工群体土味文化研究［J］.东北师大学报（哲学社会科学版），2021（5）：115—120.

③ 注：内容来自2019年6月26日在西昌学院彝语言文化学院进行的焦点小组访谈，访谈对象为2018级汉语言文学专业的5名彝族学生，其中男生3名、女生2名，平均年龄约为21岁。

C：坐公交的时候，有时一个人会占两个座位，一个位置放东西占用座位，别人就会议论，其实他们是不懂，不是不想让座，但是别人就会误解。

D：会歧视吧，但是自己没有经历过。姐姐找工作的时候，受到限制；彝族高考加分有50分，别人不服气，觉得彝族没有那么努力。我觉得是国家政策好，彝族经济水平和教育落后，国家出台政策，让我们这种后天落后的，有一个好的环境去学习，算给彝族提供一个学习的平台吧。

E：以讹传讹吧，去上海的时候，本地人问我彝族人是不是只吃土豆、玉米，是不是要杀好几个人才算犯法，这都是负面的评价。

通过义务教育完成社会化的彝族青年再回不去往日闭塞原始的彝家乡村，但血脉为他们刻下的印痕又剥夺了他们取得船票的可能性——在资源与机遇高度集中的大城市中安身立命的可能性。彝族青年亚文化那悬浮杂糅的文化风格恰似其漂泊复杂的身份：他们展现自己的民族符号，但那些符号却往往并非完全意义上的传统，很大程度上是政府、专家、文化产品生产者、商人和民族主体将民族文化作为资源进行利用、扶持和改造后的产物；他们模仿一夜成名的网红神话、追逐他们眼中的标新立异，但城乡二元结构的现实在原型和创作间填充了无数缝隙和偏差、无法摆脱忽视和匮乏的状态又让他们转向急于突围和宣泄的内容风格，对彝族青年亚文化本身而言，它不可避免地面临着话语无力化和身份污名化的困境。

但相对于主流文化而言，彝族青年亚文化成了这些青年解构和抵抗的方式：来自各个层面的混乱作为一个有意义的整体得到凝聚，涌现出了井然有序的、迥异于主流文化却能被识别和解读的"同构"风格。

（二）精英文化解构性

保罗·威利斯（Paul Willis）率先将"同构"（Homology）这个概念引入了亚文化现象，借以描述一个群体的价值观与生活风格的一致，这样的一

125

致也体现在这一群体的主观经验和它用来表达或强化其观点的媒体形式之间。在《通过仪式抵抗：战后英国的青年亚文化》一书中，斯图亚特·霍尔（Stuart Hall）等作者更进一步，将同构这一概念与"拼贴"相结合，系统性地阐述了亚文化的风格对于亚文化内部成员的意义。①

拼贴（Bricolage）的概念最早来自克洛德·列维-斯特劳斯（Claude Levi-Strauss）对于原始人类巫术作法的田野调查，这些没有语言和文字的拼贴使用者凭借一套完全不同于外部世界的逻辑拼凑（Madeup）了自己的符号体系，以此在自然秩序和社会秩序之间建立起同构（Homologies）或类似的关系，从而令人信服地解释世界，并得以在其中安身立命。约翰·克拉克（John Clarke）等亚文化研究者则将亚文化视作青年群体创作的崭新沟通体系，就像他们的祖先拼贴原初的符号体系那样，当代青年重塑了社会秩序和亚文化秩序之间的同构关系，在这一重塑的过程中，原有的重要话语形式便遭遇了彻底的改写、颠覆和延伸。②

社会结构主义提出，语言先于符号而存在，结构先于语言而存在。整体具有逻辑上的优先性，任何一个非整体的部分都不能被孤立地理解——只有当部分处于整体的关系网络之中时，意义才能被部分之间的关系赋予。正如只有当某一符号处于既存社会结构的语境之中时，这一符号才能被人们解读：人类是生存在自己编织的"意义之网"中的生物。③

但在既存的社会结构为人觉察之前，精英文化的意识形态往往早已经无孔不入地渗透其中。卡尔·马克思（Karl Marx）提出："统治阶级的思想在每一时代都是占统治地位的思想。"组织意义的符号无论如何都会被解读为

---

① 斯图亚特·霍尔，托尼·杰斐逊.通过仪式抵抗：战后英国的青年亚文化［M］.孟登迎，胡疆锋，王蕙，译.北京：中国青年出版社，2015：304.

② 迪克·赫伯迪格.亚文化：风格的意义［M］.陆道夫，胡疆锋，译.北京：北京大学出版社，2009：133.

③ 沃尔特·李普曼.舆论［M］.常江，肖寒，译.北京：北京大学出版社，2018：262.

符合统治集团利益的说法。因此，普遍的共识被塑造了，统治阶级的地位和权威被合理化了，安东尼奥·葛兰西（Antonio Gramsci）口中的霸权得以延续并再生产——直到亚文化的"噪声"出现。

从这个意义上来说，彝族青年的手机亚文化是一种对自我的流放，是对能否被主流秩序接纳的自我意义的求索。由于向往成为主导符号体系中的一部分，彝族青年群体拼贴出了独属于自己的符号体系。而在这一符号体系构成的亚文化风格表达中，原有的意义被违背了，和美与共的社会"正常化"运行被打破了，生活平静无波的表层被揭开了。文化实践中模糊再现的，是文化主体自身或许都尚未意识到的种种矛盾和问题，是一场为了占据符号含义而展开的斗争："这些意义以代码的形式表达了一种抵抗形式，抵抗着使他们一直处于从属地位的秩序。"

这无疑是一种真正的解构。雅克·德里达（Jacques Derrida）认为，"解构也是写作和提出另一个文本的一种方式。解构不是一块擦去了文字的白板"，它"首先与系统有关，这并不意味着解构击垮了系统，而是说它敞开了排列或集合的可能性"。① 解构是基于原有事物之上的重构：deconstruction 这个词中，de 和 con 并置就很好地说明了这一点。解构并不是全然的否定，而是一种肯定，主体只有通过对原先不存在的事物的肯定，才能获得对自身意义和新的中心的肯定。

---

① 包亚明.一种疯狂守护着思想——德里达访谈录［M］.何佩群，译.上海：上海人民出版社，1997：19.

第二章

智能手机改变彝族青年生活方式的 SOR 模型分析

　　生活方式，是指人们在一定的社会条件制约下和在一定的价值观念指导下所形成的，满足自身需要的生活活动形式和行为特征的总和，包括生活活动条件、生活活动主体和生活活动形式三个因素，具有一定的稳定性和变异性。①

　　在网络互联技术的科技浪潮下，智能手机在彝族人民脱贫致富中扮演着重要角色，对他们生活的各个方面都产生了深刻而长远的变化，这些变化直接反映在他们生活方式的改变上。彝族青年作为年轻一代，他们在义务教育普及之后的社会环境中成长起来，有着使用以智能手机为代表的科技产品的天然优势，智能手机也成为他们成长、生活中的重要角色。作为智能手机的"资深用户"，智能手机对他们生活方式的影响更加显著，考察智能手机对彝族青年生活方式的影响极具研究价值。

---

① 李淑贞.现代生活方式与传统文化教程［M］.厦门：厦门大学出版社，2003：13—14.

◀ **第一节**

"生活方式"理论发展及内涵

"二战"结束以后,生活方式成为西方学术界和传播媒介的热门话题,生活方式的研究起源于西方社会对社会群体的研究。因此,厘清从马克思以来国外著名学者对生活方式进行的研究脉络,对我们进行更深层次的研究具有重要意义。

一、国外"生活方式"理论发展及内涵

马克思和弗里德里希·恩格斯(Friedrich Engels)在创建历史唯物主义论时对生活方式进行了最早的论述,他们提出生产方式和生活方式两个概念,认为在社会生产的每个时代,都有"这些个人的一定的活动方式、表现他们生活的一定形式、他们的一定的生活方式"[①]。继马克思、恩格斯之后,西方研究生活方式的代表人物是著名社会学家马克斯·韦伯(Max Weber)和制度经济学创始人索尔斯坦·邦德·凡勃伦(Thorstein Bunde Veblen),其将生活方式转化为消费方式来进行的研究,以及由生活方式差异认识到社会群体之间差异的理念,为后来的研究奠定了重要的基础。[②]

凡勃伦在 1899 年出版的《有闲阶级论》一书中,把生活方式作为阶级地位和社会地位标志来研究。韦伯在《阶级、地位与权力》一文中,谈论阶级、地位与权力三者内涵时,引入"生活方式"概念解释社会地位与生活方式的关系。这些对阶级地位和生活方式的相关性所作的专门探讨,标志着生活方式开始成为社会科学调查研究的重要社会现象。但是他们对生活方式的研究主要还是用于区别阶级地位,是一个从属概念而非独立的研究对象。

---

① 马克思,恩格斯.马克思恩格斯全集:第 3 卷 [M].北京:人民出版社,1972:24.
② 高丙中.西方生活方式研究的理论发展叙略 [J].社会学研究,1998(3):61—72.

20 世纪 70 年代之后，进入生活方式类型研究阶段。日本社会学家井关利明和堀内四郎、美国社会学家米切尔·邓奈尔（Mitchell Dunneier）和芬兰的约翰·罗斯（John Ross）先后选取本国特定地区的一定量样本进行生活方式的调查和分析，并划分出不同的生活方式类型，可知生活方式逐渐成为独立、专门的研究对象，其研究内容涵盖生活方式的全部，研究方法具有综合性。

二、国内关于"生活方式"相关理论和概念的研究

关于生活方式的研究，学界普遍认为始于 20 世纪 80 年代初期。我国改革开放以前，社会学科被取消，关于生活方式的社会学研究在 20 世纪 80 年代初期伴随着社会学重建的步伐发展起来。

于光远将生活方式分为物质和精神两个方面。[1] 杜任之提出将生活方式视为社会学研究的一个课题的观点，并在《谈谈生活方式》一文中从人们的"衣、食、住、行"四个方面论述生活方式，至此生活方式问题开始被社会学界所关注。这一时期对生活方式的研究主要停留在基本理论和核心概念的讨论上。对生活方式进行全面系统研究的代表学者有王玉波、王伟光和王雅林等。

王玉波从人类劳动生活方式、消费生活方式、闲暇生活方式、家庭生活方式、妇女生活方式、青年生活方式、老年生活方式、知识分子生活方式、乡村生活方式和城市生活方式等十个方面论述了社会主义生活方式，建议形成文明的、健康的、科学的社会主义生活方式。[2]

王伟光、李忠杰等学者认为：广义的生活方式"包括生产方式在内的人类全部社会生活活动的总和，是一切人类生活各个领域、各个方面、各个层

---

① 于光远.社会主义建设与生活方式、价值观和人的成长［J］.中国社会科学，1981（4）：3—12.

② 王玉波，王辉，潘允康.生活方式［M］.北京：人民出版社，1986：283.

次的全部社会生活现象的总和"；狭义的生活方式指"除人类生产活动、经济活动以外的人类生活方式的总和"。①

王雅林从学科范畴定义生活方式："指在一定社会客观条件的制约下，社会中的个人、群体或全体成员为一定的价值观念所指导的、满足自身生存发展需要的全部生活活动的稳定形式和行为特征。"②并从生活活动领域将生活方式分为劳动生活方式、消费生活方式、闲暇生活方式、政治生活方式和交往生活方式。

吴铎认为社会生活方式由劳动生活方式、物质资料的消费方式、精神生活方式和闲暇生活方式四部分构成。

综上，对生活方式的研究是考察人们生活变迁、生活内容变化最直接的方式。生活方式并非一成不变，宏观层面上，它受到社会生产力发展水平、经济发展状况以及国家政治、政策的影响；微观层面上，它又与个人际遇、习惯爱好等密切相关。社会生产力等宏观因素界定了群体、个人生活方式的基本范围和内容，无论是个人还是群体都不会出现超越当下生产力发展和经济发展状况的以外的生活方式。但每个人又是具体的、鲜活的、充满个性的，每个人不同的人生经历又会造成他们具体的生活方式的不同。大到一个民族，小到一个人，他们的生活方式都受到这两方面因素的影响。反过来看，民族、个人生活方式的变迁也显示着社会发展和个人经历的重大变化。

三、我国少数民族"生活方式"变迁研究情况

由于经济的快速发展，对于少数民族生活方式的研究大多集中于生活方式的变迁，这是民族地区乡村社会变迁的重要内容，也是少数民族地区实现现代化的重要途径。政府相关部门一直非常重视生活方式的变迁的相关研究，

---

① 王伟光，李忠杰，王建武，等.社会生活方式论 [M].南京：江苏人民出版社，1988：27.

② 王雅林.生活方式概论 [M].哈尔滨：黑龙江人民出版社，1989：2.

并把这个问题当作民族工作决策的重要依据。因此以"少数民族生活方式"为主要检索词，对相关文献进行全面检索，对掌握的文献按照分类梳理。

（一）物质生活

1. 经济生活

众多学者对少数民族经济生活的研究集中在生产与消费领域。生产即少数民族的劳动生活，因此经济生活将从两个部分展开说明：劳动和消费。

（1）劳动生活

随着经济和科技的发展，少数民族的生产工具和劳动方式正在发生改变。冯瑞、艾买提认为随着科技兴牧活动的开展，不少牧民掌握了科学养畜知识，也推广了杂交新品种和畜疫防治新技术，生产中采用了新的生产工具，改变了传统的劳动方式，使生产力不断提高[①]；杨金洲、冷蓉在研究新型城镇化背景下活龙坪乡生活方式变迁时，提到活龙坪乡新型城镇化对人劳动的影响表现在人们改变了过去以农业生产为主的劳动方式，劳动方式趋向多样化，从事服务业、建筑业的人口逐渐增多[②]；胡兆义在湖北省城市少数民族流动人口生活方式变迁研究中发现，城市少数民族流动人口从以前的农耕、畜牧、渔业经济生活方式转向以餐饮服务和商品销售为主，还有建筑、民族乐队演出、民族服饰销售等职业。[③]

（2）消费生活

随着劳动方式的改进，少数民族的可支配收入也得到提高，因此他们的消费水平、消费结构、消费观念发生了变化。胡兆义指出，少数民族消费水

---

① 冯瑞，艾买提.新疆哈萨克族人物质生活及民俗文化变迁的探讨——以伊犁霍城县萨尔布拉克乡的调查为例 [J].西北民族大学学报（哲学社会科学版），2008（3）：110—118.

② 杨金洲，冷蓉.新型城镇化与少数民族地区新生活方式的构建——以湖北省咸丰县活龙坪乡为例 [J].三峡大学学报（人文社会科学版），2016，38（3）：11—15+24.

③ 胡兆义.城市少数民族流动人口生活方式变迁及社会适应——以湖北省为例 [J].回族研究，2018，28（1）：44—50.

平提高，在消费结构方面，娱乐、宗教文化等精神层面的消费逐渐增加；在消费观念上，不仅注重生活状况的改善，还注重教育投资及综合素质的提升。因此，对于城市少数民族流动人口而言，在其家庭收入的支配中，绝大部分的资金用于改善生活、投资生意及接受教育[①]；李兰在以广西东兴市巫头村为例的媒介传播与京族乡村生活方式变迁研究中提到，过去受到传统文化中节俭、勤奋等观念的影响，比起产品品牌，质量和耐用性才是乡村居民消费时最主要的参考标准。但是随着媒介在少数民族地区的普及，媒介引导乡村居民进入一个"消费主义"的世界，商品的品牌、款式等符号价值取代商品本身的使用价值，成为消费时的衡量标准，导致少数民族人民重物质消费而轻精神消费的现象出现，从而引发崇拜和模仿，逐渐侵蚀传统的消费观念，对他们的生活方式产生了非常恶劣的影响。[②]

2. 社会生活

（1）休闲娱乐

随着科技和经济发展，看报读书、看电视、看电影、上网等活动逐渐进入少数民族的日常生活中。特别在移动互联网发展的背景下，承载了多种功能、打破了地域限制的智能手机，已成为现在少数民族人民闲暇生活的重要组成部分，且少数民族人民使用手机主要用于聊天、看视频、获取资讯、听音乐、网购和交友等，闲暇活动中的知识性和科学性成分明显增加。社会转型对于少数民族地区的现代化非常重要，王埃亮认为生活方式的改变是社会转型最明显的标志，大众传媒能够推动改变少数民族群体以亲缘、族缘和血缘为交往形式的生活状态；调整和整合民族关系，改变传统的思维方式，更新固有的价值观念，推动民族间的文化认同，从而加快少数民族地区走向现

---

① 胡兆义. 城市少数民族流动人口生活方式变迁及社会适应——以湖北省为例［J］. 回族研究，2018，28（1）：44—50.

② 李兰. 媒介传播与京族乡村生活方式变迁——以广西东兴市巫头村为例［D］. 南宁：广西大学，2016.

代的步伐。① 李兰在以广西东兴市巫头村为例的媒介传播与京族乡村生活方式变迁研究中，追溯了巫头村媒介传播的历史与现状，从报纸、广播、电影、电视、手机和互联网，探讨了媒介传播影响下的京族生活方式的变迁，并提出突出问题及对策。②

（2）交通住房

左颖在论述云南少数民族社会生活方式的变迁时提到，云南地区每个民族所居房屋都带有非常鲜明的民族特色，结合了自身独特的地理环境、宗教文化和民风民俗，但如今大部分少数民族居民已搬入商品房——有空调、燃气灶等物件的"新式"房屋。与此同时，更多独特的房屋只有在旅游区才能看到，可以供游人欣赏和学者研究。③ 贺卫光在对肃南裕固族地区调查时发现，裕固族作为一个游牧民族，历史上以使用牦牛、骆驼、马、骡子和驴为主要交通工具；20世纪80年代以来，自行车、摩托车、汽车等现代交通工具逐渐得到广泛使用。④ 黎族传统渡水匏具是海南昌化江流域的黎族村落主要的渡水工具，是他们传统的水上出行工具，也是黎族先民最为重要的日常出行工具之一；而如今，动力船只逐渐增多，人们水上出行的方式逐渐发生了变化。⑤

（3）饮食服饰

受汉族文化的影响，少数民族在饮食和服饰上发生了改变，汉族潮流

① 王埃亮.大众传媒与少数民族生活方式的嬗变[J].贵州民族研究，2016，37（3）：72—76.

② 李兰.媒介传播与京族乡村生活方式变迁——以广西东兴市巫头村为例[D].南宁：广西大学，2016.

③ 左颖.论云南少数民族社会生活方式的变迁[J].山西煤炭管理干部学院学报，2015，28（4）：185—187.

④ 贺卫光.现代化背景下裕固族地区生活方式变迁调查研究——以肃南裕固族自治县皇城镇为例[J].河西学院学报，2014，30（6）：1—9.

⑤ 黄呈.黎族传统渡水匏具设计与即时社会生活方式研究[J].苏州工艺美术职业技术学院学报，2019（1）：10—13.

服饰逐渐为少数民族尤其是青年人所接受。马改茹在新疆达斡尔族物质生活民俗研究中提到，新疆达斡尔族在新疆定居后，生活各方面都受到其他民族的影响，饮食也不例外，新中国成立后，达斡尔族男女服饰随时代潮流而变化。1978年后，传统服饰除个别老人穿着外，青年人的服饰已类似汉族人。[①] 斯日古冷在乡村蒙古族生活变迁中提到，由于科尔沁左翼后旗转牧为农，农业生产丰富了饮食，饮食结构也发生了变化，已经基本采用了汉族的饮食习惯，以大米为主食，辅之以极少量的面食，即使冬天也可以吃上新鲜的水果蔬菜；科尔沁蒙古人传统的服饰包括礼帽、蒙古袍和靴子等，如今除牧区的牧民以外，年轻人及农区、城镇的蒙古族追求时尚，式样多种多样，西服、休闲服、牛仔等，改变了衣着习惯，传统的蒙古袍已经成为节庆时的礼服和舞台服装。[②] 何瑶在基于畲族生活方式的"凤凰装"样式研究与应用中提到，现代生活方式随着时代发展在不断转变，现代人们的物质需求随着经济生活水平的提高而提高，在服饰上对着装样式的选择趋于多样化与个性化。服饰与生活方式密不可分，只有适应生活方式才能更好地传承与发扬传统服饰文化。[③]

（4）体育健康

少数民族地区人们的生活方式会影响到生活的方方面面，其中学者们在体育健康方面也进行了大量的研究，针对特定地区的少数民族生活方式对当地的体育、健康提出问题并寻找对策。韩永红在少数民族生活方式变迁与传统体育发展研究中提出，现代化手机游戏和体育项目从行为和精神层面影响着少数民族青年人，他们逐渐失去对本民族体育文化的传承，传承人的缺失

① 马改茹.新疆达斡尔族物质生活民俗研究：以阿西尔达斡尔民族乡为例 [D].乌鲁木齐：新疆大学，2010.
② 斯日古冷.简论乡村蒙古族生活方式变迁——以科尔沁左翼后旗为例 [J].才智，2015（20）：265.
③ 何瑶.基于畲族生活方式的"凤凰装"样式研究与应用 [D].杭州：浙江理工大学，2016.

也阻碍了传统体育文化的更好发展。① 哈尼克孜·哈德尔在新疆少数民族传统生活方式变迁对体育发展的影响研究中提出,现代的生活方式改变了传统体育竞赛、表演和娱乐类的活动,并提出体育文化传承问题和对策。② 张爱平、关北光对四川藏羌少数民族初中生体质健康等级与生活方式的模型建构与干预策略展开研究。③

(二)精神生活

1. 文化生活

（1）婚姻家庭

少数民族一般居住在较落后地区,大多都拥有重男轻女、多子多福的家庭观念。在婚姻方面,遵循父母之命、媒妁之言;在夫妻关系上,主要表现为男主外、女主内,且女性在家中的地位要低于男性。胡兆义发现,随着少数民族人口迁移到城市,其在恋爱与婚姻中的自主选择逐步成为主要择偶方式,择偶范围逐步打破了民族和地域的限制,择偶标准从注重家庭背景转向注重个人因素。在家庭结构上,家庭规模缩小且趋于核心化;在家庭关系上,妇女的家庭地位得以提高,夫妻关系日益平等,家庭关系趋向民主化。④

（2）民俗文化

"只有当实际日常生活的关系,在人们面前表现为人与人之间和人与自然之间极明白而合理的关系的时候,现实世界的宗教反映才会消失。"随着物质生活的不断改善,少数民族地区宗教意识逐渐淡化。贺卫光发现,现在的宗

---

① 韩永红.少数民族生活方式变迁与传统体育发展思考 [J].体育科技文献通报,2017,25(4):89—90+145.

② 哈尼克孜·哈德尔.新疆少数民族传统生活方式变迁对体育发展的影响研究 [J].当代体育科技,2016,6(25):168+170.

③ 张爱平,关北光.四川藏羌少数民族初中生体质健康等级与生活方式的模型建构与干预策略研究 [J].广州体育学院学报,2019,39(5):14—18+30.

④ 胡兆义.城市少数民族流动人口生活方式变迁及社会适应——以湖北省为例 [J].回族研究,2018,28(1):44—50.

教活动商业化色彩浓重，通常借助宗教活动的独特性和影响力来发展当地旅游，推动经济发展。与此同时，出现了少数民族地区人民的宗教意识逐渐淡化，人们在闲暇时间进行的宗教行为变少，宗教信仰的多元化等现象。[①]

此外，经济发展过程中难免对本民族文化造成冲击，如民族旅游资源开发就带来了民族文化的同化、商品化和庸俗化、价值观退化与遗失等负面作用。陈昕以纳西文化为例，指出旅游业是民族文化变迁的关键诱致性因素，提出旅游业对民族文化变迁产生的效应是双重的，要以发展眼光看待文化变迁，对待逆向变迁效应，要建立一套调适机制来校正其变迁轨迹，减少消极影响，产生正向变迁效应。[②]

2. 政治生活

少数民族获取政治信息主要依靠电视和手机。智能手机和电视的普及使少数民族更好地参与到政治生活中来。苏科臣、丁永华等人在研究黔南布依族生活方式中提到该地区电视机拥有率超过 1 台每户，智能手机普及率超过 70%，网络普及率接近 50%。这些数字说明少数民族地区的媒介接近更便利了，由此使得布依族居民的政治生活方式由间接参与向直接参与转变。此外，布依族居民由政治诉求向政治参与转变，以及信息获取的方便快捷，激活了布依族居民参与政治的热情，使他们积极参与到换届选举、农业示范区的建设等事务上来。[③]

（三）少数民族生活方式研究中的问题

从上述对相关研究进行综述可见，目前对少数民族生活方式的研究大多以一个特定地区为研究对象，对生活方式变迁的影响进行阐述并提出问题、

① 贺卫光.现代化背景下裕固族地区生活方式变迁调查研究——以肃南裕固族自治县皇城镇为例［J］.河西学院学报，2014，30（6）：1—9.

② 陈昕.纳西文化变迁的旅游效应与调适研究［J］.思想战线，2008（5）：117—118.

③ 苏科臣.城镇化背景下黔南州布依族苗族生活方式变迁研究［J］.黑河学刊，2016（5）：185—188.

解决问题，理论建构和提升涉及较少；在实证研究过程中也大多采用自上而下的研究方式，鲜有体现出对少数民族群体生活状况的了解和把握，以及他们怎样看待现代化发展过程中自身生活方式的变迁。

在研究方法方面，以民族志、田野观察法等传统研究方法为主，多学科交叉研究和跨学科研究较少，也更注重对调查点的宏观描述，表象化特点较为明显，缺乏深入分析和动态追踪。另外，学界对少数民族的研究大多关注少数民族的经济和社会层面，对精神文化生活的研究相对较少。

◀ 第二节

基于 SOR 模型的智能手机对彝族青年生活方式改变的定量研究

一、研究目的与内容

本节以四川凉山地区 14—35 岁彝族青年为研究对象，基于 SOR 模型进行相应的定量研究，探究这个群体在受到自身的智能手机使用行为、智能手机各种要素及媒介特性等因素影响后，内在心理状态是否会做出反应，生活方式是否会发生变化。

本节将结合文献综述和实际研究需求构建模型的各部分评价维度和子目录，设计、分发调查问卷以对各级指标进行调查评价，进而对数据进行信效度检验和结构模型检验，最后完成分析和总结。

具体研究内容可分为四个部分：

第一部分为引言部分，介绍研究目的、内容，研究方法及相关概念的文献综述。

第二部分为研究模型与假设，基于文献综述提取与增补形成本研究适用的智能手机影响生活方式的评估体系并提出假设。

第三部分为问卷设计与数据分析，问卷的设计与完成、分发与回收，并运用 SPSS 软件和 AMOS 软件对所提取的数据进行分析和检验。

第四部分为研究结论，对假设检验结果进行讨论。

1974 年，艾伯特·梅拉比安（Albert Mehrabian）和詹姆斯·罗素（James A. Russell）基于环境心理学提出刺激（Stimulus）—机体（Organism）—反应（Response）模型（S-O-R 模型），该模型由 SR（刺激—反应）模式而来，反映出外部客观环境机体产生刺激，从而引起其内在情绪反应，并进一步影响机体个体反应的过程。

长期以来，该模型被引入营销领域广泛用于解释消费者的消费行为，随着网络购物的普及也被用于网购环境对购买意愿的影响研究中：储坛明聚焦内容、服务、视觉、品牌等因素，研究其对消费者网购渠道选择意愿的影响 [1]；刘洋、李琪、殷猛认为 SOR 理论同样适用于网络直播购物情境的研究，并以此为理论基础，研究直播购物特征对消费者购买行为的影响机理 [2]；纪曼、卓翔芝基于 SOR 模型研究电商网络直播对消费者购买意愿的影响 [3]；史烽等人针对网络团购这种特殊的电子商务模式，对团购消费者的购买意愿进行研究 [4]。

如今 SOR 模型的应用有所扩展，在研究以计算机为媒介的线上行为尤

---

[1] 储坛明.基于 SOR 理论的消费者网购渠道选择意愿研究——以企业官网与第三方旗舰店为例 [D].北京：北京邮电大学，2018.

[2] 刘洋，李琪，殷猛.网络直播购物特征对消费者购买行为影响研究 [J].软科学，2020，34（6）：108—114.

[3] 纪曼，卓翔芝.基于 SOR 模型的电商网络直播环境下消费者购买意愿的影响因素 [J].淮北师范大学学报（哲学社会科学版），2020，41（4）：49—57.

[4] 史烽，孟超，李晓锋，等.基于 SOR 模型的网络团购消费者购买意愿研究 [J].商业经济研究，2017（20）：53—55.

其是信息行为方面发挥着重要作用：宋蒙蒙等人通过 SOR 模型探究社交网络的感知互动对旅游行为的影响 ①；郑美玉基于 SOR 模型分析使用手机图书馆过程中所接触到的要素对使用者黏性和使用意愿的影响 ②；邓卫华、易明运用 SOR 模型研究在线用户在追评功能和特征方面的认知对追评接受和发布行为产生的影响 ③；陈岚对公众参与行为进行细分，分析微政务公众参与行为机理 ④。

　　根据该模型的内涵和前人的研究，在对智能手机影响使用者内在心理状态，进而改变其生活方式的研究中，SOR 模型是具备一定的适配度和实用性的。

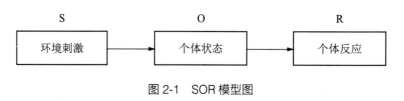

图 2-1　SOR 模型图

二、研究模型与假设

（一）研究模型的建立

1. 外部刺激（S）指标体系的建立

SOR 模型认为 "S" 所代表的环境刺激，如视觉、听觉等，可以影响人的情感与认知，是能够唤起个体认知或潜意识，并使其转化为行动的外

① 宋蒙蒙，乔琳，胡涛.基于 SOR 理论的社交网络互动对旅游行为的影响 [J].企业经济，2019（5）：72—79.

② 郑美玉.基于 SOR 框架的手机图书馆用户持续使用影响因素研究 [J].图书馆工作与研究，2018（4）：52—58.

③ 邓卫华，易明.基于 SOR 模型的在线用户追加评论信息采纳机制研究 [J].图书馆理论与实践，2018（8）：33—39+56.

④ 陈岚.基于 SOR 模型的微政务公众参与行为机理研究 [J].江苏工程职业技术学院学报，2020，20（2）：64—69.

部因素。因此本节的 S 指的是智能手机的部分典型特性及其营造的媒介环境。

目前关于智能手机或其相关要素或功能影响生活方式的研究总体较少，以理论为主，通过实证分析法进行研究的文献也较少，研究对象以青少年或大学生为主，揭示手机媒体对具体生活方式所产生的积极或消极影响：秦鹏指出手机媒体的高度便携性、多媒体性、强交互性以及传播速度快、范围广，研究其对大学生学习、交往、娱乐生活方式的影响[1]；王洲淡化了具体的"生活方式"，认为手机新媒体互动性强、信源内容丰富、传播与更新速度快、形式多样，满足了学生需求，讨论青少年使用手机的动因和正负面作用[2]；帅国安选择移动终端 App 为切入点，指出移动终端 App 的使用已经对生活方式有了较高的介入程度，且强调了 App 中的交互形式、各种功能点、感官刺激以及情感体验对生活方式的显著重构作用[3]；于婷婷建立智能手机使用行为对生活方式的影响研究模型，用使用资历、使用时间、使用动机等因素测量智能手机使用行为，并考察这些因素对"90 后"大学生工作 / 学习、休闲娱乐、人际交往、购物偏好等生活方式的影响[4]。

基于以上综述，结合研究目的及指标的可测量性和可获得性，本节倾向于将手机 App 类型、手机 App 要素、智能手机区别于其他媒体的典型特征，以及被调查者的手机使用时长四个维度作为考察外部刺激的框架体系，并对被试者对这些维度的感知进行量化处理。

"手机 App 的类型"这一维度的测量题项取自问卷调查中"你主要使用到以下哪些手机功能或应用"的答案分布；"手机 App 的要素"和"智能手

① 秦鹏.手机媒体对大学生生活方式的影响研究［D］.西安：西安石油大学，2014.
② 王洲.手机网络对青少年生活方式的影响研究——基于浙江省 2384 份问卷的分析［D］.杭州：杭州师范大学，2015.
③ 帅国安.移动终端 App 对用户生活方式重构的影响［D］.无锡：江南大学，2015.
④ 于婷婷，刘一帆.智能手机使用对"90 后"大学生生活方式的影响研究［J］.新闻大学，2016（4）：118—128+154.

机区别于其他媒体的典型特征"的题项来自对前人文献的提炼、修改及自行定义（见表 2-1）。

表 2-1　SOR 模型外部刺激（S）维度下的变量及测量题项

变　量	题　项
手机 App 的类型	社交软件
	音乐软件
	视频直播软件
	搜索引擎软件
	购物软件
手机 App 的要素	海量内容
	丰富功能
	视听效果
	互动参与
智能手机区别于其他媒体的典型特征	即时性：第一时间获取信息
	便捷性：方便携带，可随时随地使用
	趣味性：视频、音频内容比广播、电视更加通俗易懂
	互动性：可即时参与讨论和提问

2. 机体内在心理（O）指标体系的建立

SOR 模型中"O"是介于外部刺激变量和行为反应变量之间，描述内部主观体验的变量。为了更好地进行测量，引入目前心理学界常用的一种描述情感的连续模型——PAD 三维情感模型，包括愉悦度（Pleasure）、唤醒度（Arousal）和优势度（Dominance）三个维度，后来很多学者在数据分析时发现优势度不显著，因此如今对于情绪变量的研究基本上都从愉悦和唤醒两个维度来分析。[1] 本研究也采纳这种观点，将内在心理指标体系分为愉悦度和唤醒度两个维度，参考其基本含义和前人研究中的问卷，确定测量题项并对情感值进行量化处理（见表 2-2）。

---

① 汪学霞. 基于 SOR 模型的 P2P 网络借贷行为影响因素研究［D］. 苏州：苏州大学，2017.

表2-2　SOR 模型内在机体反应（O）维度下的变量及测量题项

变　量	题　项
愉悦度	使用智能手机时感到愉悦快乐
	使用智能手机时感到丰富有趣
唤醒度	使用智能手机时感到刺激或受到震撼
	使用智能手机时会产生好奇心

3. 个体反应（R）指标体系的建立

结合前文对"生活方式"进行的文献综述和本课题的研究目的，SOR模型的"R"变量将用劳动生活方式、消费生活方式、文化生活方式、交往生活方式、闲暇生活方式、政治生活方式及民俗生活方式七项，来衡量个体在接受外部刺激并产生内在反应后所做出的各方面行为改变，根据文献和问卷调查结果定义二级指标并对其赋值（二级指标来源见表2-3）。

表2-3　SOR 模型个体反应（R）维度下的变量及测量题项

维　度	测量题项	来　源
劳动生活方式	学习了更多劳动技能	马媛[1] 根据问卷调查自行定义[2]
	产生了通过手机自主创业的想法	
	提升了就业能力	
消费生活方式	相比前往实体店选购，增加了网购次数	刘红、李晓林、兰欢[3] 帅国安[4]
	网购更有计划性、针对性	
	形成了和过去不同的消费观	

[1] 马媛. 手机媒体下的青海高校学生价值取向现状调查研究［D］.西宁：青海大学，2020.

[2] 注：在"您是否曾经通过智能手机来谋生或获得经济收入"一题中，近三成受访者表示"是"；在"您未来的工作方向选择"一题中，33%的受访者表示"可能会/正在从事与互联网/智能手机相关的工作"。

[3] 刘红，李晓林，兰欢. 智能手机对大学生生活方式影响的实证研究——以陕西师范大学为例［J］.今传媒，2016，24（6）：77—79.

[4] 帅国安. 移动终端 App 对用户生活方式重构的影响［D］.无锡：江南大学，2015.

143

续表

维　度	测量题项	来　源
文化生活方式	接触到了更多知识	王彦凤① 通过问卷调查自行定义②
	提高了普通话交流或汉字使用水平	
	对彝族文化有了更多了解和认识	
交往生活方式	扩大了人际交往范围	周茜③ 王洲④ 通过问卷调查自行定义⑤
	增强了与他族交往的意愿	
	更愿意向外人介绍凉山和彝族文化	
闲暇生活方式	提供了更多休闲娱乐方式，丰富了休闲生活	刘红、李晓林、兰欢⑥ 王彦凤⑦ 通过问卷调查自行定义⑧
	对个人兴趣起到支持和巩固作用	
	更愿意参加并通过手机传播彝族节日或传统文化活动	

①⑦　王彦凤. 微信对大学生生活方式的影响及对策研究［D］. 太原：中北大学，2016.

②　注：在"你觉得手机使用改变了你生活的以下哪些方面"一题中，61.98%的受访者选择了"让我学到了更多知识"，分别有29.69%、21.35%和15.63%的受访者选择了"认识更多汉字""对彝族文化有更多认识和了解""普通话更加标准"。

③　周茜. 网络文化对大学生生活方式的影响及对策研究［D］. 南京：南京邮电大学，2014.

④　王洲. 手机网络对青少年生活方式的影响研究——基于浙江省2384份问卷的分析［D］. 杭州：杭州师范大学，2015.

⑤　注：在"与陌生人通过社交软件聊天时，你会主动向外人介绍你的家乡和彝族文化吗"一题中，64.33%的受访者持肯定态度；在"你觉得手机使用在哪些方面影响了你的社交能力"一题中，42.19%的受访者认为"拓宽了人际圈，认识了新朋友"。

⑥　刘红，李晓林，兰欢. 智能手机对大学生生活方式影响的实证研究——以陕西师范大学为例［J］. 今传媒，2016，24（6）：77—79.

⑧　注：在"你用手机上传或分享民族文化相关内容的频率"一题中，82.03%的受访者表现出不同程度的分享行为。

续表

维　度	测量题项	来　源
政治生活 方式	更加关注网络政治问题或社会问题	唐国战 ① 通过问卷调查自行定义 ②
	更多参与政治问题或社会问题的公共讨论	
	增强了对彝族身份、国家民族政策的认同感	
民俗生活 方式	对彝族民俗文化有了更深的理解和认识	周洁 ③ 李婕 ④
	更加关注彝族民俗文化方面的资讯	
	对彝族民俗文化的发展和传播产生思考	

4. 研究模型小结

综上所述，本研究将采用的理论模型与各级测量指标如图 2-2 所示。

（二）研究假设的提出

1. 手机的使用与愉悦度、唤醒度的关系

研究媒介与受众情感的关系是媒介研究领域围绕情感产生的典型问题，情感维度也被认为是理解数字媒介区别于传统媒介研究的主要特征。⑤

张彦德在研究大众媒介对受众情感控制的影响时指出，"传播的内容日趋多元化，传播的方式也日益更新，这些都会间接或直接地影响受众的情感和某些行为动机"⑥；麦尚文、王昕在讨论《感动中国》的社会传播机制

---

① 唐国战 . 当代大学生政治参与方式的调查与思考——以河南高校为例 ［J］. 河南社会科学，2010，18（4）：213—215.

② 注：在"你会因自己是彝族人而感到骄傲吗"一题中，84.89% 的受访者持肯定态度。

③ 周洁 . 大众媒介对西藏乡镇民众生活方式影响研究——关于卡孜乡和金达镇的实证考察 ［D］. 成都：西南交通大学，2015.

④ 李婕 . 新媒介影响下的保安族乡村生活——以积石山保安族三村为例 ［D］. 兰州：兰州大学，2015.

⑤ 自国天然 . 情之所向：数字媒介实践的情感维度 ［J］. 新闻记者，2020（5）：41—49.

⑥ 张彦德 . 现代大众媒介对受众情感控制的影响分析 ［J］. 求实，2005（4）：82—85.

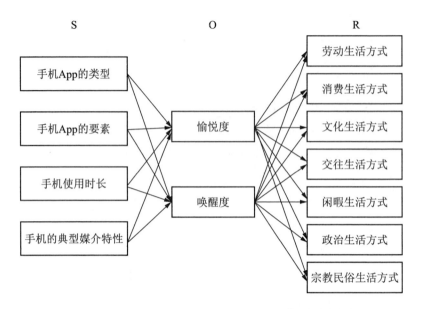

图 2-2 "智能手机对凉山彝族青年生活方式"的影响模型

时也提到电视媒介在受众心理状态的改变中发挥的作用 ①。在此基础上结合本研究的研究框架，提出关于智能手机和愉悦度、唤醒度之间关系的如下假设：

（1）假设 1：智能手机的使用对愉悦度有显著正向影响

手机 App 的类型对愉悦度有显著正向影响；手机 App 的要素对愉悦度有显著正向影响；手机使用时长对愉悦度有显著正向影响；手机的典型媒介特征对愉悦度有显著正向影响。

（2）假设 2：智能手机的使用对唤醒度有显著正向影响

手机 App 的类型对唤醒度有显著正向影响；手机 App 的要素对唤醒度有显著正向影响；手机使用时长对唤醒度有显著正向影响；手机的典型媒介特征对唤醒度有显著正向影响。

---

① 麦尚文，王昕. 媒介情感力生产与社会认同——《感动中国》社会传播机制及效应调查分析［J］. 电视研究，2009（6）：69—71.

2. 愉悦度、唤醒度与生活方式的关系

前文对 SOR 模型的心理学根源有所介绍，美国心理学家约翰·布鲁德斯·华生（John Broadus Watson）于 1913 年创立行为主义，以其代表的心理学家较为注重 S 与 R 之间的联结，而后克拉克·赫尔（Clark L. Hall）、爱德华·托尔曼（Edward Chace Tolman）等将行为主义定义放宽，增加了认知机制，将 S-R 理论变为 S-O-R 理论。行为主义作为西方现代心理学的一个重要流派，也构成了传播心理学的理论基础之一。本节对大众传播活动中行为的改变，即智能手机使用行为中生活方式的改变做出以下假设：

（1）假设 3：愉悦度对生活方式有显著正向影响

愉悦度对劳动生活方式有显著正向影响；愉悦度对消费生活方式有显著正向影响；愉悦度对文化生活方式有显著正向影响；愉悦度对交往生活方式有显著正向影响；愉悦度对闲暇生活方式有显著正向影响；愉悦度对政治生活方式有显著正向影响；愉悦度对民俗生活方式有显著正向影响。

（2）假设 4：唤醒度对生活方式有显著正向影响

唤醒度对劳动生活方式有显著正向影响；唤醒度对消费生活方式有显著正向影响；唤醒度对文化生活方式有显著正向影响；唤醒度对交往生活方式有显著正向影响；唤醒度对闲暇生活方式有显著正向影响；唤醒度对政治生活方式有显著正向影响；唤醒度对民俗生活方式有显著正向影响。

3. 研究假设小结

本研究所有研究假设见表 2-4。

表 2-4　研究假设汇总

序　号	研究假设
假设 1 智能手机的使用对愉悦度 有显著正向影响	手机 App 的类型对愉悦度有显著正向影响
	手机 App 的要素对愉悦度有显著正向影响
	用户使用时长对愉悦度有显著正向影响
	手机的典型媒介特征对愉悦度有显著正向影响

续表

序　号	研究假设
假设 2 智能手机的使用对唤醒度 有显著正向影响	手机 App 的类型对唤醒度有显著正向影响
	手机 App 的要素对唤醒度有显著正向影响
	用户使用时长对唤醒度有显著正向影响
	手机的典型媒介特征对唤醒度有显著正向影响
假设 3 愉悦度对生活方式有显著 正向影响	愉悦度对劳动生活方式有显著正向影响
	愉悦度对消费生活方式有显著正向影响
	愉悦度对文化生活方式有显著正向影响
	愉悦度对交往生活方式有显著正向影响
	愉悦度对闲暇生活方式有显著正向影响
	愉悦度对政治生活方式有显著正向影响
	愉悦度对民俗生活方式有显著正向影响
假设 4 唤醒度对生活方式有显著 正向影响	唤醒度对劳动生活方式有显著正向影响
	唤醒度对消费生活方式有显著正向影响
	唤醒度对文化生活方式有显著正向影响
	唤醒度对交往生活方式有显著正向影响
	唤醒度对闲暇生活方式有显著正向影响
	唤醒度对政治生活方式有显著正向影响
	唤醒度对民俗生活方式有显著正向影响

三、问卷设计与数据分析

（一）问卷设计与发放

本研究采用问卷调查法，问卷由三个部分构成：被调查者的人口统计学指标，第一部分基于 SOR 模型的相关问题，第二部分对被调查者的生活方式展开的更为细化的问题。其中第一部分使用李克特（Likert）五分制量表测量被调查者的态度强弱或不同状态，1—5级分别代表被调查者对题目中的描述"很不赞同""不赞同""一般""赞同""很赞同"。电子版调查问卷在中国专业的网络问卷平台"问卷星"设计，经过少量测试与调整后在微信上发放电子版，主要通过以下两个途径发放：

一是与凉山州喜德中学、冕宁中学、凉山卫生职业学校、凉山职业学院、西昌学院、金阳中学等学校的校长、任课老师取得联系，由其组织在读学生线上填写，以及调查者将纸质问卷带到现场发放。

二是通过投放者的同学、朋友等进行微信朋友圈的转发填写。

（二）问卷数据统计

1. 描述性统计

排除问卷完成时间异常、答案前后明显矛盾、年龄或民族不符，以及其他未认真填写致无效的问卷后，从年龄上看，调查对象年龄的极值出现在14岁和34岁，样本集中分布在17—22岁，占比超60%；结合职业和学历情况，学生占被试者的82.5%，"高中或中专""大专或本科"两项所占比例分别为47.3%和40.7%，"小学以下""初中""硕士及以上"均有少量样本，可以看出被调查者职业和学历覆盖较全面，以正在接受中等或高等教育的彝族学生为主。

由于本课题涉及彝族青年对家乡振兴发展的相关研究，因此需了解被试者近年来生活的地区。从回收问卷来看，凉山州十七个县市均有被试者参与，受调查者人际关系的影响，其中又以金阳县和西昌市的样本较多；在选择"其他"并自行填写近年来生活地区的样本中，又以成都市、雅安市（石棉县）、攀枝花市（盐边县）出现较多，结合相应被试者的职业情况，可以看出外出的部分彝族青年会倾向于前往川渝地区较发达城市或与凉山州毗邻的市县就业或打工。

2. 社会经济情况

被调查者的个人年收入情况与职业情况具有较强的关联性，超过八成的被试者处于受教育阶段，暂无收入，其余样本集中在"4100元以内"。

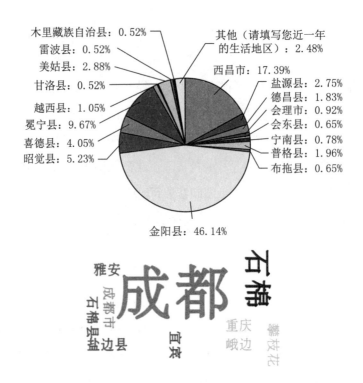

图 2-3　受访凉山彝族青年近年来生活地区情况及词云图

　　根据国家统计局 2022 年发布的《中华人民共和国 2021 年国民经济和社会发展统计公报》，2021 年全年全国居民人均可支配收入 35128 元。另据凉山彝族自治州人民政府门户网站发布的《凉山州 2019 年国民经济和社会发展统计公报》，2019 年城镇居民人均可支配收入 33044 元，农村居民人均可支配收入 13908 元。参考以上数据，可大致看出本次调查中的被试者整体收入水平较低。

　　需要特别指出的是，部分彝族青年在假期期间外出打工会有一定的收入，因此选择"学生"的样本和选择"我还是学生，暂无收入"的样本并不会完全对应。且在接下来的分析过程中，根据不同状态下可支配闲暇时间有一定差异，会影响手机使用的时长，所以将对"学生"和"非学生"分别进行讨论，其中"学生"在工作期间的手机使用时长情况按"非学生"处理。

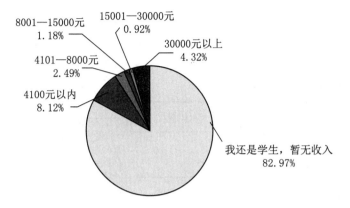

图2-4　受访凉山彝族青年的总体社会经济情况

（三）信度和效度检验

为确保结论的可靠性和有效性，需对模型和数据进行信度和效度检验。

1. 信度检验

信度检验用于测量样本回答的一致性和可靠性，分为内在信度和外在信度，在人文社科领域如传播学，常用内部一致信度法来分析量表设计的精准程度[①]，其中最常用的系数是克朗巴哈系数（Cronbach's α）。一般来说，当 α 值不足 0.6，一般认为内部一致信度不足，达到 0.8—0.9 时说明信度非常好。

经 SPSS 26.0 软件进行可靠性分析后发现，外部刺激（S）部分中"用户使用时长"的两个题项在"删除项后的克朗巴哈"（Cronbach's Alpha if Item Deleted）上的得分均高于总系数[②]，在将校正校总计相关性（Corrected Item-Total Correlation，CITC）也纳入考虑范围的情况下[③]，这两项的得分依然显著低于参考值 0.5，因此需删除这一指标。

---

① 　马云龙. 基于 SOR 模式下微博图像表情符号对超链接点击的影响研究 [D]. 上海：上海外国语大学，2020.

② 　注：学生组两项均为 0.955，大于总系数 0.953，非学生组两项分别为 0.963 和 0.964，大于总系数 0.962。

③ 　注：学生组两项分别为 0.213 和 0.272，非学生组两项分别为 0.298 和 0.244，均显著低于 0.5。

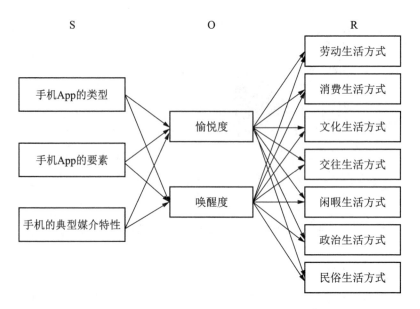

图 2-5　调整后的"智能手机对凉山彝族青年生活方式"的影响模型

表 2-5　信度检验结果

维度	指　　标	Cronbach's α 系数	总系数
S	手机 App 的类型	0.773	
	手机 App 的要素	0.862	
	手机的典型媒介特性	0.884	
O	心理状态	0.864	
R	劳动生活方式	0.821	0.962
	消费生活方式	0.843	
	文化生活方式	0.818	
	交往生活方式	0.862	
	闲暇生活方式	0.842	
	政治生活方式	0.881	
	民俗生活方式	0.932	

表 2-6　调整后的"智能手机对凉山彝族青年生活方式"研究假设汇总

序　号	研究假设
假设 1（H1） 智能手机的使用对愉悦度 有显著正向影响	H1-1 手机 App 的类型对愉悦度有显著正向影响
	H1-2 手机 App 的要素对愉悦度有显著正向影响
	H1-3 手机的典型媒介特征对愉悦度有显著正向影响
假设 2（H2） 智能手机的使用对唤醒度 有显著正向影响	H2-1 手机 App 的类型对唤醒度有显著正向影响
	H2-2 手机 App 的要素对唤醒度有显著正向影响
	H2-3 手机的典型媒介特征对唤醒度有显著正向影响
假设 3（H3） 愉悦度对生活方式有显著 正向影响	H3-1 愉悦度对劳动生活方式有显著正向影响
	H3-2 愉悦度对消费生活方式有显著正向影响
	H3-3 愉悦度对文化生活方式有显著正向影响
	H3-4 愉悦度对交往生活方式有显著正向影响
	H3-5 愉悦度对闲暇生活方式有显著正向影响
	H3-6 愉悦度对政治生活方式有显著正向影响
	H3-7 愉悦度对民俗生活方式有显著正向影响
假设 4（H4） 唤醒度对生活方式有显著 正向影响	H4-1 唤醒度对劳动生活方式有显著正向影响
	H4-2 唤醒度对消费生活方式有显著正向影响
	H4-3 唤醒度对文化生活方式有显著正向影响
	H4-4 唤醒度对交往生活方式有显著正向影响
	H4-5 唤醒度对闲暇生活方式有显著正向影响
	H4-6 唤醒度对政治生活方式有显著正向影响
	H4-7 唤醒度对民俗生活方式有显著正向影响

2. 效度检验

效度检验是评价量表是否能精准反映研究内容的指标，一般结合内容效度和结构效度的结果来考察。内容效度指题目分布的合理性、逻辑性和关联性，属于主观指标，本研究充分参考传播学、心理学等文献资料，并结合小规模访问来确定题项，因此具有良好的内容效度。

结构效度是指各测量项对特定概念或特质测量的程度，采用的方法是因子分析，在此之前需对这个数据是否适合做因子分析进行检验，一般采用

KMO（Kaiser-Meyer-Olkin）①和巴特利特球形检验（Bartlett's Test）②，检验结果如表 2-7 所示，KMO 达 0.956，非常适合做因子分析；球形检验显著性为 0，表明因子分析效度良好，可以进行因子分析。

表 2-7　KMO 和 Bartlett 检验

KMO 值		0.956
Bartlett's 球形检验	近似卡方 Approx. Chi-Square	20880.143
	自由度 df	703
	显著性 Sig.	0.000

　　在此基础上使用验证性因子分析进行聚合效度（收敛效度）检验，聚合效度用于表现一个维度内各题项的内部一致性，一般采用组合信度（Composite Reliability，CR）和平均变异数萃取量（Average of Variance Extracted，AVE）测量，CR 值越高则构面内部一致性越高，收敛程度越高，大于 0.7 为佳；AVE 值反映潜在变量对观察变量的解释能力，高于 0.5 为佳。通过对 AMOS 输出数据的筛选导出和计算，得出本研究的聚合效度检验结果（见表 2-8）：各项 CR 值均大于 0.7，AVE 值除 S1（"手机 App 的类型"）外均大于 0.5，但 S1 对应值也在 0.36—0.5 的接受门槛内，因此聚合效度通过检验。

表 2-8　效度检验结果

模型	维度	变量	非标准化系数	P	标准化系数	CR	AVE
S	S1	S1-1	1		0.693	0.773	0.407
		S1-2	0.921	***	0.638		
		S1-3	0.937	***	0.564		
		S1-4	0.980	***	0.607		
		S1-5	1.082	***	0.679		

① 注：KMO 用于检查变量间的偏相关性，取值在 0—1 之间，最低可接受值 0.5。KMO 值越接近于 1，因子分析效果越好，0.9 以上极适合做因子分析。

② 注：巴特利特球形检验用于检验各变量之间的相关性，即各个变量是否各自独立。若 Sig.<0.05（即 p 值 <0.05），说明数据呈球形分布，各变量在一定程度上相互独立。

续表

模型	维度	变量	非标准化系数	P	标准化系数	CR	AVE
S	S2	S2-1	1		0.758	0.865	0.617
		S2-2	1.033	***	0.827		
		S2-3	1.056	***	0.846		
		S2-4	0.878	***	0.702		
	S3	S3-1	1		0.840	0.886	0.660
		S3-2	1.017	***	0.855		
		S3-3	1.010	***	0.827		
		S3-4	0.864	***	0.721		
O	OP	O-P1	1		0.726	0.783	0.643
		O-P2	0.988	***	0.720		
	OA	O-A1	1		0.759	0.789	0.651
		O-A2	1.034	***	0.785		
R	RL	R-L1	1		0.756	0.833	0.624
		R-L2	1.076	***	0.780		
		R-L3	1.169	***	0.832		
	RCO	R-CO1	1		0.826	0.841	0.638
		R-CO2	0.906	***	0.753		
		R-CO3	1.005	***	0.815		
	RCU	R-CU1	1		0.848	0.844	0.644
		R-CU2	1.036	***	0.814		
		R-CU3	0.993	***	0.741		
	RA	R-A1	1		0.832	0.878	0.706
		R-A2	1.031	***	0.846		
		R-A3	1.042	***	0.842		
	RLE	R-LE1	1		0.832	0.855	0.662
		R-LE2	1.001	***	0.824		
		R-LE3	0.998	***	0.785		
	RP	R-P1	1		0.894	0.897	0.743
		R-P2	0.965	***	0.851		
		R-P3	0.962	***	0.840		
	RFR	R-FR1	1		0.917	0.942	0.844
		R-FR2	1.001	***	0.940		
		R-FR3	0.991	***	0.899		

（四）结构模型分析

结构方程模型（Structure Equation Modeling，SEM）是一种量化研究方法，可以进行因子分析和路径分析，并对各种因果模型进行识别、估计和验证。[①] 在此基础上，本研究将建立基于 SEM 模型，并使用 AMOS 26.0 完成模型拟合度检验和假设检验，在 AMOS 软件中绘制的结构方程模型如图所

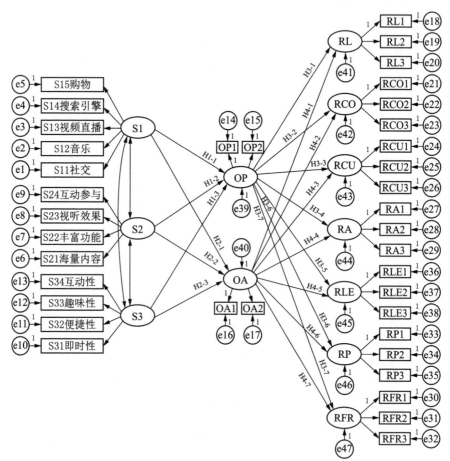

图 2-6 使用 AMOS 软件制作的 "智能手机对凉山彝族青年生活方式" 的
影响的 SEM 模型

---

① 彭志翔.在线评论质量对旅游者消费决策影响研究——以共享短租为例［D］.合肥:
安徽大学，2020.

示，该图通过单箭头和双箭头建立不同变量之间的联系，清晰地反映出用长方形表示的观测变量和用椭圆形表示的结构变量（又称潜变量）之间多层次的关系。

1. 拟合度检验

在将相关数据导入 AMOS 的模型中进行计算后，从输出的结果中提取 χ^2/df、NFI、GFI、CFI、RMSEA 五项数据进行比较，以验证本研究所使用的假设模型和实际模型之间的拟合程度，如表 2-9 所示拟合度较为合理。其中 χ^2 值会随着样本量的增加而增加，因此 χ^2/df 值小于 5 即可以接受。

表 2-9　模型拟合度检验

考察项	χ^2/df	NFI	GFI	CFI	RMSEA
数值	4.624	0.860	0.809	0.887	0.069
参考值	<3 极佳	>0.9 极佳	>0.9 极佳	>0.9 极佳	<0.05 极佳
	<5 合理	>0.8 合理	>0.8 合理	>0.8 合理	<0.08 较好

2. 路径分析与假设检验

使用 AMOS 进行结构方程模型分析后，本研究模型假设检验结果见表 2-10，综合表中不同参考值反映的情况可验证假设得到检验的结果。

假设检验的基本原理是小概率事件原理，即小概率事件在一次观察中不可能出现，如果在一次观察中出现了，则说明原来的假设不正确。操作时，选择合适的显著性水平 α 值，与样本观测值计算出的原假设的概率值 P 进行比较。P 值所反映的显著性水平，是进行检验决策的依据之一，一般以 P<0.05 为有统计学差异，P<0.01 为有显著统计学差异，P<0.001 为有极其显著的统计学差异，因此除了 H1-2、H2-2、H4-2 三项假设，其余假设都具有很好的显著性水平。

表 2-10　假设检验结果

假设	假设内容	非标准化系数	P	CR	标准化系数	结果
H1-1	手机 App 类型对愉悦度有显著正向影响	0.314	***	4.527	0.353	成立
H1-2	手机 App 要素对愉悦度有显著正向影响	0.096	0.050	1.957	0.122	不成立
H1-3	手机的典型媒介特征对愉悦度有显著正向影响	0.345	***	7.882	0.446	成立
H2-1	手机 App 类型对唤醒度有显著正向影响	0.336	0.001	3.284	0.319	成立
H2-2	手机 App 要素对唤醒度有显著正向影响	0.199	0.008	2.641	0.213	不成立
H2-3	手机的典型媒介特征对唤醒度有显著正向影响	0.301	***	4.781	0.329	成立
H3-1	愉悦度对劳动生活方式有显著正向影响	1.075	***	12.396	0.902	成立
H3-2	愉悦度对消费生活方式有显著正向影响	0.949	***	13.433	0.756	成立
H3-3	愉悦度对文化生活方式有显著正向影响	1.479	***	18.197	1.174	成立
H3-4	愉悦度对交往生活方式有显著正向影响	1.554	***	17.758	1.186	成立
H3-5	愉悦度对闲暇生活方式有显著正向影响	1.348	***	18.366	1.108	成立
H3-6	愉悦度对政治生活方式有显著正向影响	1.515	***	18.167	1.130	成立
H3-7	愉悦度对民俗生活方式有显著正向影响	1.669	***	17.846	1.140	成立
H4-1	唤醒度对劳动生活方式有显著正向影响	−0.271	***	−3.829	−0.269	成立
H4-2	唤醒度对消费生活方式有显著正向影响	0.059	0.316	1.003	0.056	不成立
H4-3	唤醒度对文化生活方式有显著正向影响	−0.556	***	−7.484	−0.524	成立
H4-4	唤醒度对交往生活方式有显著正向影响	−0.592	***	−7.220	−0.536	成立

续表

假设	假设内容	非标准化系数	P	CR	标准化系数	结果
H4-5	唤醒度对闲暇生活方式有显著正向影响	−0.321	***	−5.175	−0.313	成立
H4-6	唤醒度对政治生活方式有显著正向影响	−0.594	***	−7.561	−0.526	成立
H4-7	唤醒度对民俗生活方式有显著正向影响	−0.753	***	−8.082	0.610	成立

注：*P<0.05，**P<0.01，***P<0.001。

四、研究结论

经过对本次回收问卷反映出的整体情况进行的一系列分析和验证，得出结论：

其一，手机 App 的类型及手机的典型媒介特征对愉悦度、唤醒度有显著正向影响。

其二，愉悦度对七项具体生活方式有显著影响。

其三，除了消费生活方式外，唤醒度对劳动、文化、交往、闲暇、政治、民俗生活方式均有显著影响。

其四，手机 App 的要素对愉悦度和唤醒度、唤醒度对消费生活方式未发现显著影响。

从外部刺激对内在心理状态的影响来看，手机的 App 类型及其区别于其他媒介的典型特征对愉悦度和唤醒度都有显著的影响，其中手机的特殊媒介特征在愉悦度上发挥的作用（路径系数 0.446）更明显于 App 类型（路径系数 0.353），说明相比于传统媒介，智能手机的即时性、便携性、互动性等特征使被调查者在媒介接触中更容易获得感官上的愉悦和满足；而在唤醒度上，手机的特殊媒介特征发挥的作用（路径系数 0.329）也优于 App 的类型带来的影响（路径系数 0.319），整体来讲智能手机凭借其与其他媒介相比的显著特性，容易使使用者受到刺激或唤起其好奇，发挥了极大的作用。

　　基于本次研究的数据收集与分析，暂未发现手机 App 的海量内容、丰富功能、视听效果和互动参与四个要素对被试者内在心理状态的影响，原因可能在于与外部刺激（S）体系另外两个维度相比，彝族青年在智能手机的使用过程中可以更显著地感知自身对 App 类型的偏好，以及对广播、电视等传统媒介和智能手机之间差异的认知，加之其智能手机使用行为更多是为了满足浅层次的娱乐需求，相对来讲缺乏对手机功能的深层感知。

　　从个体的内心状态影响生活方式改变的假设检验中看，除了唤醒度对消费生活方式并未反映出明显的正向影响，其余假设都得到验证。暂未发现唤醒度对消费生活方式有显著影响，可能是由于受访者的主要构成和凉山州的贫困情况。在本研究的被调查者中，彝族学生占比超八成，在校学习为主要的生活内容，对除生活必需品、学习用品等之外的消费需求较低，且并无个人收入，主要依靠监护人或其他成年人的资助，因此消费生活方式可能较少受到智能手机的使用行为或从中获取的信息的影响。而除了消费生活方式，被调查者的劳动、文化、交往、闲暇、政治、民俗生活方式均被验证受到智能手机的显著正向影响，说明受试的彝族青年通过智能手机的接触和使用，在其生活方式的如上这些方面有了较为明显的变化。

第三章

智能手机时代下的彝族"数字青年"生活方式

马歇尔·麦克卢汉（Marshall McLuhan）曾说，鱼到了岸上才知道水的存在，人们在使用智能手机的过程中受到新的媒介技术带来的便利，也在潜移默化中接受手机以其极为丰富的信息资源和强大的功能对自身的生活方式、行为方式、思维方式等方面的改变。美国社会学家罗伯特·普特南（Robert Putnam）也曾指出："互联网将会改变人类生活的方方面面——政治生活、经济生活、文化生活、社会生活、私人生活……"同样地，智能手机越来越多地参与构建着人们的日常生活，而在这样的媒介环境下重新审视新媒体作用于生活方式的机理，是十分必要的。

通过量化研究以及相应的假设检验在宏观上呈现智能手机使用与生活方式改变的相关关系后，本章将更多取材于深度访谈，挖掘具体的文化情境和民族语境下智能手机在彝族青年群体中扮演的角色、发挥的作用以及造成的影响等微观层面的内容。

◀ **第一节**

劳动生活方式

　　劳动生活方式是指在一定社会历史条件下人们从事物质与精神生产和提供劳务的典型形式，是人类生存、发展的重要组成部分。对于劳动生活的地位，王雅林予以极高的评价，"劳动生活方式是人类其他各领域生活活动方式的基础，是人类整个生活方式发展的动力"①。

　　王玉波认为劳动生活方式是人在社会生活中，在一定价值观、劳动观的指导下，为谋取生活资料而进行的物质生产、精神生产或提供劳务的经常性的、相对固定的活动方式系统。②在具体的构成要素上，王雅林提出劳动生活方式的组成要素有劳动条件，作为劳动活动主体的人和劳动活动的具体形式。王玉波进行了详细划分，认为劳动生活的构成要素有劳动职位、劳动条件、劳动形态、劳动意识、劳动态度、劳动生活习惯等。③

　　赵楠与先前两位学者的观点类似，提出劳动生活方式是指劳动者在一定的综合条件下，在劳动者自有的思想观念的驱使下所从事的物质生产、精神生产方式以及在这过程中表现出来的行为特征，主要由劳动者的劳动条件、职业、劳动的时间特点、收入情况及劳动者满意度等要素构成。④

　　康秀云认为劳动生活方式主要是指人们在一定价值观念的指导下，为谋生进行的经常性的、相对固定的活动方式，是主体的最基本活动之一，主要

---

① 王雅林．生活方式概论［M］．哈尔滨：黑龙江人民出版社，1989：96.

②③ 王玉波，王辉，潘允康．生活方式［M］．北京：人民出版社，1986：33，35.

④ 赵楠．互联网对生活方式的影响——基于青岛市即墨区的调查研究［D］．淄博：
　　山东理工大学，2018.

包括劳动就业方式、劳动条件、劳动时间、劳动态度、劳动习惯等方面。[①]
王兴扬认为劳动方式主要体现为职业活动,具体表现为人们的劳作内容、劳
作时间和劳作环境等方面。[②]

基于几位学者的观点可以看出,劳动者的劳动时间受到了所有学者的关
注,在具体的劳动方式的体现方面,都倾向于从劳动者所从事的职业入手。

依据本研究的研究对象的特征,本课题将劳动生活方式定义为劳动生活
方式是在一定价值观念的引导和一定社会历史条件的制约下,人们为获取生
活资料而进行的经常性的、相对固定的物质生产和精神生产方式。其构成要
素包括劳动时间、劳动职业及岗位、劳动环境、劳动目的、劳动观念、劳动
满意度、劳动收入几个方面。

过去,农业是彝族的支柱性产业,进行农业生产是彝族人民的主要生活
内容。新中国成立后,各类工业生产部门以及服务业等在凉山州彝族聚集
区得到了巨大的发展,建立了交通运输业、采矿业、烟草业等多个行业。据
《四川统计年鉴 2020》,凉山彝族自治州地区 2019 年生产总值达 1676.30 亿
元,其中第一产业 367.66 亿元,第二产业地区增加值 559.79 亿元,第三产
业地区增加值 748.85 亿元。第二产业和第三产业占 GDP 比重分别为 33.4%
和 44.7%,成为支撑凉山州彝族聚集区发展的重要力量。

近些年智能手机的使用推动了彝族人民生产劳动方式的进一步转型升
级,着力于发展旅游业等第三产业。据《四川统计年鉴 2020》,截至 2019
年末,凉山彝族自治州第三产业就业人员达 82.85 万人。智能手机的使用及
普及推动了凉山彝族自治州第三产业的发展,成为彝族人民脱贫致富的强力
引擎,为彝族青年提供了新的劳动方式,引入了新的劳动模式,并进一步助

① 康秀云. 20 世纪中国社会生活方式现代化问题研究 [D]. 长春:东北师范大学,
2006.
② 王兴扬. 贵州省扶贫生态移民的城镇生活方式适应问题研究——以织金县为例
[D]. 贵阳:贵州大学,2015.

力新产业的发展。

一、助力彝族青年投身新产业

作为数字社会的互动平台，互联网充分发挥媒介属性，支持不同年龄、不同职业、不同群体之间的大交互，形成生机勃勃、活力迸发的数字文化。总体来看，我国互联网的发展为行业创新创造、产业转型升级提供新动能，为国家治理现代化、经济社会数字化转型开创新局面。在互联网飞速发展的带动下，我国正在逐步形成互联、互通、共建、共享的数字空间；数字经济规模持续扩大，与实体经济深度融合，为"中国制造"升级为"中国智造"提供了坚实基础；数字社会全面建设、成就非凡，更好地满足人民日益增长的美好生活需要。

随着互联网技术进一步普及，智能手机红利持续惠及更多人群；同时凉山彝族自治州因地区特殊性，享受着国家政策的倾斜和资金支持。网络扶贫作为扶贫攻坚的重要手段，有效助力精准扶贫、精准脱贫，有力保障了 2020 年脱贫攻坚圆满收官：强化政策指引，高质量打赢网络扶贫收官战；夯实发展基础，乡村网络广泛覆盖；激活消费市场，农村电商快速发展；构建数字乡村，公共服务逐步完善；汇聚社会力量，网民参与热情高涨。

凉山州扶贫开发局也建设有彝家新寨建设工程、产业发展服务工程、特色产业培育工程、职业技术培训工程等十大扶贫工程，覆盖了"两不愁、三保障"及凉山州第一、二、三产业建设、发展的各个方面。

四川凉山彝族自治州拥有丰富的自然资源和文化资源，著名景区有邛海泸山景区、螺髻山景区、泸沽湖景区、灵山景区、会理古城景区等；拥有冰川遗迹、峡谷、溶洞、原始森林等众多得天独厚的自然风光；同时拥有独具特色、历史悠久的彝族民俗文化。丰富多样的自然资源和文化资源为凉山彝族自治州发展旅游业提供了可能。

近些年旅游业正逐步成为凉山彝族自治州的重要产业，据《四川统计年鉴 2020》，截至 2019 年底，凉山彝族自治州拥有星级饭店 23 个，国内旅游人数 4823.97 万人次，国内旅游收入 530.21 亿元。旅游扶贫是凉山彝族自治州脱贫繁荣重要发力点。

在智能手机红利、凉山州地理优势，以及国家政策、资金、基础建设的影响和带动下，彝族青年也体现出相比于第一、第二产业更多的对第三产业的关注，他们中的一些人充分利用智能手机中的直播平台，与当地的旅游资源、旅游产品或独特的生活方式相结合。"自媒体"成了他们热衷的新产业，"网红"成了他们的新身份。

2016 年，悬崖村修起了钢梯，村民的出行问题得到初步解决。2020 年 5 月，村民们实现了异地搬迁，"拎包入住"。原来的村址发展起了旅游业，森林、温泉、峡谷都成为可利用的旅游资源。"悬崖村"原村址已有旅游企业入驻，配套集装箱式住房和直达山顶的盘山公路，为旅游业发展奠定了良好的硬件基础。

就这样在智能手机镜头聚焦之下，"悬崖村"变成了"直播村"，村里的彝族青年也吃上了"旅游饭"，从事与旅游相关的工作。三年前他们还是远离外面世界甚至不会说普通话的"山里人"，如今，智能手机成了他们观察世界的窗口，他们个人也在旅游业的发展下实现了新就业。在智能手机平台的影响下，悬崖村的村民转变了传统的生产生活方式，旅游业成为悬崖村的重要产业，"网红村"的身份使它的旅游业更具特色，众多"悬崖村"网红的存在也增加了它的影响力。智能手机成为悬崖村旅游业发展、青年人劳动生活方式转变的重要引擎。

二、提供劳动新方式，引入劳动新模式

（一）提供文化传播与产品销售平台

从问卷和访谈中可以发现，彝族青年有一定的意愿选择手机平台从事副业，并认为智能手机可以提供工作时间自由、较为轻松、投入 / 回报率更高的劳动方式。

也有近三成的受访彝族青年表示"可能从事与互联网 / 智能手机相关的

工作"，但近半数受访者对自己未来的工作方向持不确定态度。总体来说，智能手机为彝族青年的就业和创业，以及在劳动方式的选择和评价上，提供了新的思路和平台，也使他们中的一些人产生借助智能手机宣传家乡、推广彝族文化和农产品，从乡村旅游到教育等方面助力家乡发展的想法。

　　"有没有想过利用手机来更好地建设家乡？具体有哪些方法？"

　　"有，虽然自己的家乡比较偏远，但是旅游资源丰富，本土风情很有价值，可是外面的人没关注过，可以用手机来进行推广和宣传，比如用 QQ 和微信。"①

微信公众号"风土凉山"的创办者——喜德县沙马拉达乡火把村的苏正民，通过微信平台宣传彝族传统文化，发动同学举办、参加家乡志愿活动，宣传彝族青年事迹，号召彝族青年回乡建设，他被大家亲切地称为"阿苏哥哥"。显然，智能手机已经成为他工作的主要工具。他利用智能手机传播彝族文化、助力家乡发展。智能手机是他回报家乡、工作生活的重要平台。

（二）促进电商发展和品牌打造

除了平台的拓展，将凉山特色农产品或特色旅游产品加以整合，打造特色品牌，利用搭建好的平台做主要销售渠道，也有着客观的前景并已成为智能手机推动下彝族青年普遍关注的劳动新模式。

普格县螺髻山镇德育村第一书记王新组织村民进行特色文创产品的开发、制作，并与四川师范大学美术学院副教授钱华敏团队达成合作协议，开发具有彝族特色的各类产品，如彝族漆器、凉山彝绣、大凉山核桃油等七大类 24 种产品，建立了微信公众号、微博、抖音等宣传平台，在建档立卡贫困户中选拔培养电商销售人员，打造电商运营队伍，德育村盈利最高的季度

---

① 注：内容来自 2019 年 6 月 19 日在昭觉中学进行的深度访谈，访谈对象为高二学生支莫，18 岁。

曾取得了创收 18 万元的佳绩。

德育村的村民也从中获得了实实在在的好处。村民吉木阿牛是电商团队中的一员，他说："之前的话是外出打工……福建、上海、北京、重庆都有去。一个月四五千，但是不是固定的，有的时候有工作，有的时候没有。现在在家感觉自己是幸福的，一个月三四千。每天都在发货，心情越来越好。"

除德育村外，昭觉县梭梭拉打村打造了"非遗＋时尚＋电商＋扶贫"刺绣产业，2018 年 151 户 607 名贫困人口全部脱贫；谷莫村开发苦荞系列农产品，注册"谷莫村淘宝网店""谷莫村微信公众号"，累计销售农产品100 万元以上，2018 年顺利退出贫困村；迷科村发展以乌洋芋为代表的特色农业，构建"线上线下"互联互通的销售模式，入驻淘宝、微店、拼多多、四川消费扶贫网等知名电子商务平台，对村民进行电商培训，多方发力之下，迷科村于 2018 年退出贫困行列。可见，电商购物已然成为脱贫攻坚的重要途径。

（三）互联网助力直播脱贫

网络购物的发展趋势下，电商直播是如今互联网购物的热门发展方向。新冠疫情期间，电商直播成为发展最为迅猛的互联网应用之一。据第 50 次《中国互联网络发展状况统计报告》，截至 2022 年 6 月，我国网络直播用户规模达 7.16 亿，较 2021 年 12 月增长 1290 万，占网民整体的 68.1%。其中电商直播用户规模为 4.69 亿，较 2021 年 12 月增长 533 万，占网民整体的 44.6%。

直播是电商平台或非电商平台的商家或品牌以电商平台为基础，通过直播技术的应用，以主播为主要传播主体实现的一种具有社交属性的营销传播模式，内容不仅限于商品的展示或售卖，还会帮助消费者做出在线决策、获取产品或服务，或满足他们其他方面的需求。①

热门的电商直播平台有淘宝、天猫、拼多多、抖音等，其推广商品种类

---

① 秦佳怡.电商直播营销传播模式研究——以淘宝直播为例［D］.上海：华东师范大学，2020.

繁多，小到生活用品，大到房、车，甚至"火箭"。电商直播借力口碑传播、多平台联动等营销方式赢得了市场的青睐。可以说，电商直播是"互联网+"模式进一步发展的结果。彝族青年抓住这一契机，也开启了他们的"带货人生"。

彝族青年"直播带货"的主要对象是当地的特色产品，包括一些彝族特色的农产品和文创产品。这种"互联网+"的销售模式，拓宽了农产品的销路，使"客"和"货"以更快、更直接的方式对应起来，降低了农产品销售的时间成本，为彝族人民提供了新的职业种类和工作岗位，同时也在客观上传播了彝族文化，扩大了彝族民族文化的影响力。

一部分彝族青年干部"亲自上阵"直播带货，充分借助新媒体平台的强大传播力和名人的国民度吸引消费者。广受关注的悬崖村"第一书记"帕查有格和"国民村长"李锐于 2020 年 6 月 12 日在淘宝 App 的"四川卫视"直播间直播带货，他们"带货"的品类不局限于当地的特色农产品，还有悬崖村的特色旅游资源，如酒店、景点、游玩项目的优惠门票等，大大吸引了消费者。

2020 年 7 月 19 日，央视联合拼多多以及广东（佛山）对口凉山扶贫协作工作组在凉山喜德县开展了一场"佛凉协作 云上优选"带货活动，消费扶贫周直播活动是一次大规模的带货直播，采取"1+1 组合"即大凉山主播与佛山派驻当地的干部搭档介绍产品的形式，进行大凉山当地扶贫成果的特色产品的销售。四川省凉山彝族自治州州县级党政干部、广东（佛山）对口凉山扶贫协作工作组驻喜德县工作小组干部、中央广播电视台总台记者陆续走入搭建在中坝村田间的直播间，向平台消费者推荐喜德县跑山鸡、苦荞茶、蜂蜜等扶贫产品。此次直播产生了超过 600 万的销售额，是扶贫干部亲自带货、助力扶贫的典型案例。

2020 年 10 月 24 日，凉山文旅集团联合抖音举办了首次"全球直播带戏"，探索直播带货新方向。价格优惠、互动性强、购物体验良好是其主要优势。

在"互联网+"的销售模式下，不论是网络购物还是直播带货，都随处可见智能手机和彝族青年的身影，他们不仅"带货"，还传播彝族文化、创造就业岗位，全力推动家乡脱贫致富。

◀ **第二节**

消费生活方式

消费生活是人类生活的重要内容，是维系人类生存发展的基本方式。王雅林对消费生活方式的内涵、发展有深刻的认识。他认为消费生活方式指基于一定社会经济发展水平的，为人们的价值观、消费观所制导的，享用物质与精神产品及劳务的活动方式。或者说，消费生活方式是一定社会经济条件下人们需要的实现形式。[①]

王玉波提出消费生活方式是指人们在日常生活中为了满足物质上的、精神文化上的需要消耗各种消费资料和劳务的活动方式总和。消费生活方式的构成要素有消费意识、消费能力、消费结构、消费习惯、消费水平。[②]

从消费对象上看，两位学者也大体将消费对象分为了物质产品和精神产品两大类。谭琼提出了类似观点，他引用国外学者马克·格兰诺维特（Mark Granovetter）的看法，认为消费生活方式，是指人在日常生活中为了满足物质上的、精神上的需要消耗各种消费资料和劳务的活动方式的总和。[③]

王兴扬认为消费对象还应包括服务。他提出消费生活方式是人们为了生存、享受和发展而进行的日常物质和文化消费活动的方式，也是利用和消耗

---

① 王雅林.生活方式概论［M］.哈尔滨：黑龙江人民出版社，1989：468.
② 王玉波，王辉，潘允康.生活方式［M］.北京：人民出版社，1986：96.
③ 谭琼.民族地区易地扶贫搬迁农民的生活方式变迁——以湖北省巴东县M村为例［D］.恩施：湖北民族大学，2018.

通过劳动、职业活动获取生活资料和社会服务的方式，是整个生活方式体系中的重要内容。具体表现为人们的消费内容、结构、观念和消费水平等。①

赵楠提出消费生活方式是指人们在日常的生活中，为了达到生存和发展的目的而对各种消费资料和劳务的使用过程和由此产生的相关行为。主要由消费结构、消费水平、消费方式、消费习惯和消费观念等构成。②

综合各位学者的观点发现，消费生活方式的构成要素方面他们的观点十分类似，均包括消费结构、消费观念、消费水平和消费习惯等各项内容。

而在彝族青年的智能手机使用行为中，其消费生活方式的变化更多反映在消费的特征和理念上，体现出符号化消费的基础上兼顾实用性，且以维系必要生活、消费持保守态度为主的特征。

一、符号化消费与实用性消费并存

我们已经进入消费社会，拥有丰富的物质产品，这些物"以全套或整套的形式组成"，在这种情况下，"消费者与物的关系因而出现了变化：他不会再从特别用途上去看这个物，而是从它的全部意义上去看全套的物……它们不再是一串简单的商品，而是一串意义"。③

简而言之，现代社会人们对物的消费已经超越了单纯的实用性用途，更多的是一种对物所承载的意义和符号的消费。消费符号化是消费社会的重要特征④，它指的是人们对于物的消费不再是功能性、实用性的，而是一种心

---

① 王兴扬.贵州省扶贫生态移民的城镇生活方式适应问题研究——以织金县为例 [D].贵阳：贵州大学，2015.

② 赵楠.互联网对生活方式的影响——基于青岛市即墨区的调查研究 [D].淄博：山东理工大学，2018.

③ 让·鲍德里亚.消费社会 [M].刘成富，全志钢，译.南京：南京大学出版社，2008：3.

④ 梁冬梅，黄也平.商品符号传播：从"任意"走向"贴近"——消费符号指代与消费者关系的历史转型现象分析 [J].华夏文化论坛，2020（1）：260—269.

理的、文化的、精神性的消费。现代社会，受消费主义驱使的消费行为聚焦的不是物本身，而是物品背后所负载的文化意义和精神意义。因物品的象征意义进行消费的行为远远大于对物本身的使用，如盲盒、球鞋、手办等物品的火爆就是消费主义影响下的极端案例。这些物在反复的炒作和消费中可以达到远超标价几倍甚至几十倍的价格。

符号化消费中，物品的消费过程也是文化性和精神性的。物品本身成为身份、地位、品味的代名词。符号化的消费行为正在不断蔓延，受访的彝族青年在对智能手机的消费中初步显示出符号化消费的特征。在选购手机时，他们开始追求智能手机的品牌、型号，但在实际的购买行为中仍以实用性消费为主，符号化消费与实用性消费并存是本研究所面向对象人群的消费特征。课题组在回收的问卷中发现，vivo、oppo、华为等国产品牌为彝族青年主要使用的品牌。

在访谈中，当被问到"你愿意花多少钱去买一个新手机"时，一部分受访彝族青年提到了诸如华为、小米等手机品牌，有个别同学甚至提到了具体的型号及具体功能，这说明符号化消费在彝族青年中已初具特征。

"你愿意花多少钱去买一个新手机呢？（设想现在要换一部新手机）"
"4000—5000元，有钱的话，想买华为最新版P30，性能强，拍照（华为有徕卡四摄）各个功能都很强，自己很关注手机的拍照功能，想

图3-1　受访凉山彝族青年使用的手机品牌及型号词云图

拍风景。"①

"想买华为手机，因为是国产品牌，芯片也很好，比较骄傲。"②

"1000 元以内吧，有钱的话，想买华为最新版 P30，感觉挺好的，支持国产。"③

但从访谈中也可看出，彝族青年购买手机时，在对手机品牌有一定考量的基础上，他们仍然主要考虑手机的系统、功能、价格以及耐用程度，买手机大多为了方便拍照、和家人联系等实用性功能，对价格也具有较高的敏感度，因此实用性消费依然是其消费的主要特征。

"你愿意花多少钱去买一个新手机呢？（设想现在要换一部新手机）"

"看工作以后的情况，有钱的话肯定买品质好的，以及与价钱是否匹配。"④

"2000 元左右，买手机看重性能方面，比较喜欢华为，因为没用过其他的。"⑤

这种实用性消费与符号化消费兼顾的特征，在被试者在问卷调查中回答"最看重的商品要素"时也有一定的体现，即在重视质量的基础上，被试者

---

① 注：内容来自 2019 年 6 月 19 日在昭觉中学进行的深度访谈，访谈对象为高二学生衣合，19 岁。

② 注：内容来自 2019 年 6 月 19 日在凉山州民族中学进行的深度访谈，访谈对象为高一学生木呷杂，16 岁。

③ 注：内容来自 2019 年 6 月 19 日在昭觉中学进行的深度访谈，访谈对象为高二学生衣作，17 岁。

④ 注：内容来自 2019 年 6 月 19 日在昭觉中学进行的深度访谈，访谈对象为高二学生阿洛，19 岁。

⑤ 注：内容来自 2019 年 6 月 24 日在冕宁中学进行的深度访谈，访谈对象为高一学生凯杰，16 岁。

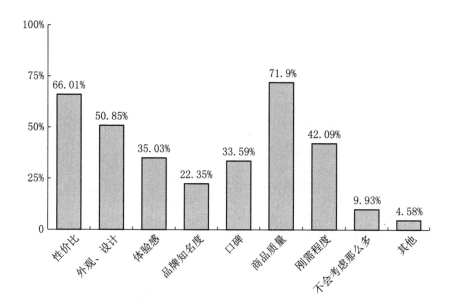

图 3-2　受访凉山彝族青年日常购物意愿影响因素

体现出对性价比、刚需程度这类实用性要素和设计、品牌等符号化要素的考量和重视。

　　这种消费特征以及问卷调查中反映出的彝族青年对苹果、华为等高端手机品牌的关注，一定程度上与智能手机的普及程度有直接联系。88.8% 的受访彝族青年使用智能手机，11.2% 的彝族青年没有使用经历。据《2021 年全国未成年人互联网使用情况研究报告》，2021 年，我国未成年网民规模达 1.91 亿，未成年人互联网普及率达 96.8%。我国城镇未成年人互联网普及率为 96.7%，农村未成年人互联网普及率为 97.3%。凉山地区在本次调查中反映出来的情况略低于全国水平。

　　在使用智能手机的过程中，手机的信息内容、特性功能等要素会以一种"标签化"的方式隐蔽地影响着使用者，并使其将这些要素及特定的品牌联系起来，形成物的符号化意识，催生购物期待和相应的符号化消费行为。希金斯和金（Higgins & King）的激活模型认为，如果最近或者持续受到某种信息刺激，这一信息或概念的潜在活力就会非常强大，将对新的信息产生影响。① 一旦彝族青年拥有了智能手机等相关物品的购物需求时，潜在的信息刺激就会被激发出来，并在实际的购买行为中产生符号化消费的特征。

因此总体上说，实用性消费仍然是彝族青年的普遍特点，符号化消费特征初步显现，尚未成为主要特征。

二、保守型消费特征明显

消费理念与地区发展情况、个人身份和经济状况有着必要关系，它充分显示了消费者个人的消费趋向和价值判断。

据本课题进行的调查可以得出结论，保守型消费目前仍然是彝族青年消费的主要特征。高生活必要支出、低非生活必要支出是这种消费特征的突出表现，在保守型消费中，维持基本生活的正常运转是其主要的消费目的。保守型与高非生活必要支出、低生活必要支出的享乐型消费截然相反。

受访彝族青年的消费多是维系生活的必要性支出，非生活必要性支出较少，对于不必要的花费显得非常谨慎和保守，且对于智能手机上的消费持保守态度。除了手机的来源大多是接受赠予，手机上必要的流量、话费的消费也处于较低水平。

从手机来源上看，44.79% 的彝族青年的手机是父母或长辈赠送的，25%

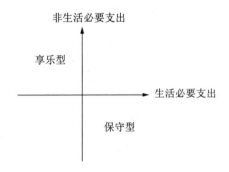

图 3-3　受访凉山彝族青年消费特征

①　刘海龙. 大众传播理论：范式与流派［M］. 北京：中国人民大学出版社，2008：228.

的彝族青年使用的是父母或亲人的二手手机,仅有14.84%的彝族青年的手机是自己购买的。他人赠送和父母、亲人的二手手机占到受访者手机总数的80%以上。

从手机每月流量费用上看,流量费用在50元以下的彝族青年近八成。根据《2021年居民收入和消费支出情况》,2021年人均交通通信消费支出占人均消费支出比重为13.1%。在深度访谈中可以发现,受访彝族青年的生活费在每月300—1000元不等,但他们每月的通信费用大多低于生活费的13.1%,即相对低于2021年全国城乡居民交通通信支出的平均水平,保守型消费倾向比较明显。

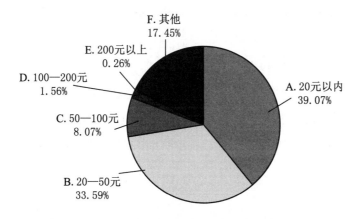

图3-4　受访凉山彝族青年每月手机流量费用

"你一个月有多少零花钱?你一个月的手机流量和话费加起来大约是多少呢?"

"零花钱一个月三四百。话费流量,一个月19元,学生卡套餐。"[①]

"你愿意花多少钱去买一个新手机呢?(设想现在要换一部新手机)"

[①]　注:内容来自2019年6月19日在昭觉中学进行的深度访谈,访谈对象为高二学生罗聪,19岁。

"无可奈何的时候再换，如果要换，最多不超过 1300 元。"

"你愿意一个月在手机上花多少钱呢？"

"不会在手机上花钱。包括游戏、视频等，会员购买都不会花钱。《绝地求生》这些游戏都不打了。"

"你一个月有多少零花钱？你一个月的手机流量和话费加起来大约是多少呢？"

"200—300 元的样子，除了生活费，就是充话费、流量，话费定期一个月 40 元左右。"

"你愿意花多少钱去买一个新手机呢？（设想现在要换一部新手机）"

"500—1000 元左右，没想过买什么手机。"[1]

出现这一现象与两大因素有关：

一是四川凉山彝族聚集区是国家深度贫困地区，经济发展落后，这里的学生接受外界资助维持生活和学习的现象很常见，因此接受访谈的彝族青年个人可支配的生活费有限，在手机及相关产品的消费上选择的余地也相对有限。

资助情况：学费贷款。学校有两项资助：一个是每学期 1500 元，另一个是国家助学金，每人 1000 元左右（看平时表现，如果表现不好就没有，犯错误就没有，有 30—40 个名额，但是自己上学期打架记处分就没有了）。还有一个集团，资助了某班级，捐款全班 50 人平分，平均每人每学期 800 元左右。[2]

---

[1] 注：内容来自 2019 年 6 月 19 日在昭觉中学进行的深度访谈，访谈对象为高二学生支莫，18 岁。

[2] 注：内容来自 2019 年 6 月 19 日在昭觉中学进行的深度访谈，访谈对象为高二学生衣合，19 岁。

二是与访谈对象的学生身份有关。本次问卷调查的对象以正在接受中等或高等教育的彝族学生为主，占比超八成，在校学习是其日常生活的主要构成，他们既会受到学习作为主要生活和任务带来的影响，也会受到来自学校和家长对手机使用时间和生活作息较为严格的管控所带来的影响，因此呈现出保守型消费特征。

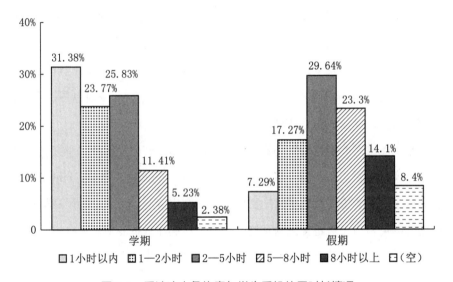

图 3-5　受访凉山彝族青年学生手机使用时长情况

文化生活方式

文化生活是精神生活中最重要的部分，它体现着人们精神生活的整体水平。文化生活的内容支配着社交生活、闲暇生活、政治生活的内容和内涵，展现着社会文化的发展状态。文化生活方式与什么是文化有着密切关系。

张岱年在《中国文化概论》中提出，文化即是人化或人类化，是人类主体通过社会实践活动，适应、利用、改造自然界客体而逐步实现自身价值观念的过程。从"文化"的概念出发，文化有"大文化"和"小文化"之分，大文化"着眼于人类与一般动物、人类社会与自然界的本质区别，着眼于人类卓立于自然的独特生存方式，其涵盖面非常广泛"，小文化则"排除人类社会——历史生活中关于物质创造活动及其结果的部分，专注于精神创造活动及其结果"。① 小文化专注于与人们精神生活息息相关的文化内容。

精神文化生活是与文化生活方式紧密相关的概念。"精神文化生活"是指在一定社会历史条件下的物质系统中，人作为社会生活的主体的文化心态在观念形态上的对象化，是人的发展和价值体现的本质存在式。② 具体而言，文化生活方式的着眼点是人与世界、人与社会的关系，涉及对世界、人生、价值的认知，以及利用工具对自己这种认知的具体实践。

根据本课题的调查结果和研究内容，本节中的文化生活从"小文化"角度进行文化生活方式的探讨和研究。智能手机上的微博、微信、bilibili、抖音、快手等各类平台拥有丰富的文化产品和文化资源。平台上的用户既是文化内容的消费者，也是文化内容的生产者，他们通过智能手机平台进行内容的消费与生产。随着互联网上各类社交平台和内容生产平台的深度发展，内容生产更新的速度越来越快，在互联网平台上不断生产内容和不断消费内容成为智能手机用户的常态。很多人甚至因此而产生信息焦虑，一旦脱离内容高速更新的环境就会坐立不安。在这种情形下，生产者与消费者之间的身份界限日益模糊，二者身份的模糊加快了各类文化间传播、交流的速度。在网络互联技术的发展下，以智能手机为依托，各类文化都以文化产品的形式卷入了"文化洪流"之中，不论是"阳春白雪"还是"下里巴人"都跻身其中，智能手机成了各类文化的聚集市场。

---

① 张岱年，方克立.中国文化概论［M］.北京：北京师范大学出版社，2004：2.
② 景晓旭.新时代大学生精神文化生活及其价值引导研究［D］.南宁：广西大学，2020.

彝族文化作为众多文化种类中极具地域特色和民族特色的文化种类，一方面积极地与其他各类文化相互交流融通，另一方面也不断更新、发展。彝族文化通过智能手机受到了其他民族及本族人民的广泛关注，对其发展传播产生了积极影响。

一、缩小数字鸿沟，进行文化滋养

美国学者蒂奇诺（P. J. Tichenor）等人在 20 世纪 70 年代初，发现不同社会经济地位的人在大众传播过程中存在知识获取的差异，由此提出"知识沟"理论。受众由于在传播技能、既有知识储备、社交范围、信息的选择性接触等方面存在差异，故产生"知识沟"现象。[①]"知识沟"现象同样存在于凉山彝族地区青年群体与发达地区同龄人之间。无论是传统媒体时代还是如今的数字媒体时代，"知识沟"无疑都是存在的，然而彝族青少年能通过接触智能手机来改善知识信息匮乏的现状。

64.71% 的受访者表示经常借助网络学习，即通过网课或辅助类 App 学习，如小猿搜题、中国知网等；76.21% 的受访者会通过网络学习考试要求的知识；61.31% 的受访者在网上学习通识性知识；选择通过网络学习专业或职业技能的被试者占 50.07%。

彝族青年使用智能手机浏览网上大量信息，免费或付费享受优质的教育资源，填补知识的空缺，甚至提升就业技能。媒介的使用开阔了他们的视野，一定程度上缩小了"知识沟"，而这种"缩小"主要体现在两个方面：

（一）通过网易云课堂、微博、知乎等平台弥补一般性知识的欠缺

受访彝族青年从小在信息、文化相对闭塞的环境中成长，接收外界知识文化的方式有限。电视、报纸、广播等是其最常使用的传播媒介，但

---

① 郭庆光.传播学教程［M］.北京：中国人民大学出版社，2011：215.

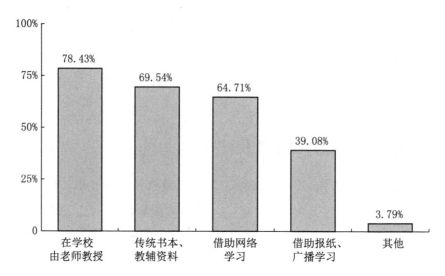

图 3-6 受访凉山彝族青年经常使用的学习渠道

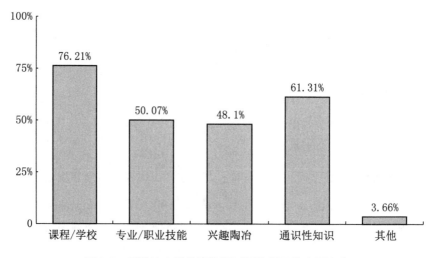

图 3-7 受访凉山彝族青年通过网络学习的主要内容

难以向他们全方位、多角度地展现外部世界。在这种情况下，他们关于社会、国家等方面的通识性知识的理解、学习存在不足，微博、知乎等作为热门的内容生产及消费平台，可以很大程度上缩小彝族青年与外部世界的"知识沟"。且随着智能手机的普及，这种"知识沟"会逐渐缩小，甚至填平。

（二）小猿搜题、作业帮、沪江网校等 App 弥补学业差距

智能手机应用不断发展丰富，教育学习类 App 也逐步占据了市场。据第 48 次《中国互联网络发展状况统计报告》，截至 2021 年 6 月，我国在线教育用户规模达 3.25 亿，占网民整体的 32.1%。通过教育学习类 App，大量专业、系统、高质量的学习资源向学生群体开放，进而推动教育资源向资源相对匮乏地区倾斜，推动线上教育的信息化实践。智能手机逐渐普及，也使学习教育类 App 进入了彝族青年的视野。

问：有没有想过利用手机来更好地学习和帮助自己发展？具体有哪些方法？

A：想过，在《流利说·英语》里面学习英语……

B：想过，下载软件，如《金山词霸》。

C：想过，《金山词霸》学单词，练习英语听力。

D：有，百度查题，查一些做题的时候不了解的地方，比如地理不了解的概念和地方，通过"洋葱学园"学数学，暂时没有职业规划。

E：有，《流利说·英语》，提高英语听力。

F：有，学习的话，在网易关注了《每日英语》练习听力，在爱奇艺上看美剧和电影，用 bilibili 看免费的视频，所有科目都在看。

G：有，通过《流利说·英语》来学英语，用了一段时间后没有坚持下去，现在临近高考，准高三没有时间用手机上的 App 来学习了。

H：有，可以用 App 看学习的直播视频，来促进学习。①

受访彝族青年通过教育学习类 App 有机会接触到更优质的学习资源和学科内容，有助于弥补学业的不足，也为弥合学业方面的"知识沟"提供了

---

① 注：内容来自 2019 年 6 月 18 日在昭觉中学进行的焦点小组访谈，访谈对象为高二的 8 名彝族男生，平均年龄 18 岁。

可能。

　　智能手机在彝族青年的闲暇生活中逐步占据主要角色，它推动了彝族文化的传播、发展、创造，促进了彝族文化的繁荣，使彝族文化能以流行化、易接近、包容性的姿态融入网络流行文化大潮中。在互联网的"文化洪流"中，不断吸收并更新自我，逐步提升彝族文化作为弱势文化的地位。未来，智能手机将进一步发挥这一作用，成为彝族文化繁荣、促进民族间文化交流的重要助推器。

二、修补传统文化，促进优秀传统文化传承与弘扬

　　文化修补，是大众媒介对因社会变迁而断裂、缺失的传统文化的弥补，这也是传统社会的受众通过大众媒介空间对断裂的传统文化进行再发现的过程。首次提出这一概念的是学者张瑞倩①，学者刘新利②也在研究中肯定了大众媒介对少数民族文化的"修补"作用，他认为大众传媒使少数民族文化从封闭而走向开放，为少数民族文化的现代化做出贡献。李昕坤③从"文化戍边"的角度出发，对大众传媒的发展进行思考，并强调了大众传媒对少数民族文化的解构与重构作用，少数民族民众利用大众传媒对自身文化进行"修补"。

　　新媒体为少数民族文化传播赢得了更多话语权，在带来机遇的同时，也带来了挑战，李达④和郭沛然⑤都注意到了这个问题，并在研究中探讨少数

① 张瑞倩 . 电视对少数民族传统文化的"修补"——以青海"长江源村"藏族生态移民为例［J］. 新闻与传播研究，2009，16（1）：38—46.

② 刘新利 . 大众传媒在少数民族文化保护中的角色承担［J］. 西藏民族学院学报（哲学社会科学版），2012，33（4）：98—101+117.

③ 李昕坤 . "文化戍边"视角下对大众传媒的思考［J］. 湘潮（理论版），2014（5）：83—84.

④ 李达 . 新媒体时代少数民族文化传播的困境与策略［J］. 湖北民族学院学报（哲学社会科学版），2015，33（2）：113—117.

⑤ 郭沛然 . 新媒体视角下少数民族村寨文化的保护与传承——以云南省临沧市沧源县翁丁佤寨为例［J］. 新闻研究导刊，2016，7（6）：129—130.

民族文化传播在新媒体时代的出路。袁爱中[①]等人认为在文化自觉前提下，新媒体需要发挥作用，成为"修补"传统文化的工具。

现代化进程中，受他民族文化影响，或本民族文化发展变迁，少数民族传统文化都不可避免地产生了变迁，甚至被人们逐渐淡忘。影响少数民族文化变迁的因素有很多，但手机媒体的影响不可小觑，它所带来的异质文化，使少数民族传统文化遭受冲击，甚至被解构或碎片化，但也在一定程度上使其得到"修补"，这种修补作用正在于弥补文化缺口、唤醒失去的记忆。

"文化修补"的前提是"文化自觉"，文化自觉指生活在一定文化中的人对其文化有"自知之明"，明白它的来历、形成的过程、所具有的特色和它发展的趋向。[②]"文化修补"过程中，少数民族群体是具有主动性、目的性的受众。在现代文化的挤压下，民族文化和语言的断层、外来文化渗透等因素可能给少数民族民众带来身份模糊性与民族认同困境，文化差异可能对少数民族个体造成一定的心理压力，文化适应的考验也会加剧这种压力，但也因此激起他们传承本民族传统文化的愿望，这时，文化自觉便产生了。过去传统文化因"需要"而产生，现在也因需要被"修补"。新媒体时代，"文化修补"是产生了文化自觉的受众主动利用新媒体工具，对本民族断裂甚至破碎的传统文化进行再发现并"修补"的过程。

"文化修补"是途径，"文化传承"才是终点。哈罗德·拉斯韦尔（Harold Lasswell）把"社会遗产传承功能"作为大众传播的社会功能之一。他认为人类社会的发展建立在继承和创新的基础之上，只有将前人的经验智慧、知识加以记录、积累、保存并传给后代，后人才能在前人的基础上做进

---

① 袁爱中，马路阳.新媒体环境下西藏民族文化传播的困境与思考——以中国西藏新闻网非遗文化专栏为例［J］.新闻论坛，2016（2）：92—95.

② 费孝通.反思·对话·文化自觉［J］.北京大学学报（哲学社会科学版），1997（3）：15—22+158.

一步的完善、发展和创造。① 作为"文化修补"的工具，新媒体只有依据文化的逻辑顺势而为，才能修补缺失的文化，从而达到传承社会遗产的目的。"文化修补"的结果并非简单还原"传统文化"，而是传统文化经过合理选择、转化、解构与重构之后，被整合在新的文化结构中，并能与现代文化相互协调与包容。

作为新媒体时代重要的传播工具，智能手机加快了少数民族地区的现代化进程，也使其传统文化得以被"修补"。本节以彝族典型文化形式彝族民歌、彝族年等为例，探讨手机媒体对彝族传统文化的"修补"作用。

（一）彝族民歌：创新文化表达，重塑文化生态

"文化生态"指特定民族或区域人们的自然环境、生产方式、宗教信仰、风俗习惯、物质器具等因素所构成的独特结构与功能的文化体系，也包括乡村少数民族传统文化传承、发展中的物质文化、制度文化、行为文化与观念文化的综合生态体系。② 彝族传统文化的发展离不开特定的文化生态环境，通过智能手机，彝族人逐渐发现彝族传统文化特有的价值。

短视频的视觉化呈现与个性化互动，满足了人们自我表达和社会交往的需求，成为新媒体语境下一种大众喜闻乐见的传播形态，"记录美好生活""记录世界，记录你"这样的口号正体现了网民使用短视频类 App 的直接诉求。短视频以影像传播符号为载体，而影像无疑是传播文化最直接、最便捷的展示方式。同时，依托智能手机的移动性、即时性等传播特点，以短视频形式展演，更能激发优秀传统文化的文化活态，为传承与弘扬优秀传统文化营造浓厚的氛围，提升民族文化自信心。随着短视频平台的迅速崛起，短视频的功能形态和内容类型不断迭代，逐渐成为新视觉生产力的"转基因"，并在乡村文化的传播中承担了呈现、连接与重构乡村文化的作用，构

---

① 郭庆光.传播学教程［M］.2 版.北京：中国人民大学出版社，2011：191.

② 饶蕊.传承与传播：现代传媒与民族村寨文化建构研究——云南慕善彝村花腰彝族文化发展带来的启示［J］.歌海，2017（5）：25—29.

建了全新的乡村文化景观。①

1. 非专业生产者个性化展演修补文化缺口

彝族民歌记载了彝族一脉相承的历史文化，它的传承是彝族文化保护与发展的重要部分。2008 年，彝族民歌被列入国家级非物质文化遗产名录。抖音、快手等短视频平台上，越来越多彝族青年分享民歌小视频。例如，抖音用户"小虎同志。"（抖音号：714770815）发布了美姑县乐约乡小学彝族小学生用彝族方言唱彝族民歌《达木呷》的短视频，赢得了众多网友的点赞和转发。他来自大凉山，常在抖音上更新一些和彝族相关的视频，如大凉山的美景、盛大的"火把节"狂欢活动，或是彝族青年唱歌跳舞的情景等。

彝族姑娘拉俄惹史（抖音号：Angie888888）常身着独具特色的彝族服饰在抖音上唱彝族民歌，在抖音上收获了超高点赞量；彝族青年吉克依力（抖音号：1134274011）在抖音上自弹自唱彝族民歌《阿呷嫫》，唤起了评论区不少彝族同胞童年的回忆。

快手用户"拾光者计划"（快手号：SGZ-Choir）是由 6 名彝族学生组建的小合唱团，同时也是"快手幸福乡村带头人"，截至 2023 年 10 月，他们已经在快手上发布了 350 余个作品，他们发布的视频里多半是他们自弹自唱的彝族民歌，如《达木呷》《阿子伍子》《波哈妞妞》等，收获了近 19 万粉丝的喜爱。

"玛薇少儿艺术团"（快手号：mw20050311）是凉山州玛薇社工发展中心组建的儿童文艺团体，自 2018 年以来，在快手短视频平台发布了 176条视频，包括彝族童谣、原生态民歌、彝族乐器、彝族舞蹈等内容，如彝族舞蹈《阿诗且》《青春之歌》获得了众多好评。作为"快手音乐人"，他们受到近 8 万粉丝群体的喜爱，其中的原创歌曲《玛薇》获得了快手上超

① 王德胜，李康.打赢脱贫攻坚　助力乡村振兴——短视频赋能下的乡村文化传播［J］.中国编辑，2020（8）：9—14.

过 10 万使用量，就像用户首页简介里所写，这个视频号"使孩子们不仅从音乐中收获快乐、树立自信，还传承彝族文化，弥补了彝族儿童流行音乐的空白"。

彝族群体通过短视频的形式对彝族传统民歌进行个性化展演与呈现，唤醒了部分彝族人对传统文化的记忆，弥补了文化缺口。这些视频生产者根植乡土、热于表达，尽管视觉呈现方式是非专业的，但很大程度上表现了他们对民族文化的热爱与自信，以及弘扬传统文化的渴望，他们的实践也表明，将优秀传统文化融入国人的现代生活中，能够展现出新的活力。

2. 专业生产者融合现代创新表达

近年来抖音、快手等短视频 App 越来越重视传统文化的保护与传承，纷纷推出多种项目支持优秀传统文化的传播，赋予传统文化更多年轻的声音，让其被更多人看见。如抖音曾经推出"国乐 show 计划""谁说京剧不抖音""非遗合伙人"等，《2021 抖音数据报告》显示，2021 年我国 1557 个国家级非遗项目抖音覆盖率达到 99.42%，相关视频数量同比增长 149%，累计播放量同比增长 83%；快手曾推出"非遗带头人计划"和"幸福乡村带头人"计划，《2020 快手非遗生态报告》显示，快手国家级非遗代表性项目覆盖率为 96.3%，传统与现代碰撞，以更加创意的内容表达和传播形式推动各民族文化传承，也为扶贫行动创造了新的形式和渠道。

2020 年抖音发布了非遗音乐专辑《国韵潮声》，来自四川大凉山的彝族唱作人贾巴阿叁带来原创改编版彝族山歌《村庄》，吸引了 2.1 万用户参与并使用。阔别家乡多年，钢筋水泥代替了曾经与自然融为一体的古老土木建筑，曾经鱼虾欢跳的小溪、野兽出没的森林如今遭到污染或破坏……家乡的变化历历在目，贾巴阿叁用歌词和韵律呈现极具彝族特色的画面与故事，让大众得以看见他记忆里的村庄，看那故乡或喜或悲的尘世百态。《村庄》描绘了彝族乡民在春天里悠闲、舒适的生活，与一般彝族山歌唱法不同，贾巴阿叁轻松舒缓的曲风给人耳目一新之感。

贾巴阿叁以彝族传统民歌为创作源头，将传统与创新恰当融合，赋予传统民歌新的音乐形式，让其更富渗透性和包容性，既充分展现彝族传统民歌之美，又与当下大众审美相契合。贾巴阿叁用彝族方言阿都土语演唱《村庄》，阿都土语承载着凉山阿都地域的民俗文化，蕴含着丰富的彝族传统文化信息，但作为宝贵的文化遗产，阿都土语却濒临消失。一种方言的消失相当于一种文化的消亡，贾巴阿叁用方言演唱，唤醒了部分彝族人对传统文化逐渐淡忘的记忆，弥补了文化缺口，让受众对破碎的阿都土语进行再发现，也让彝族民歌得以记录和保护。归根结底，贾巴阿叁的创新唱法不仅是对方言的修补，也是对彝族民歌文化的一种修补。

除此之外，抖音平台上也不乏彝族其他专业歌手入驻，如海来阿木、伍合等。专业歌手对民歌的演绎更具专业性，再加上引人入胜的呈现方式与表达，使其他民族对彝族民歌有了更清晰的了解，甚至带动一部分人尝试了解彝族文化，从而催生新的传统文化支持者、爱好者和创新者。

无论是非专业生产者还是专业生产者，都是彝族文化传承人，通过短视频，他们形成了一条协作的传统文化生产链，使彝族视觉化的影像文化雅俗共赏。

（二）彝族年：唤起"地方感"，催生文化自觉

2018 年，"玛薇少儿艺术团"联合快手平台，以直播的形式全程记录"彝族年"，昭觉彝族少年黑惹日者带领网友体验彝族新年习俗，视频里，他为大家展示彝族过年传统美食——荞粑粑的做法，现场制作彝族传统乐器"马布"，吹奏彝族民谣《古莫阿芝》，表演彝族说唱，全程直播了彝族过年各项仪式——杀过年猪、"社热"仪式、火塘晚会、毕摩仪式等，其中"社热"仪式作为彝族年非遗代表性活动，首次完整出现在快手这样的短视频平台上。直播期间，该视频号发布的短视频播放量超过 150 万，同时引发其他快手用户"隔空"送视频祝福，播放量超 100 万。

以"玛薇少儿艺术团"的彝族年直播为例，其传播效果同时也促进了多

民族交流，引来了众多快手用户直播连麦，这些用户同样是快手上非遗文化的传承者和弘扬者，有普米族口弦技艺传承人、蒙古族麦秸画技艺传承人等。他们都与快手平台有着深厚的渊源，他们不仅是置身于围观场景的信息接收者，同时也是自发共情的传播者，鼓舞更多年轻用户使用短视频这样全新的渠道和契机，传播自己家乡、民族的文化，为古老的传统文化注入新鲜的血液。

对于用户所呈现与展示的彝族非遗文化内容及其传播者而言，短视频平台就是在观众面前公开展演的"前台"，凉山彝族生活的独特地域和生活标记通过这个"前台"被彝族群体看见，他们拥有对地方的共同记忆和认同归属，于是便形成了相关的情感纽带，即"地方感"。短视频所呈现的较为直观的彝族面貌和风土人情刺激和强化了这种"地方感"，向其目标用户传递彝族独特的文化底蕴和内涵；同时，短视频类 App 通常会向用户推荐与之相关或用户可能感兴趣的视频内容，这就使受众所感知的"地方感"的轮廓愈加显著和明晰，大大增强了其分享欲望，并引起受众广泛共情。

无论是"玛薇少儿艺术团"发布的原生态彝族民歌，还是"彝族年"视频内容，都有许多彝族网友表示不熟悉，例如"虽然我是彝族人，但没听懂"等现象，正是彝族文化断层的一个缩影。民族文化和语言的断层、年轻人离乡外出工作、外来文化渗透等因素可能给彝族人带来身份认同模糊，从而使彝族群体缺失心理归属感，因此他们传承传统文化的愿望变得越发强烈，这时，"文化自觉"便产生了。

基于此，短视频不仅起到了信息传递作用，还起到了增强传播者和受众之间、受众和传统文化之间的认同感和凝聚力的作用，甚至被赋予了社交意义，通过点赞、分享、评论、转发等互动行为完成二次传播。短视频、直播等新的传播形式，让彝族传统文化再次焕发活力，不仅让更多彝族人民了解、保护、传承本民族传统，也让他民族感受到中华民族优秀传统文化的魅力，并投身于弘扬文化的实践中，从而催生新的传统文化支持者、爱好者和创新者，为优秀传统文化源源不断地输出生产力。

◀ **第四节** ⋯⋯⋯⋯⋯⋯

交往生活方式

交往是人类社会发展、延续的基本行为方式，交往生活方式是日常生活的重要构成要素。要了解交往生活方式，首先要了解交往生活是什么。

社会交往方式是指人的现实社会交往活动的一种基本形式或模式，是社会发展到一定阶段，实践主体按照自身的目的、需要和可能运用和创造交往工具，能动地认识和改造客体过程中所形成的主体与主体之间交互作用和相互往来的活动模式或样式。从马克思的定义中可以看出，交往是在一定社会发展阶段，主体间基于自身需求进行的互动过程。

尤尔根·哈贝马斯（Jürgen Habermas）对交往生活有过精辟的论述。他将世界划分为系统世界和生活世界。系统世界是工具理性的，而在生活世界中，人们的行为以相互理解为目的，以价值理性为准则。哈贝马斯把这里人与人的互动称为"交往行为"。他认为，交往行为所达到的相互理解、协调促成了文化再生产、社会的整合和人格的形成。

基于此，徐萍提出：交往行动是一种运用语言和非语言符号理解人们各自处境和行动计划，以便在行动上达成一致的互动。[1] 符海平对人际交往行为有深入的阐述，他认为人际交往作为一种实践活动，是人类最基本的存在方式之一，它彰显了最基本的人类关系，且交往呈现出情感维度和理性维度两大取向。[2]

综合以上学者的观点，他们认为交往生活伴随着人类的发展历史，对交往生活的作用寄予厚望，希望通过主体间的互动交流推动社会的整合。

---

[1] 徐萍. 从哈贝马斯交往行动理论的视角看高校师生关系的重构 [J]. 南京社会科学，2015（7）：111—116.

[2] 符海平，罗明星. "微时代"背景下大学生交往异化及其超越 [J]. 重庆邮电大学学报（社会科学版），2018，30（5）：79—86.

对于交往生活的构成要素，王兴扬认为交往生活方式至少涉及三个方面，包括交往的对象、频率及交往目的。赵楠提出交往范围、交往形式、交往动机及交往的观念等构成了交往生活方式。①

基于以上观点，课题组认为交往生活方式是在一定的社会条件下，交往主体进行联系、互动的行为方式，其构成要素包括：交往对象、交往心态、交往方式、交往频率、交往目的。

交往生活是人类社会生活中不可或缺的内容，人们通过交往而相互沟通情感、获取信息。与谁交往、如何交往、交往内容等显示了个人的价值判断和情感趋向。智能手机改变了传统的社会交往方式，交往极大突破了空间和时间的限制，通过网络互联技术可以最大限度实现任两人至多人之间的远距离"面对面"交流。根据马斯洛需求层次扩展后的八阶模型，通过智能手机可以与他人建立感情的联系或关系，更直接地满足"归属和爱"的需要。

以智能手机中使用程度最高的社交软件微信为例，在社会交往的过程中，微信提供了一个平等交流和互动的空间，交流中，个体自身的媒介素养，传承、弘扬文化的能力都得到了激发和强化；在修补人际关系和族群关系之余，微信也打破了空间局限，建构了新的社会网络，微信群和微信圈子的信息互动，把分散在不同地域的彝族各群体联系起来，交往中他们相互了解、接纳、融合，修补了原本分散的社会关系，也建构了民族认同。具体如下：

其一，修补人际关系。

朋友圈是熟人社交，而微信圈子是陌生人社交，以兴趣爱好入圈，它涵盖阅读、运动、游戏、漫画、科技、健康、美食等众多分类。"彝族圈"就是彝族人的俱乐部。

---

① 赵楠.互联网对生活方式的影响——基于青岛市即墨区的调查研究［D］.淄博：山东理工大学，2018.

彝族是中国第六大少数民族，民族支系多且复杂，地域分布广，地域间山川阻隔，互相来往甚少。传统文化中的关系概念，更多体现为一种空间概念，人与人即使无交往，只要天然的血缘和地缘关系存在，就可以义务性和复制性地确保他们之间的亲密和信任关系。[①] 在微信圈子"彝族圈"里，彝族人可以自由分享自己的所见所闻、所思所想，通过记录和传播，他们能够重现自我，同时也促进彝族人对本民族文化的进一步认识。线上的互动行为也许会延伸到线下的现实生活，从而促进个体间的互动了解。

其二，修补族群关系。

以"彝族"微信公众号为例，该公众号所发内容范围广泛，只要是和彝族相关的人或事它都有涉及，包含商业广告发布，旅游业产品宣传，自然灾害等新闻报道，文化风俗、节庆仪式活动的介绍宣传，彝族礼仪、茶文化等的科普类文章等。该公众号的创立者充当了彝族关注者的"意见领袖"，凭借自己所拥有的消息渠道、知识背景和社会关系进行有关彝族信息的生产与发布，这些彝族文化信息的传播也强化了关注者对其彝族身份的认同，同时也有利于促进其他民族对彝族群体的进一步认识和了解，在一定程度上修补了不同族群之间的关系。

其三，再社区化，强化"共同体"认知。传统媒介时代，人们须通过亲身参与传统仪式、庆典等形式才能形成族群文化和身份的"共同体"氛围，而新媒体时代，族群可以通过新媒体传播手段对仪式进行重构，从而实现民族身份认同，微信的便捷性更是将这种民族认同与体验以更直接的方式彰显和强化。

微信群使分散的彝族群体"再社区化"，以张媛、文霄所调查的彝族阿乎老木家族微信群中一次结婚仪式为例，彝族村民通过手机拍摄图片、小视频，

[①] 翟学伟.社会流动与关系信任——也论关系强度与农民工的求职策略 [J].社会学研究，2003，18（1）：1—11.

或直播等做法，将仪式细节拼凑起来，无限接近"还原"了彝族结婚现场。这是对传统仪式活动的解构与重塑，群内成员通过手机相互交流，无形中树立了一种地方性民族文化价值和观念，民族"共同体"意识得到了强化。

微信也为彝族人民提供彝语学习的渠道——彝语网络教学群，兰叶剑对贵州省的一个彝族村进行了微信群观察①。

一、本民族化和多元化相融合

从技术上看，网络交往的边界是极其模糊的，用户可以通过各类社交平台，以不同的兴趣点选择自己的交往对象。通过社交平台，用户可以筛选交往对象的性别、年龄、国家、民族、职业等信息，不受时间、空间等因素的影响，即社交对象的多元化。这种多元化既体现在交往对象民族的多元化，也体现在其身份、地区的多元化——

> "你最常用的是哪种手机网络社交工具？为什么？（如手机 QQ、微信、微博、人人）"
>
> "QQ、电子邮件。有一个美国的网友，会定期跟我发邮件交流最近的生活和学习等情况，这个网友是我的资助人……他妈妈是中国人，然后我们两个就成了好朋友。"
>
> "你在社交软件上主要和谁进行联络？"
>
> "比较仰慕的对象，学习特别好的那种，比如我会和一个浙大老师联系，简单聊天，其他信息不方便透露。他来学校这边支教，所以就认识了。"②

---

① 兰叶剑. 微信群：民族村落的"再社区化"——基于一个彝族村的微信群观察 [J]. 新闻传播，2018（3）：21—23.

② 注：内容来自 2019 年 6 月 19 日在昭觉中学进行的深度访谈，访谈对象为高二学生衣作，17 岁。

　　"有没有通过手机建立比较亲密的关系（比如网友）？是现实生活中做不到的那种？"

　　"有通过网络结识的亲密朋友。青海一个，乐山一个，会彼此交流学习问题、生活问题，以及当地的景点、风俗。"①

　　由此可见，网络互联技术的连通性为跨地区、跨圈层的交流提供了可能，彝族青年不仅在网络上与同龄人、本族人交友，还和一些扶贫志愿者、其他地区的教师、资助人员甚至其他国家的网友进行交流沟通，沟通交流的地区范围广泛。而在态度上，很多彝族青年也不再局限于地缘或共同民族身份基础上的交往，体现出对扩大交往范围的向往和包容。

　　在一些实际的社会交往中，用户往往不会任意地、无限制地选择自己的交往对象。从使用与满足的角度看，通过社会交往，使用者可以满足自我表达、社会归属、自我记录、获取公共信息等需求。而在复杂的现实人际关系和网络人际关系中，自我表达和社会归属的需求是更为重要的。米德的主客我理论指出，"人通过与他人的社会互动而形成对自我的认知"，现实人际互动和网络人际互动是我们与他人进行社会交往的主要方式。网络社会交往可以分为两种情形，一种是现实社会交往在网络中的延伸，一种是以趣缘为主要方式在网络上形成的兴趣群体，无论哪种方式，我们都趋向于选择与自己有相似特征的群体进行交往。

　　通过问卷和访谈，也可以发现彝族青年的交往行为依然存在较强的本民族性倾向，即在结交新朋友时，他们优先选择本民族的人作为交往对象。

　　不管是彝族青年已有的网络社交圈格局，还是通过智能手机结交的新朋友的构成，都以彝族为主，这一点在访谈中也有明显体现。

---

① 注：内容来自 2019 年 6 月 19 日在昭觉中学进行的深度访谈，访谈对象为高二学生罗聪，19 岁。

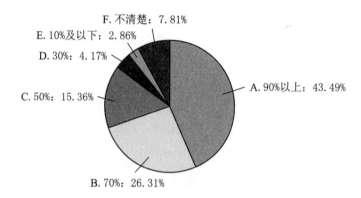

图 3-8　受访凉山彝族青年社交软件中彝族人占比情况

"你在日常生活中更喜欢结交彝族的朋友还是其他民族的朋友？为什么？"

"彝族朋友。感觉这边其他民族的人比较少，而且感觉他们的行事风格跟彝族的行事风格不同，比如出去吃饭，他们喜欢 AA 制，但是彝族人，不管几个人一起去吃饭，都有人主动要求请客，不会 AA，感觉习惯不太一样。"①

"彝族朋友。彝族人比较淳朴、率性。感觉和其他民族的人性格合不来，他们有点无趣，都是宅男，只会打游戏，也不愿意帮助别人做什么事。出去吃饭的话，彝族是谁有钱谁给，也不会 AA 制。"②

这不仅反映出他们对本民族的认同感更高，也体现出对其他民族的同胞存在一定的误解。

总的来说，无论是网络上还是现实生活中，彝族青年都更愿意与本民族

---

① 注：内容来自 2019 年 6 月 19 日在昭觉中学进行的深度访谈，访谈对象为高二学生衣合，19 岁。

② 注：内容来自 2019 年 6 月 19 日在昭觉中学进行的深度访谈，访谈对象为高二学生布日，20 岁。

的人交往。出现这种现象是他们出于民族身份认同和文化选择的结果。彝族青年文化隔阂少，更容易跨越交流障碍、产生共鸣，容易满足社会交往的情感需求和心理需求；他们也共享着共同的文化、历史记忆，历史记忆是建构国族认同的关键要素，通过对过去历史的回忆和重构，能够追溯共同的文化根脉，建立起成员之间休戚相关、命运与共的国族共同体意识，为国族认同奠定共同而稳定的文化心理基础。[①] 对身份的认同也是对文化的认同，身份识别不仅涉及"我是谁""我要成为谁"的元命题，还涉及"接受""为何接受"等附加价值问题。[②] 出于对本民族文化的认同和维护，更愿意和本民族的人群交流是他们的必然选择。

当然，这也与他们的高中生身份有很大关系。由于学校对智能手机使用的限制，他们接触智能手机的时间有限，所以他们难以有充分的机会去使用其他类型的交友软件，微信、QQ 是他们使用最广泛的社交平台，尤其以微信为主。"熟人社交"是微信突出的设计理念，通过与熟人的线上交往从而形成具有个人选择偏好和特点的"朋友圈"，所以本民族化是他们目前网络交往的主要特征。

从历史发展角度来看，民族间的误解乃至冲突是普遍状况。虽然民族间歧视、压迫、冲突以至战争长期存在，但各民族间的交流与融合仍是主流。[③]

新中国成立后，民族间的冲突关系经历了从武力冲突到文化冲突的转变，民族区域自治制度以及一系列少数民族的优待政策促进了各民族间的交流与融合，但不可忽视的是，民族间的误解、歧视仍然存在。智能手机的普

---

① 吴玉军，郭妍丽.国家认同建构中历史记忆的书写——基于民族身份视角的考察 [J].南通大学学报（社会科学版），2021，37（2）：1—8.

② 吴桐舒，王坤庆.消解与再现：身份认同理论下少数民族大学生身份的教育建构 [J].广西民族研究，2020（3）：165—172.

③ 张岱年，方克立.中国文化概论 [M].修订版.北京：北京师范大学出版社，2004：16.

及和各民族间不断加深的交往有望进一步促进民族间的交流与理解，化解民族误解与矛盾。

二、情感需求的满足和社交货币的积累

智能手机丰富了彝族青年的社交内容，社交的方式更加丰富，也一定程度上起到了打破时间和空间的界限，沟通感情、加深联系的作用。

问：你一般用手机联系谁？联系频率是怎样的？

A：联系父母（打电话，一天一次，有时候3—4分钟，有时候10多分钟）或者亲戚。

B：联系父母朋友，一周2—3次。

C：联系父母朋友，一天1—2次，看小说。

D：联系爱心人士，两周一次，汇报班级情况、下一期工作，传照片等，还联系父母朋友，频率挺高。

E：联系亲戚朋友，一周3次左右。

F：联系亲人，一天3—4次，有的在家，有的不在家。[①]

以使用最广泛的微信为例，在朋友圈中用户可以对熟人发表的内容进行围观、点赞、评论互动，对于自己喜欢的文章进行"在看"分享、转发、评论以及点赞喜欢的短视频，朋友可在共同熟人的转发分享中进行二次互动，可以通过微信小程序与好友进行双人或多人游戏，在聊天界面可以赠送卡券、分享文件、图片、音频、视频、发红包等，甚至有效地扩展和补充了传统联系方式，班级的微信群可以及时传达老师的通知，离家求学的学子可以与父母、朋友语音通话、视频见面。

---

① 注：内容来自2019年6月18日在昭觉中学进行的焦点小组访谈，访谈对象为高二的8名彝族男生，平均年龄18岁。

"微信里你关注最多的群是什么群？每天主要都聊些什么？"

"班级群。老师和班长会发通知，微信、QQ各有一个群，有时候也会闲聊。"①

智能手机不仅是沟通感情的媒介，也在很大程度上充当着心情"调节器"和"解压阀"的作用。这一功能也可被称为"心绪转换"效用，心绪转换效用指在提供娱乐和消遣方面，媒体能够帮助人们实现暂时的"逃避"，远离来自日常生活中的负面情绪，逃脱来自生活的种种负担和压力，从而释放不安情绪。②

彝族青年通过社交平台策略性地向他人表达内心的不快和烦闷情绪，希望能得到来自他人的安慰，社交平台满足了他们的倾诉欲望。

问：你喜欢发QQ空间动态或者朋友圈动态吗，一般发什么类型的内容？多久更新一次？

A：会发朋友圈，和父母闹矛盾的时候，希望让父母看到重视，不开心的时候会发QQ动态……③

B：会发动态，一般都是说说配图，配文字，开心的时候会分享，不开心的时候会表达心情，希望有人来安慰自己，如果有手机就会每天都发动态。④

---

① 注：内容来自2019年6月19日在昭觉中学进行的深度访谈，访谈对象为高二学生支莫，18岁。

② 江凌.我国青少年手机传播中的亚文化研究［M］.北京：中国书籍出版社，2019：103.

③ 注：内容来自2019年6月21日在喜德中学进行的焦点访谈，访谈对象为高一的9名彝族学生，平均年龄17岁。

④ 注：内容来自2019年6月24日在冕宁中学进行的深度访谈，访谈对象为高一学生杨同学，16岁。

　　课题组在访谈过程中发现，在很大程度上，智能手机成了彝族青年心情的发泄场。社交平台上的内容看似是使用者的个人表达，但其中暗含着对家人和身边朋友的期望。他们通过使用智能手机表达不满、调节心情，希望能够得到来自父母、朋友的关心。通过这种网络表达，他们的倾诉欲已经得到了一定的满足，无论使用者有没有得到预期的安慰与关心，其内心的不快和烦闷已经在很大程度上得到了缓解。由此可见，智能手机社交平台已成为彝族青年的心情"调节器"和"解压阀"。

　　除此之外，彝族青年在手机上进行的分享与交往活动，是呈现自我的重要形式，也是一种积累"社交货币"的过程。社交货币是利用人们乐于与他人分享的特质塑造产品或思想，从而达到口碑传播的目的。美国宾夕法尼亚大学沃顿商学院市场营销教授乔纳·伯杰（Jonah Berger）用这一概念来揭示人们为什么乐于分享，人们乐于分享什么类型的内容。① 它根植于人的本性中认同感、尊重、成就感的稀缺。

　　42.19% 的受访彝族青年认为自己通过使用手机拓宽了人际圈，认识了新朋友；39.06% 的受访彝族青年认为和朋友聊天时有了更多的谈资和话题；34.38% 的受访彝族青年认为自己在使用手机后克服了羞涩心理，建立了更多的自信，增强了社交能力；40.89% 的受访彝族青年认为通过手机与朋友互动给自己带来了一种很享受的感觉；35.94% 的受访彝族青年认为自己在对朋友们的动态进行回复时会顾及他们的感受。这些现象反映出彝族青年在使用智能手机进行互动与社交的过程中，交换着共同话题、实用信息、相互认同，甚至呈现着个人形象、获得着精神奖励，也是在从事着"社交货币"接受、积累与反馈的行为，为自身社交关系的提升带来价值。

---

① 崔珍.微信朋友圈的自我呈现："社交货币"理论的视角［D］.南昌：南昌大学，2016.

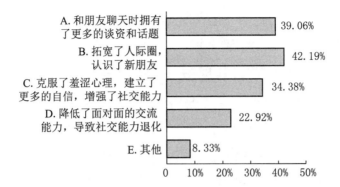

图 3-9　受访凉山彝族青年认为手机使用影响自身社交能力的方面

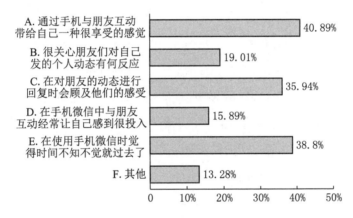

图 3-10　彝族青年认为使用微信和 QQ 所带来的感受

◀ 第五节

闲暇生活方式

闲暇生活是精神生活的主要组成部分，它以娱乐、休闲为主要特征，往往是在人们工作、学习结束后的闲暇时间中进行的。闲暇生活的内容、方式体现了经济发展水平和人们的思想文化状况。

闲暇生活方式是指在一定社会历史条件下，人们在由其自由支配时间内

199

的活动方式。① 可以看出，拥有闲暇生活的前提是人们要拥有"自由时间"，在这个时间段内他们无需工作，可以自由支配。在马克思看来，自由时间有着十分重要的地位，他认为自由时间将是衡量财富的价值尺度，甚至就是财富本身。谭琼将闲暇时间称为自由时间，他认为闲暇生活方式，指的是人们用怎样的方式支配和利用自己的闲暇时间。②

有的学者提出闲暇生活方式具有一定的目的性，王兴扬提出闲暇生活方式是人们通过消遣性活动所凝结出来的一种模式，人们通过进行闲暇活动，能够恢复在劳动中的体力和脑力消耗。③

对于闲暇生活的构成要素，王雅林认为闲暇生活方式包括两个方面的内容：一是消遣性的娱乐活动，一是提高性的学习创造活动。④ 而闲暇生活方式的构成要素中，闲暇时间的长短和形式是学者们共同关注的构成要素。赵楠认为闲暇生活方式主要包括闲暇时间的多少、闲暇时的活动形式、闲暇时参加活动的情况、闲暇时参加活动的场所和设施状况、闲暇时活动的心理状态等。王兴扬提出闲暇生活内涵表现为闲暇活动的多少及丰富性、闲暇时间的长短、闲暇活动的组织形式。⑤ 此外，还有学者提出了闲暇生活意识的概念，在拥有闲暇时间的前提下，同时拥有闲暇生活的自觉意识才能拥有闲暇生活。⑥

综合以上学者的观点，课题组认为闲暇生活方式是人们在自由时间内，通过消遣性活动或提高性的学习创作活动达到修养身心目的的生活方式，其

---

① ④　王雅林.生活方式概论［M］.哈尔滨：黑龙江人民出版社，1989：469.

②　谭琼.民族地区易地扶贫搬迁农民的生活方式变迁——以湖北省巴东县 M 村为例［D］.恩施：湖北民族大学，2018.

③　王兴扬.贵州省扶贫生态移民的城镇生活方式适应问题研究——以织金县为例［D］.贵阳：贵州大学，2015.

⑤　赵楠.互联网对生活方式的影响——基于青岛市即墨区的调查研究［D］.淄博：山东理工大学，2018.

⑥　文东升.广西农村妇女闲暇生活现状、趋向与提升——基于广西部分村屯的调查分析［J］.广西社会科学，2017（7）：152—156.

内涵包括闲暇自觉意识、闲暇时长、闲暇生活组织形式、闲暇生活内容和闲暇目标。

娱乐功能是智能手机的主要功能之一，网络游戏、网络音乐、网络文学、网络视频、网络直播是智能手机娱乐的五大领域，且发展势头迅猛，这也是彝族青年使用智能手机的重要娱乐活动，他们闲暇生活的内容、内涵都发生了改变。

一、丰富了闲暇生活内容

在智能手机普及之前，彝族青年的闲暇生活较为单一。闲暇时间他们大多会看书、运动等，获取资讯主要依靠电视、报纸等传统媒体，而智能手机凭借内容海量、便携即时等优势逐步取代传统的娱乐方式，成为如今彝族青年人主要的娱乐、放松方式。智能手机在他们闲暇生活中的地位逐步上升，是他们打发无聊时间、消遣的主要工具。

彝族青年大多会在无聊时使用手机上网，其次是睡觉前和乘坐交通工具时。可见彝族青年使用手机多用于消遣无聊的碎片化时间，对应在美国学者纳什的闲暇活动层次论中则是大多数彝族青年的闲暇活动处于寻求娱乐、追求刺激、摆脱单调和消磨时间的较低层次上。

而在功能上，联络通信（84.64%）、听歌（72.92%）、收发短信与通话（49.74%）、看短视频（48.18%）等功能是彝族青年使用频率较高的，可见智能手机使他们的闲暇生活内容得到了丰富，满足了他们的多方面需求。

问：你课余/下班后的主要休闲活动是什么？

A：现在没空玩手机了。现在主要是打篮球，踢足球。①

———————————

① 注：内容来自 2019 年 6 月 19 日在凉山州民族中学进行的深度访谈，访谈对象为高二学生沈同学，18 岁。

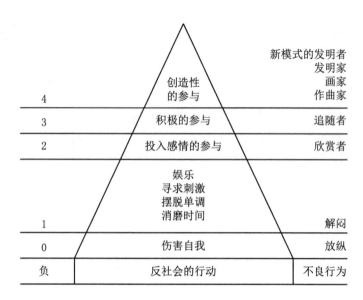

图 3-11　纳什闲暇活动层次划分示意图

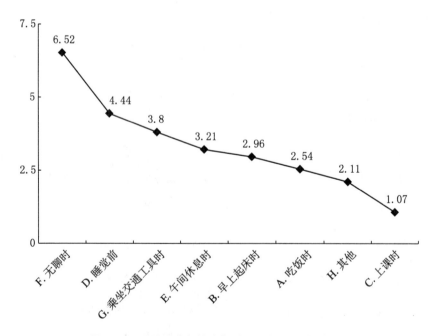

图 3-12　受访凉山彝族青年使用手机上网的时间段

B：……看书（上课讲的书，自己会带一点回家）、睡觉、踢足球。①

结合问卷调查和访谈，可以发现彝族青年对手机并无太多依赖，智能手机的娱乐功能充当了传统闲暇生活的重要补充。值得一提的是，彝族中年人、老年人的闲暇生活与智能手机关联较小，电视、报纸等传统媒体仍是他们闲暇生活中的重要角色，侧面说明在代际之间存在着巨大数字鸿沟。

问：广播、报纸、书籍、电视、电脑、手机，这六个媒介，你觉得哪个对你和你的家庭更有用？为什么？请举例说明。

A：对于奶奶来说，电视比较有用，因为奶奶不会玩手机。对于自己来说，手机比较重要，没有手机，感觉会比较空虚。②

B：电视吧，可以一家人一起看电视，因为彝族人有些不太会玩手机，还是会看电视。

C：自己喜欢书籍，家人的话喜欢电视，电视大，更舒服。③

二、拓展了闲暇生活内涵

在过去，彝族青年闲暇生活的主要目的是放松身心，消遣无聊时间。如今，他们不仅通过智能手机满足基本娱乐需求，还通过智能手机学习知识、了解文化、提升自我。他们对智能手机内容的消费不再是被动的、被网络挟裹的状态，而是开始主动寻求自己所需的内容，开始夺取内容消费的主

---

① 注：内容来自 2019 年 6 月 19 日在昭觉中学进行的深度访谈，访谈对象为高二学生衣合，19 岁。

② 注：内容来自 2019 年 6 月 19 日在凉山州民族中学进行的深度访谈，访谈对象为高二学生木呷杂，16 岁。

③ 注：内容来自 2019 年 6 月 22 日在西昌市川兴中学进行的男女混合焦点小组访谈，访谈对象为高二的 6 名彝族学生，平均年龄 17.5 岁。

动权。

70.31%的彝族青年认为手机使用"提升了我对社会和世界的了解和认知";64.84%的彝族青年认为"提供了更多的娱乐休闲方式";61.98%的彝族青年认为"让我学到了更多知识"。智能手机对彝族青年个人开阔眼界、学习知识有很好的提升和帮助作用。

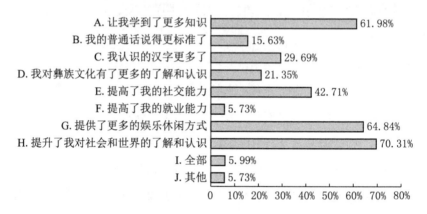

图 3-13　受访凉山彝族青年认为手机使用对自身生活的影响

这是因为互联网提供了海量的信息、资源和服务。智能手机提供给彝族青年丰富的来自其他地区和民族的信息内容,这些内容与他们日常接触、消费的信息有较大的差异性,少了些民族色彩,是多元文化的交汇与融合。因此这部分信息对于彝族青年而言,理解、开阔眼界乃至学习的意义高于娱乐意义。他们吸收、学习的内容也是多种多样的,包含但不限于课程学习、技能提升以及文化交流学习等诸多方面。

智能手机上资讯类型多样,不同类型的资讯中都或多或少地包含知识与信息,这使得彝族青年在使用智能手机的过程中会潜移默化地进行知识的吸收与理解。彝族青年闲暇时间智能手机的使用行为的意义是多元的,娱乐和学习的目的以双线并行的方式同时实现,娱乐和学习共同构成彝族青年闲暇生活的内涵。

◀ 第六节

政治生活方式

政治生活方式是指在人类历史的特定形态下，即在阶级社会中，社会群体和个人在一定的政治意识指导下，参与国家和社会事务，进行各种政治活动，建立各种政治制度，成立各种政治机构，规定各种政治任务和解决各种社会政治问题的典型行为方式。由一定社会历史条件，生活活动主体的政治观点、政治意识、政治心理，参与政治生活的形式构成。①

相比如上王雅林的观点，卿志军在更为具体的历史环境和社会背景下对这一概念进行了更为具体、全面的解释。他提出，政治生活方式主要表现为人们对于政治和政权的认识，以及参与政治活动的过程。在现实社会中，人们接受国家行政机构的领导，同时又依照法律行使公民的权利和义务，参加各种政治会议和公民选举，议论和研究国家政治制度的现状和改革，参加政党和政治社团活动等，都属于现代社会的政治生活方式。②

赵楠认为政治生活有一定的目的性，即政治生活方式是人们为了满足自己的利益，进行社会权利的争取和享受，并且因此需要履行社会义务的生活方式。主要构成因素有人们参与政治生活的方式，在政治生活中的地位状况，以及相应的对政治生活的态度等。③

综合以上几位学者的观点可以发现，政治生活方式与具体的社会背景和历史发展阶段有密切联系，与人们所处的政治制度有直接关系，基本内容包括政治意识与政治参与两大方面。

① 王雅林.生活方式概论［M］.哈尔滨：黑龙江人民出版社，1989：197.
② 卿志军.电视影响人们政治生活方式路径调查——以海南省五指山市太平村为例
［J］.新闻窗，2011（5）：74—75.
③ 赵楠.互联网对生活方式的影响——基于青岛市即墨区的调查研究［D］.淄博：
山东理工大学，2018.

依据本研究的调查对象和社会背景，对政治生活方式作出如下定义：政治生活方式是在一定的历史条件中，社会公民在一定的政治观念的指引下，依据政治制度，参与政治活动以行使公民政治权利、履行公民义务、达成一定目的的生活方式，其构成要素包括政治制度、社会条件、政治意识、政治参与行为，如关注、讨论政治事件，参与选举与被选举等各种政治活动。

政治生活是精神生活的重要组成部分。公民权利的行使和义务的履行是政治生活的重要内容，公民的政治参与度往往可以反映一个社会的文明程度和社会发展程度。公民参与是适应社会发展变迁的产物，自下而上地参与成为社会治理的一个重要趋势，也是国家治理逐步走向成熟的一个表现。公民参与政治生活有两大前提要求。一是个人政治参与意识的觉醒，意识到人民是国家的主人，作为社会公民，他们有权对涉及本地区、本民族、本国公共利益的事务发表意见并参与决策。二是对于我国的国体、政权组织形式等政治生活内容有基本的了解。具有基本的政治参与意识、政治素养，能有效参与到政治生活中，从而推动社会的有序、健康发展。

作为"翻身做了主人"的直过民族，由于社会性质跨越过大，彝族人民生产生活方式改变了，政治参与意识却尚未全面觉醒，很多彝族人民仍然游离在政治生活之外。随着义务教育的普及，如今的彝族青年大多受过基础教育，对政治生活的内容、参与方式有了基本了解。同时，智能手机的普及让彝族青年更多地接触到了外面的世界，促进了他们民族意识的觉醒，加强了民族身份认同，使他们产生了强烈的社会主人翁意识，更推动了他们的政治参与和实践。

一、激发彝族青年国家—民族认同

"认同"一词起源于哲学领域①，而在心理学范畴则最早由弗洛伊德提

---

① 张艳.民族认同、宗教认同与国家认同研究——以中央民族大学的调查为典型案例[D].北京：中央民族大学，2016.

出，他认为认同是个人与他人、群体在模仿人物心理上、情感上趋同的过程。现如今，认同的内涵更多见于研究中民族或个人对于某种文化内涵的肯定与认可。在我国这样一个多民族国家，各个民族繁荣发展与民族人民的民族认同感息息相关，而各民族对于国家深刻文化内涵的认同又是决定多民族国家蒸蒸日上的关键。

（一）于本民族身份而言，强化民族身份认同

民族是一种想象的政治共同体——并且，它是被想象为本质上有限的，同时也享有主权的共同体。它是想象的，因为即使是最小的民族的成员，也不可能认识他们大多数的同胞，和他们相遇或者甚至听说过他们，然而，他们相互联结的意向却活在每一位成员的心中。[①] 从这个意义上说，民族是一种基于共同文化、历史的想象。

彝族青年的网络社交有民族化特征，反映出他们有很强的民族自豪感和身份认同感。他们在智能手机平台上会更关注与本民族相关的内容信息，民族视角是他们看待问题的常用视角和惯用视角。如他们会关注与彝族相关的微信公众号、明星、音乐等。

问卷调查显示，超过 65% 的彝族青年关注了与本民族相关的公众号，"彝族人"的身份认同是他们参与网络交流时的重要身份。一些彝族名人在社会上的高知名度也大大增强了彝族青年的民族自豪感，如吉克隽逸、山鹰组合、莫西子诗等。

问：你喜欢哪些彝族明星或名人？都是通过什么途径了解他们的呢？

A：喜欢山鹰组合，瓦其依合，吉克隽逸，以前班车上都放他们的歌，经常在班车上听到。

---

① 本尼迪克特·安德森.想象的共同体——民族主义的起源与散布［M］.吴叡人，译.上海：上海人民出版社，2005：6.

B：喜欢山鹰组合，父亲以前一直喜欢买他们的磁带，自己也感觉不错。

C：莫西子诗，感觉他的歌很有意义。

D：喜欢莫西子诗，阿鲁阿卓，小时候爸爸听的都是彝族的歌曲，所以就经常听。

E：喜欢吉克隽逸。

F：喜欢阿鲁阿卓，跟叔叔婶婶听，后面也偏向吉克隽逸，因为她的歌会带给自己一种勇气——《彩色的黑》《带我到山顶》《不要怕》，感觉她的歌曲大胆自由。①

通过接触智能手机提供的更广阔更丰富的信息平台，彝族青年也体现出对本民族和外界社会更多的兴趣，同时对本民族的未来发展也充满期待，他们希望借助智能手机设备推动民族的进步与发展。

从图 3-14 可以得出，受访彝族青年希望通过手机完成的心愿大部分与彝族以及民族文化有关。他们希望借助智能手机将彝族文化传播出去，与外界进行交流。

图 3-14　受访凉山彝族青年希望通过手机完成的心愿词云图

---

① 注：内容来自 2019 年 6 月 22 日在西昌市川兴中学进行的男女混合焦点小组访谈，访谈对象为高二的 6 名彝族学生，平均年龄 17.5 岁。

在互联网上，本民族的发展是彝族青年关注的主要内容。以智能手机为媒介，了解和传播与彝族相关的信息内容，形成了对自我身份的确认和认同。美国学者詹姆斯·凯瑞（James W. Carey）认为传播是一个制造、保持、修补和转换现实的象征性过程。通过传播，一定群体的人们共享民族、阶级、性别、身份、信仰等，也就是共享着相同的文化。他提出传播就是仪式，传播仪式是一种对主体的召唤，邀请读者参与到传播中，获得他们在日常生活中所扮演的角色。这种传播影视是对现实的再现与建构。重要的不是我们通过传播获得了什么信息，而是通过传播，我们与其他人获得了内在的联系，获得了对现实共同的理解。[①]

凉山州作为国家"三区三州"极度贫困地区，想要实现地区、民族的发展离不开国家政策的倾斜和扶持，与本地区、本民族发展密切相关的政治议题显然在"彝族"身份的关切之下成为彝族青年关注的焦点，政治意识潜移默化中在彝族青年心中萌生，并不断加强，"社会的主人"意识将成为彝族青年的自我认知角色和网络身份。

（二）于国家身份而言，增强了社会主人翁意识

"国家认同"是个体作为国家成员之一由对国家政治、文化、历史等多个方面的认可而衍生出的对于国家的归属感和认同感。但民族环境导致的民族间差异会对不同民族间的国家认同感产生影响，民族认同与国家认同在某些程度上会存在一定冲突，同时两者互相产生的影响也是不可忽视的。国家认同的内涵包括了文化认同、政治认同、历史认同等多个方面，学者俞水香、娄淑华认为：国家认同属于意识范畴，是维系国家内部各民族团结的重要因素，而其中文化认同是对民族文化的认可及归属。[②]国家认同对国家的

---

① CAREY J W. Communication as culture：essays on media and society［M］. Boston：Unwin Hyman，1989：23.

② 俞水香，娄淑华. 论我国各民族民族认同与国家认同的统一性［J］.云南民族大学学报（哲学社会科学版），2020，37（2）：14—18.

命运至关重要，在当今世界，不论团体还是个人，国家认同都是占据支配性认知要素的核心内容。①

　　近现代以来，全球化趋势不断加强，互联网传播等技术手段也在日益革新，不同国家、不同文化、不同民族之间的沟通交流随之越发丰富多样。我国作为一个多民族国家，不同民族文化在相互交流相互影响的同时，也受到国内国外大环境的影响，个体在这样的语境下对于自身民族认同和国家认同的水平值同样可能在种种因素下发生不定向的改变。武启云、张瑜曾提出：民族认同与国家认同的统一，是多民族国家保持国家统一和社会稳定的思想基础。②的确，对于多民族国家来说，各民族和谐共处是国家稳定和谐的必要前提，而国家认同是不同民族个体对于国家归属感的重要体现。

　　从社会公民的角度出发，彝族在与外界文化的接触过程中逐步强化了"中华民族"的身份认知，突破了仅从本民族角度看待社会问题的局限。彝族青年会逐渐以国别为判断标准来看待问题，关注与国家发展相关的议题，中美贸易战、"外交天团"等热门事件成为其关注点。

图 3-15　受访凉山彝族青年通过手机获取的新闻中印象最深刻的三件事 / 三个人

①　CUBITT G. Imagining Nations［M］. New York：Manchester University Press，1998：1.
②　武启云，张瑜. 民族认同与国家认同的统一：当代民族教育的价值重构［J］. 青海师范大学学报（哲学社会科学版），2017，39（4）：1—4.

受访彝族青年通过手机获取的新闻中，信息比较多样，内容包括"木里火灾、中美贸易战、宜宾地震、习近平总书记来昭觉"等各种时事、政治新闻。整体来看，与中国的国情及发展息息相关，在访谈中这一点也有体现。

"用手机上网后会从网上获取些什么信息？"

"时政，感觉外交部很给力，感觉华春莹女士所说的都很给力，具体不记得了，还有耿爽这些。"[①]

"你在使用手机的过程中，印象最深刻的事情是什么事？"

"印象最深的中美贸易战、英国脱欧这些大事。"[②]

通过访谈可以看出，虽然彝族青年在相关政治议题上的认知还不够成熟，但一系列国际时事政治事件已经进入他们的关注视野。国家发展、民族振兴、个人发展三个方面是他们关注的重要内容，"中国人""中华民族"成为他们看待问题的重要视角，社会主人翁意识已经觉醒。

二、推动彝族青年关注民族事务

智能手机依托网络互联技术最大限度压缩了信息传播的时间，加快了信息传播的速度。智能手机上的各类传播平台以同质性网络和异质性网络交叉作用的方式传播信息，不论是微信、QQ等强连接社交，还是微博、知乎等弱连接社交平台，都在发挥着社会公共信息的传递功能，国家的政策方针、

[①] 注：内容来自 2019 年 6 月 19 日在昭觉中学进行的深度访谈，访谈对象为高二学生衣作，17 岁。

[②] 注：内容来自 2019 年 6 月 19 日在昭觉中学进行的深度访谈，访谈对象为高二学生阿洛，19 岁。

民意征集等信息可以以最快的速度传达到个人。

　　智能手机的使用，方便了彝族青年获取相关政策信息，激发了他们的政治参与热情，增加了他们参与政治实践的可能性。但总体来说，彝族青年把从手机使用行为中产生的更多的精力置于自我提高和发展上，民族身份和国家身份的自我认同感有所提高，但政治参与和实践依然有所欠缺。

　　同时，国家领导人的来访与考察拉近了彝族人民与国家政治和公共事务间的距离。2018 年 2 月 11 日，习近平总书记到位于大凉山深处的昭觉县三岔河乡三河村、解放乡火普村进行扶贫考察。习近平总书记来访的消息引发了彝族人民的高度关注。

　　41.41% 的彝族青年通过微信朋友圈或群聊得知这个消息，28.39% 的彝族青年通过电视得知了这一消息，17.19% 的彝族青年是从村里其他人那里得知了这个消息。由此可知，微信是彝族青年获取消息的重要渠道，智能手机有利于拉近彝族青年与国家政治事务之间的距离。

　　　　"你在使用手机的过程中，印象最深刻的事情是什么？"

　　　　"没有亲眼看见习近平总书记来昭觉，但是在手机上看到了。昭觉是中国这么多县城中的一个，习近平总书记居然会来昭觉这样一个小地方，感觉很不可思议，很神奇。"①

　　此外，互联网政务服务的普及发展也为彝族青年参与政治实践提供了可能。在政务应用方面，从政务信息化建设到互联网政务服务普及，再到一体化政务平台建设，互联网助力政府行政效率、服务水平及治理效能全面提升。

---

① 注：内容来自 2019 年 6 月 19 日在昭觉中学进行的深度访谈，访谈对象为高二学生衣作，17 岁。

◀ **第七节** ....

民俗生活方式

宗教生活方式是一种在唯心主义世界观指导下的依据宗教教义的规定而约制自己行为的宗教信仰者的生活活动方式。宗教生活方式也可以看作是一类特殊组合的社会群体——宗教信仰者群体的生活方式。①

马居里、孙睿从外延的角度进行分析，并将宗教生活与世俗生活进行了区分。提出就非信仰者而言，祭祀、礼拜、祷告等宗教仪式是宗教生活最明显的表征。而就信徒而言，日常生活中的方方面面无不包含着宗教的理念与价值观。对于一些全民信仰某一宗教的民族，宗教是生活，生活亦是宗教。②

本课题的研究民族——彝族民族宗教表现出明显的世俗化趋势，且与当地的民俗生活结合紧密，因此我们将宗教与民俗结合在一起讨论。本研究认为，民俗生活方式与世俗生活方式密切相关，是在一定宗教观念和宗教信仰指导下，为传承民族生活信仰而生发的一系列生活方式，其构成要素包括宗教信仰、宗教观念、宗教仪式、宗教参与人群。

凉山州在新中国成立前尚处于奴隶社会，其宗教保留了浓厚的原始宗教色彩。中华先民原始宗教的崇拜对象非常广泛，大致可分为自然崇拜、生殖—祖先崇拜和图腾崇拜三大类。③在彝族宗教中，祖先崇拜是其核心，无论是婚丧嫁娶还是重大节日，祭祀都是必不可少的环节。祭祀、占卜以及巫术是彝族宗教的主要活动。

---

① 王雅林.生活方式概论［M］.哈尔滨：黑龙江人民出版社，1989：472.
② 马居里，孙睿.缅甸克钦人在云南瑞丽的宗教生活研究［J］.世界宗教文化，2018（3）：76—82.
③ 张岱年，方克立.中国文化概论［M］.修订版.北京：北京师范大学出版社，2004：58—59.

图 3-16　参加火把节庆典的彝族少年展示毕摩文化

毕摩是彝族宗教的神职人员，在传统彝族社会中有崇高的社会地位。人们婚丧嫁娶、驱灾治病、民族节日等重大场合多会邀请毕摩出场，他是人们与上天沟通的"中介"，人们经常通过毕摩占卜吉凶、祈求平安。毕摩是保留至今最具民族特色的彝族宗教象征。在科学文化已经普及的彝族社会，毕摩的数量、社会地位开始较过去下降，但是仍然是彝族宗教的象征和代表，仍有其存在的意义和价值。彝族的民俗与宗教有着密切联系，彝族年、火把节等彝族大型节日均需要毕摩举行祈福、祭祀等相关活动，民俗节日充斥着古老的宗教色彩。彝族的宗教和民俗仪式是紧密相连、不可分割的，因此本节内容将二者结合在一起讨论。

一、提升民俗文化的影响力

随着网络互联技术的进一步普及和发展，以及各个网络社交平台的开放性，"自媒体"成为网络中信息流通与传播的重要形式。无论是传播信息还是接收信息，"自我定义"的用户思维是各平台发展的重要落脚点。在"自我定义"的传播中，民俗内容是传播的重要内容之一。

通过问卷调查可以看出，彝族青年通过社交网络与来自不同民族、国家、地区的人交流沟通，"彝族人"的网络身份和社会属性使他们在潜移默化中传播着彝族文化，向不同文化领域的人介绍当地的风俗文化和宗教

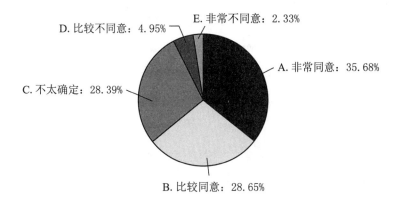

D. 比较不同意：4.95%　　E. 非常不同意：2.33%

A. 非常同意：35.68%

C. 不太确定：28.39%

B. 比较同意：28.65%

图 3-17　受访凉山彝族青年主动向外人介绍家乡或民族文化的意愿

内容。

84.89% 的受访彝族青年对"表明民族身份后会因自己是彝族人而感到骄傲"持肯定态度；在与陌生人的 QQ 或微信等社交软件聊天中，35.68% 的彝族青年对"主动向外人介绍自己的家乡和彝族文化"的行为非常同意，28.65% 的彝族青年表示比较同意，28.39% 的彝族青年对"主动向外人介绍自己的家乡和彝族文化"的行为态度不确定，其余持较为否定的态度。总体来看，彝族青年乐于向陌生人介绍彝族文化，做本民族文化的传播者。

同时，彝族青年通过智能手机平台以短视频、直播、微博发帖互动的方式进行文化展演，展演内容多样，民族节日、民族歌曲、民族服饰、民族美食、民族戏剧、特色的自然风景等都是以"彝族"为关键词向外界传递的文化符号和内容。彝族青年以多样的文化形式吸引着其他地区和民族的关注。彝族民俗文化为越来越多的人接受和了解，很大程度上提振了彝族人民、彝族青年民族的自信心，"彝族人""凉山人"的文化身份将成为他们在互联网平台上与他人社交的重要出发点。

二、拓宽民俗传播途径

（一）毕摩文化：古老神秘文化的大众化展现

毕摩文化是彝族传统文化的重要组成部分，"毕摩"是彝语音译词，意指"掌天命神权念诵经文的长者或老师"。彝族社会里，毕摩承担着教师、祭师、医生、艺术家、亡灵导路者等多种角色。自古毕摩文化只通过父子相传和私塾相授的形式传承，如今借助新媒体，往日神秘而不可窥视的彝族祭司毕摩得以面向大众。

快手用户"彝族毕摩文化传人"（快手号：613306224）是位年轻毕摩，他在短视频中展示的毕摩经书引起了不少网友的兴趣，甚至有人表示对于毕摩经书的文字已经"学了一段时间了"。毕摩们一直沿用的古彝文是彝族文化的重要载体，但与现代彝文又有明显差异，快手用户"小鹰"（快手号：wenyi-nuosu）展示对比了一些常见的现代彝语与毕摩用语的区别，让关注者更直观地了解彝文与毕摩文化的演变。

调查问卷显示，超过七成的受访彝族青年对彝族民俗的了解持肯定态度，绝大多数彝族青年保持着每年至少参加一场传统民俗活动的习惯，认为自己认同彝族宗教观念的受访者也达到近 **63%**，总体来看是比较乐观的。

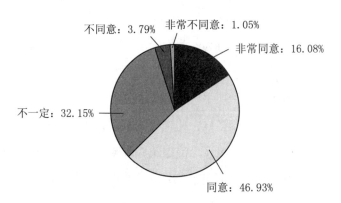

图 3-18　受访凉山彝族青年认同彝族宗教观念情况

由此可见，新媒体传播形式为新一代毕摩提供了分享与互动的空间，他们是独具彝族风格的乡土型人才，从他们对毕摩文化的个性化解读和实践中可以看到他们弘扬彝族传统文化的表达欲望。不仅如此，通过粉丝转发、分享完成二次传播，不但让更多彝族人了解、保护和传承民族传统，也让他民族感受到中华民族优秀传统文化的魅力，并投身于弘扬文化的实践中。短视

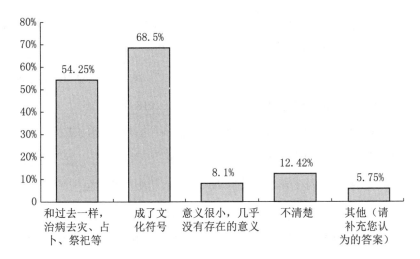

图 3-19 受访凉山彝族青年对毕摩存在的意义的态度

图 3-20 受访凉山彝族青年对毕摩存在的意义词云图

频充当"文化修补"工具，弥合彝族传统文化，对彝族以往神秘不可窥视的传统进行舞台化展演，并且重新解读、强化，使彝族传统文化焕发新的活力，也满足了彝族群体用传统文化提升民族自信心的心理需求。

（二）非遗产业：依托非遗文化发展非遗产业

如今彝族传统文化成为彝族人用手机媒体传播的重要内容来源，当传统文化的传播价值与手机媒体传播的文化需求有机融合时，便能产生巨大的文化意义与经济价值。充分挖掘彝族特色的艺术、文学、服饰、饮食、工艺制品等文化资源，助力彝族特色文化产业发展，对于彝族地区经济可持续发展起到良好助益，同时也在传承和弘扬彝族优秀传统文化。

快手非遗带头人"藏彝走廊的阿牛阿呷"（快手号：ANIUAGA666），是国家级非遗彝族服饰州级代表性传承人，2018年，她的个人作品"白云·间"在中国国际时装周惊艳亮相。阿牛阿呷的设计灵感主要来自彝族人多山的生活环境，并取材于羊毛制品"查尔瓦"。彝语"查尔瓦"意为"披毡"，是凉山彝族盛行千年的传统服饰，它不仅历史悠久，且地域特征显著，对消费市场而言是个新品。阿牛阿呷把当地最常见的民族元素融入现代服饰，为这一传统服饰注入全新的元素，更加贴近现代生活，以迎合消费市场的需求。

阿牛阿呷还与当地妇联合作，共同创新打造公司、学校、非遗/博物馆、文创相互支持的服饰文化传承模式。其团队借助短视频拓宽销路、打响品牌，团队成员刘烨龙常在快手上传彝族非遗技艺的视频，既有已完工的服饰成品，也有"绣娘"们一针一线的缝制过程。他受邀参加快手"幸福乡村带头人"计划，作为大凉山致富带头人，依托快手的海量用户资源和渠道，探索非遗产业新的发展机遇。快手以流量赋能，让匠人得以发声，向世界展示源远流长、博大精深的中国非遗文化，让非遗传承者在获得收入的同时影响更多潜在传承者。

从"非遗技艺"到"非遗产业"，离不开快手的一路支持，快手不断发掘乡村非遗传承人入选"幸福乡村带头人"计划，为他们提供创业扶持、品牌资源、合作渠道、教育培训，还建立了非遗传承工作站和同伴互助社区等创业机构，助力依托当地非遗文化的非遗产业发展，为更多非遗传承人提供就业、创业机会，让非遗品牌活化，让非遗文化传承。

此外，一些民族文化产品和民俗表演也通过智能手机得到了广泛的传播，比如凉山文旅集团旗下的大凉山国际戏剧节推出了一系列彝族文化相关的戏剧文化演出——民族歌剧《听见索玛》《彝红》，双语音乐剧《当爱》，实景火秀剧《阿惹妞》等，不仅丰富了彝族民俗文化的精神内涵，发展出了新的民俗文化表现形式，还与外域文化适当结合，提升了彝族民俗文化的包容性，扩大了彝族文化的美誉度和国际影响力。民俗表演及其节目内容通过各类社交平台广为传播，吸引了各地游客，是民俗文化和重点旅游资源相结合的典范代表。民俗文化体现出商业化特征，成为推动经济增长的新方式，也改变了彝族人民日常生活的方式。

固然，在智能设备的推动下，民俗以文化产品的方式继续发展。但是对于民俗本身而言，智能手机一方面加剧了其传承困境，另一方面也造成了潜在危机，须谨慎对待。

第四章

彝族青年智能手机使用中的"去乡化"与"再乡化"

移动互联网的高速发展为我们带来了一个日新月异、天下通达、万物皆媒的全新时代。智能手机的出现与普及是一场隐匿的社会革命，它让连接世界的特权从金字塔尖少数精英的指缝中悄然滑落，流入底层大众的怀抱之中。而在四川凉山，智能手机不仅给予了世代居于此长于此的边缘群体——少数民族青年前所未有的话语权，也为他们嫁接起了一座无形的桥梁。这座无形桥梁将一片贫瘠停滞的原始乡土与一个正在全心全意建设社会主义的现代民族国家相连接。通过这座桥梁，青年人可以触碰一个闻所未闻的新世界，把握前所未有的机会。

但与此同时，由于这座桥梁的存在，无论是在精神上，还是在地理上，年轻人都正在与他们的家乡愈趋愈远。智能手机能够同时打造"在场的不在场"与"不在场的在场"，这为它的使用者带来了"离乡化"与"去乡化"的倾向，这使得凉山彝寨无时无刻不在面临着年轻人口外流和人口结构老龄化的危机。长远看来，一个完全空心化和老龄化了的乡村必然会失去它的内生活力与自我造血能力，被留在村内的老弱居民只能依靠政府的财政支持维持基本的生活水平——已完成脱贫任务的凉山彝寨无法完全逃离跌回贫困状态的可能。

为了避免这样的可能，本章将着重探讨彝族青年的"离乡化""去乡化"问题——以及造成这种问题的内在原因。在完成对这一问题的探讨之后，再把目光重新转回智能手机，在这种革新社会结构和经济基础的力量中找到促使彝族青年回归凉山建设家乡——"再乡化"——的路径。

第一节

现实困境：凉山彝乡的"去乡化"危机

在之前的章节中，我们已较为全面地呈现了智能手机为彝族青年带来的巨大影响：

首先，新生代的彝族青年表现出了更为复杂的多元特质，在他们的身上，我们可以同时看到本土的传统民族文化、现代工业文化和后现代青年亚文化的痕迹。

其次，智能手机改变了彝族青年的生活方式，这种生活方式的改变具体体现在消费水平、政治立场、文化形态和人际交往上。

然而，究其本质，与其说是智能手机的出现为彝族青年带来了这些巨大的转变，不如说智能手机只是让这些转变得以发生的中介——真正发挥巨大作用的，是通过智能手机这座无形桥梁不断加深对凉山彝族自治州的掌握，不断对其施以全面现代化改造的国家行政力量与外来资本力量。

这种全面的现代化改造正在为当地带来一种普遍的"离乡化"趋势：当地生产的基础越能得到市场化改造，当地的人口就越向脱离乡村的方向流

动；当地年轻人越能适应利用手机改善自身的处境，他们的生活方式、社会
行为、社会交往、价值观念便越向现代化、城市化、工业化的"先进文明"
靠拢。

即便是那些无法适应现代社会的前现代人口，也无法逃脱这将他们拽离
本土的巨大力量。在凉山悬崖村这样的集体搬迁案例中，一些年纪较大的彝
族群众一方面没有掌握生存所需的技能和知识，在生活上始终无法融入当地
城镇；另一方面丢失了作为生存基础的"乡土化""在地化"属性，在身份
上成了手握城镇户口的县城居民。

乡民是乡土社会的生命源泉，是乡村社会形态得以焕发活力和繁衍延
续的一切基础。如果作为乡村存续根基的年轻乡民在精神与物理的双重
层面上完成了与乡村的切割，可以想见，未来的乡村必然会面临消亡的
命运。

事实上，"乡村发展——农民离乡——乡村空心——乡村凋亡"的发展
趋势不仅出现在了凉山彝寨的研究孤案中。陈煜指出，我国欠发达的农业地
区已经形成了一种驱使农民逃离乡村的"去农文化"，全国各地的乡村人口
持续流出，现已到了相当紧迫的地步。① 因此，在探索智能手机振兴贫困彝
乡的成功经验之前，我们必须先回到彝族青年"离乡化""去乡化"这个日
益紧迫的问题上，挖掘其内在的深层次原因，找到引导他们回归乡村、建设
乡村的路径。

一、彝族青年对外界的渴求：农业人口现代化与流动人口
城市化

在前文，我们提出过这样的观点：智能手机为彝族青年带来了远超先辈
的视野，也引入了更多的外部异质性，使他们经历着由单一向多元发展，由

---

① 陈煜.论乡村的文化振兴——从"去农文化"的成因及破解之道谈起 [J].安徽行
政学院学报，2018，9（5）：76—81.

统一向分散变化的主体化转型。但需要看到的是,彝族青年的主体化转型与"离乡化""去乡化"的危机本是一体两面。每当有个体抓住机会,顺利完成一次向上流动,就意味着其原本所属的群体遭遇了一次抛弃。

为了探究这一转型的实质,我们首先需要将彝族社区放置在更为宏大的时代背景和社会背景下,考究这一社区的"去乡化"历程与其他类似案例间的共性。

当前的中国乡村大体可以分为三类:一是城中村、城郊村和经济发达村;二是生态脆弱区村庄;三是适宜发展农业的典型农区。凉山彝族自治州中的大部分村寨都处于平均海拔1500米以上的山区,农业生产基础条件薄弱,自然灾害频发,是典型的生态脆弱区村庄。有学者认为,当前我国"三农问题"中的主要矛盾在于人地关系的紧张。为了解决这一问题,我们首先需要发展适宜市场经济的专业化、集约化大生产农场。专业化的农场需要的是市场经营者、产品研发人员与机械操作工,不会为靠天吃饭的传统农民提供太多生存空间。因此,从长远看,农村地区的人口流失是大势所趋。[①]而生态脆弱区中的大部分村庄不适宜规模化的改造,终将走向消失——人们只需关注少量特色村庄如何实现活化复兴的问题便可。[②]

所以,我们或许可以假设,彝族青年表现出的"离乡化""去乡化"倾向正是这种"大势所趋"在现象层面的具体反映。为了更好地论证这一观点,同时阐明智能手机在这一过程中扮演的重要角色,我们将在接下来的论述中重点借用两个来自社会学领域的概念。它们分别是:农业人口的现代化与流动人口的城市化。

---

① 蔡继明,等.中国的城市化——功能定位、模式选择与发展趋势[M].上海:东方出版中心,2019:1—5.

② 陈明.新中国70年的农民形态演进与乡村治理变革——兼论中国乡村现代化的未来图景[J].理论月刊,2019(9):5—14.

（一）农业人口现代化：精神的"离乡化"

发源自德国社会学家马克斯·韦伯笔下的现代化理论是一套用于研究社会形态的工业化进程、个人的理性化过程与它们之间互动关系的结构模型。在这一模型中，一方面，科学技术的极大发展允许着生产力的持续提高，它一举将我们的世界从停滞的马尔萨斯陷阱中拉出，再把它投入了一个拥有无限流动性与增长性的混沌系统；另一方面，科学技术的普及完成了对世界、权威和神秘的祛魅（Disenchantment），此后，人们开始相信，个人的命运并非与天赋的亲缘关系牢固绑定、不可更改，而是与可供选择的契约关系与个人奋斗息息相关。

这一祛魅过程直接促成了人们对所谓自由意志与个人主义的信仰。奋斗、工作、成功、消费、进步和专业知识等词汇顶替了神权、王权、血脉与习俗，后来居上，一跃而成为镀金的指向标，服务于这一崭新的价值体系。在这里，工作发挥了尤为重要的意义。乌尔里希·贝克（Ulrich Beck）认为，正是在工作中，个体获得了进入社会活动的途径。即"职业的拥有者"可以穿过他工作的针眼而在小范围内成为"世界的共同塑造者"。在这方面，职业确保了基本的社会经验，职业是可以通过参与来经验的社会现实。[①]

而在彝族青年这里，智能手机是作为"祛魅的工具"与"职业的针眼"同时发挥作用，对他们施加这种名为"现代化"的巨大魔力的。

作为"祛魅的工具"，手机是彝族青年接受通用语言教育与科学素养教育的重要窗口。根据课题组对彝族青年进行的问卷调查，64.71%的受访者表示会经常借助网络学习，76.21%的受访者会借助网络资源来提升考试的成绩。他们学习的渠道既包括网易云、微博、知乎这些热门内容平台，也包括小猿搜题、作业帮、沪江网校等垂类教育工具。

① 乌尔里希·贝克.风险社会［M］.何博文，译.南京：译林出版社，2004：170.

借助智能手机，彝族青年与同龄的其他各族同胞一起消费全球化的流行文化，学习标准化的知识大纲，接受现代化的价值观念。这既为他们埋下了对城市生活与现代生活的美好向往，也让他们具备了能够参与现代生活的公民素质。

> "……想上大学，想去杭州读书，也想去北京……想学法学、当律师，梦想是走出大山，去更好的城市生活，带上自己的亲人（爸爸妈妈、爷爷奶奶）去国外旅游，不希望'子欲养而亲不待'，他们为自己付出太多了。"[1]

作为"职业的针眼"，手机是任何想要进入现代大工业生产，从事非体力、非低技能重复性劳动岗位的年轻人不可或缺的基本工具。

首先，对于任何想要进入现代工业部门内部岗位的人来说，懂得如何通过手机应用完成通信交流、传递文件、接受管理和日常消费等是最基本的劳动素养。

其次，对于从事技能性与专业化劳动的年轻人而言，手机可以成为重要的学习渠道，例如有 50.07% 的受访者表示会在线上学习职业知识。

最后，随着"互联网扶贫""文化扶贫"浪潮的兴起，直播、电商和短视频已经成为当地重点扶持发展的产业，通过手机进行的低门槛拍摄、剪辑和上传行为成了当地青年获取经济收益的重要手段。

正如悬崖村网络主播某色拉博在访谈中提到的：

"在没用手机之前，我一句普通话都不会说，现在我会的所有普通话都是用了手机之后才慢慢学的。汉字也是，以前我最多只会写自己的名字，用

---

[1] 注：内容来自 2019 年 6 月 26 日在西昌学院彝语言文字学院进行的焦点小组访谈，访谈对象为 2018 级汉语言文学专业的 6 名彝族学生，其中男生 3 名、女生 3 名，平均年龄约为 21 岁。

了手机后才认识了很多字，能写的字也慢慢多了起来。手机也同样提高了我的彝语水平，通过手机，我了解了更多地方的彝语方言，看到了外面世界的美景，也认识到外面（现代化）世界先进的样子（面貌）。"

如果说是教育给予了彝族青年脱离乡土社会、进入现代文明的前提和基础，那么工作则给予了彝族青年置身现代化进程中，成为现代化经济建设者一分子的经验性现实。智能手机实现了时空内爆，抹平了彝族青年接受教育、从事工作的障碍。借此契机，奋斗、工作、成功和消费的价值体系完成了全方位的嵌入，实现了传统农业人口的现代化转型。

（二）流动人口城市化：身体的"去乡化"

改革开放以来的40年间，中国进城务工的农村人口经历了"离土不离乡""离土也离乡"和"离土不回乡"三个阶段的转变。王春光指出，无论是与为了赚钱或就业临时改变居住地的第一代农民工相比，还是与漂浮在城市与农村的夹缝之间，无法感受到身份归属与自我认同的第二代农民工相比，新生代农民工都表现出了更为强烈的城市化渴求与更为淡薄的乡土情怀，总体而言，他们呈现出了一种由暂时性流动转向正式性迁移的移民意愿。①

伴随着城镇化和工业化进程的加速，农村青壮年劳动力大规模转移到城市，我国部分乡村地区也出现了较为严重的空心化现象，这种现象突出表现为村庄内部荒芜与村庄外延膨胀并存，学界将其定义为一种"外扩内空"的不良演化过程。②

我们无可指责年轻人强烈的移民意愿，这既是理性化的个体在面临高度分化的城乡二元结构壁垒时的必然选择，也是非理性的族人对消费主义诱惑、摩登文化召唤的回应。

---

① 王春光.新生代农民工城市融入进程及问题的社会学分析［J］.青年探索，2010（3）：5—15.
② 刘彦随，刘玉，翟荣新.中国农村空心化的地理学研究与整治实践［J］.地理学报，2009，64（10）：1193—1202.

对于文化素养较高的年轻精英而言，"走出大山，去更好的城市生活"是他们渴望的奖赏。因此，教育系统只有不断地将高考描绘为通往天堂的窄门，才能说服本处于最活泼好动年纪的彝族孩子投身于重复辛苦、刻板无趣的应试考试训练中。在我们的问卷调查中，只有 6.5% 的彝族中学生明确表达了自己未来想要留在家乡的意愿，超过一半的学生则认为离开家乡才能获得更好的发展。

对于文化素养较低的普通青年而言，他们需要为了谋生来到城市，来到需要年轻肉体的工地、电子厂与流水线。机器开动的嗡鸣声无法掩盖他们四处碰壁、饱受歧视的处境。他们只能在自己创造的亚文化中发泄情绪，通过短视频与直播等方式构建自我认同、唤起民族凝聚，在虚拟的赛博空间中体味现实中无迹可寻的归属感与安全感。

对于行差踏错、跌入谷底的底层青年而言，他们为作乐而进入城市，宛若先祖为冒险而踏入丛林。台湾女学者刘绍华在她历时十年的民族志《我的凉山兄弟——毒品、艾滋与流动青年》中详尽记载了这些年轻人满怀踌躇走下高山，自此一朝栽入为非作歹、吸毒勒戒、艾滋感染、世代差异、文化冲突和兄弟情义的泥潭的故事。她在书中叹息，彝族底层年轻人的后半生只能在城市与乡村的夹缝间沉浮：一方面，下山就意味着他们主动断绝了返回家乡安居乐业的机会；另一方面，就算付出再惨痛的代价，这些饱受歧视的彝族青年也无力在都市中挣得一席之地。失业、赤贫、迷惑、危险乃至苦难将时时与他们相伴，直至最后的死亡。①

二、传统彝乡对青年的驱逐：封闭的社会网络与小农式经济基础

综上所述，我们可以认为，彝族青年的"离乡化"与"再乡化"趋势正

---

① 刘绍华. 我的凉山兄弟——毒品、艾滋与流动青年 [M]. 北京：中央编译出版社，2015：100.

是传统农业人口日益现代化、流动化，进而城市化的具体表现。彝乡贫困的本质仍然是三农问题，其核心矛盾仍然是人地之间的紧张关系。通过娱乐、教育和工作，彝族乡土的年轻人习得了一种截然不同的生活方式，但贫瘠的故乡无从馈赠他们支撑这种方式生活的资源。因此，无论居于何种处境，无论出于何种目的，他们总是渴望着向城市流动。

　　然而，我们也不能被概念所迷，彻底忽视凉山彝族自治州独有的历史特殊性。需要特别指出的是，无论是高度封闭、毫无活力的社会网络，还是资源所限、难以改造的经济基础，都是当地贫困再生产过程中不可或缺的要素。这些要素一方面阻拦着现代性对当地社区形态的渗透，强化着内部贫困的社会土壤；另一方面也压抑着族内的青年个体，迫使他们向山下的现代化世界迁徙。

（一）封闭的社会网络：家支社会的群团逻辑

　　或许是受到汉族文化的影响，过往学者在对凉山彝区"家支"社会的论述中，往往将其视为中国传统乡村式的、由血脉亲情维系的父系血缘集团。但实际上，"家支"并非单单建立在血缘关系上的宗族秩序，也是由地缘关系、权利义务与等级制度共塑的特殊社会系统。因此，家支中成员的行动模式迥异于费孝通口中的"差序格局"，而是通过内部互助机制结成高度团结的利益共同体，人与人之间形成高度依附关系的"群团逻辑"。①

　　这种群团逻辑保障了彝族人民能在极度苦寒的自然环境下实现集体的存续，但对自我意识觉醒的个体而言，它却远非什么理想的社会制度。作为历史成因复杂的"民族直过区"，凉山当地从未经历过自下而上的社会革命，大部分居民依然维持着前现代的生活习惯和思维方式，社会形态中也依然保留着传统奴隶制度的身影。家支与家支之间、家支内部成员之间的关系绝非

---

① 罗兴佐，刘天文.从家支社会到半家文化社会：凉山彝族社会结构的嬗变［J］.西北民族大学学报（哲学社会科学版），2021（4）：32—39.

世外桃源般人人平等、脉脉温情的家庭关系，而是等级森严、高度封闭、斗争激烈的人身依附与权力控制关系。

团结的另一面便是偏私。对内，家支是高度统一的共同体，但这种共同体的凝聚力并非源于内生的血缘情感，而是在与其他家支争夺资源的过程中形成的后天规则。因此，对外，家支成员表现得极为封闭：

"……（这个村民）他有家支的，这个家族的肯定好办事。比如说书记、主任承包了以后，他肯定用他家支的人了，亲戚什么的。就是说他愿意在家族里分享，但是不愿意跟其他的村民分享。"

因此，凉山村寨中始终无法发展出以市场经济模式独立经营的企业，为接受过一定教育的年轻人提供应有的工作岗位：

"其实从 2019 年开始我们就在筹建民宿，但那个时候没有资金、没有房子、没有土地，比较困难。我们工作队也找了很多人，找了很多企业，包括基金会，这些都找过来看，但最终没有成功。"

依赖的另一面便是控制。经济发展和市场化改造或许符合当地普通民众的利益，却极大地颠覆了家支中高位者的统治基础。因此，村内的绝大多数资源和发展机会都是被高度静滞又牢固的上层网络垄断的，普通青年不太可能凭借从政道路完成向上流动，也就没有动力留在家乡，从事乡村振兴的相关建设工作。

（二）小农式经济基础：高度内卷的消费共享

正是当地恶劣的社会生活条件以及低下的生活生产水平决定了家庭对家支的高度依赖。土地的贫瘠导致当地只能种植土豆之类价值较低、生命力顽强的物种。人地之间的紧张关系延续了上千年，物资越是紧张，人与人之间基于资源的竞争关系就越紧张，人们只有依赖家支关系，寻求群体性保护，才能维系基本的生存条件。对安全感的需求形成了以血缘为纽带的家庭与家庭间的辅助关系。

长期的资源匮乏与慢性的饥荒贫困导致凉山至今仍保持着原始的公有制状态，而原始公有制状态下的个体的行动逻辑是典型的"消费型共享"，而非"发展型共享"。

家支成员的行动逻辑不是分享发展机会，而是分享消费成果，这就导致了当地既不存在现代化的内生逻辑，也不会有私有资本的原始积累。

这种不论生产、共同消费的行动逻辑不仅体现在吃上，也体现在婚丧嫁娶等全部日常事件中。为了维持自己在家支中的地位，成员常常进行炫耀式消费，用尽积蓄大宴宾客，致使当地进一步形成了天价彩礼、追求摆阔、仪式铺张、轻生重丧等乡土陋俗。彝族网红主播某色拉博曾在访谈中提道："我丈母娘去世时，需要给近四五万元甚至更多的礼金。其他的亲戚或者朋友家人去世，最低也是四五百元起步。"

接受采访的彝族高中生则告诉课题组："以前彩礼很高，有句话说，凉山没有爱情，只有喝不完的'525'，吃不完的坨坨肉。因为以前都是奉父母之命结婚。"

基于长期贫困和慢性贫困形成的家支文化极大地阻止了致富脱贫的发展道路。调研时，某村书记曾向课题组谈到当地人才培养所遇到的现实困境："一个最主要的原因还是内生动力不足。再者，他们的思想确实还需要转换，他想不到那儿去，也不会有管理的思维，不会去围绕合作社发展做工作。日常管理的这些开会、讨论，他们都不愿意来参加，因为他们觉得生意应该是人家来找我们，然后把订单给我们……"

即使年轻人可以接触到现代文化，在多元价值体系的对照下意识到这些现有状态的不尽合理之处，他们也无从抗拒自己所在的整个文化环境和群体社会习俗。一名彝族大学生无比失落地谈及自己思想古板的父母对自己求学之路施加的巨大阻力："……爸爸会说普通话，我爸爸高中毕业，他懂很多，是接受过文化教育的人，但想法却也这么落后。反正我生下来就感觉不受爸爸重视，我真的不太接受他的观念，他从来不会把我放在嘴边。别人的爸爸都很好，我堂姐的爸爸和她们特别亲，我就特别羡慕，尤其是羡慕独生子女。"

面对人力无法左右的巨大惯性，更为明智的选择或许不是实践改造，而是转身离开。离开却又意味着断绝家乡获得资源、改造重生的可能性，意味着思想陈腐的既得利益者对当地更深层次的掌控，意味着彝寨贫穷的社会土壤对其自身的维护和强化。

受访基层干部告诉课题组："其实我觉得走出去的人，无论是到外面打工的，还是说读书考出去了，像考到成都这样的地方，其实他们回来都有很大的改观。无论是为人，还是他的能力、知识、技能，通通都有很大的改变。唯一不变的就是永远在这个山里面的人，他们从来没有接触过外面的新世界，我所说的接触外面的信息是指他没有在外面的这种氛围里面感受过。对于学生的教育，我们现在基本上都是从幼儿园就在抓，等他们成长到大学毕业的时候，那么可能就会有很大的变化。"

通过对现代化因素的排斥与对渴求现代化的年轻人的驱逐，凉山达成了贫困再生产的闭环。这一悲哀的闭环中，凉山正因不断突出的老龄化问题和空心化问题经历着凋敝。为了解决这一问题，我们必须重新探索出一条实践的路径，探索出彝族青年"再乡化"的可能。

◀ 第二节

"再乡化"基础：日常生活中智能手机的"在场"

"在场"一词原本是哲学概念，意为"存在呈现于此时此刻（当下时刻和当下场所）"，既包含"空间上的显现"也包含"时间上的现在时刻"。[①]早期传播学者讨论的"在场"是基于身体的在场，例如罗伯特·克雷格（Robert T. Craig）强调肉身直接接触的不可替代性，凸显无中介传播进行对

───────────────

① 汪民安.文化研究关键词［M］.南京：江苏人民出版社，2007：475.

话的价值。① 但媒介的发展使得"在场"一词在时空范围内有了更广阔的含义。区别于哲学意义中"在场"意味着的真实的、本质的存在，传播学意义的"在场"更强调的是在场的状态以及在场状态下交流双方的感知与认知结果。②

在传统社会交往过程中，人们的生活空间受到地域的极大限制，一旦在地理位置上存在距离，无法实现面对面的在场，沟通则无法进行。印刷媒介的出现使得交流可以穿越空间，但无法实现即时沟通，在时间上有滞后性。电报电话等电子媒介逐渐突破了时间的限制，时间滞后也不再是交流的问题。而智能手机与移动网络的发展将"身体"与"在场"彻底地分离了，身体将交流的权力让渡给了媒介，智能手机成为弥补"缺席"的一种"在场"形式，身体在场被远程在场所代替。

正如英国传播学者戴维·莫利（David Morley）所指出的："人们认为，新的传播科技的出现导致了地理的彻底'消亡'。"③ 智能手机的出现打破了时空障碍，实现了联系的无处不在和随时随地。在本课题的研究中，智能手机的"在场"功能不仅满足了彝族青年的情感需求，也对彝族社会的整体进步起到了重要的作用。

一、智能手机赋予个体主动性，改变传播秩序与权力结构

手机的使用，触及生活的方方面面，而手机在少数民族地区中极大的普及也为少数民族带来新气象。

---

① 孙玮.交流者的身体：传播与在场——意识主体、身体—主体、智能主体的演变 [J].国际新闻界，2018，40（12）：83—103.

② 孙雨婷，来沅晖.从"亲身"到"远程"：在场的媒介形式演变 [J].新闻知识，2021（3）：27—30.

③ 戴维·莫利.传媒、现代性和科技——"新"的地理学 [M].郭大为，常怡如，徐春昕，译.北京：中国传媒大学出版社，2010：197.

（一）打破时空障碍，重构凉山彝族地区文化传播秩序

1. 打破时空障碍，旧有的文化传播模式被改变

手机依靠新媒介技术打破"知识鸿沟"障碍，缩小与外界之间的隔阂与距离，信源在最大幅度和范围内得到最快传播。

过去，在手机这种新型综合性媒介未诞生以前，传播的技能差异、社交范围的差异等问题使得人与人之间产生了知识鸿沟，而手机等新兴媒介的出现极大程度缩小了人与人之间的知识鸿沟，拉近了彼此之间的距离，使得远距离沟通、交流与传播成为可能，转而进入数字鸿沟的问题探讨。

然而在少数民族地区，"知沟"的问题更多是由客观因素所造成的。信源的单一性、已有知识储备量的阶层分化、地理位置的客观限制等，种种因素使得少数民族地区所产生的"知识沟"相较于其他地区尤为显著，因此手机的普及对于少数民族地区来说极为重要。经统计，截至2019年7月，凉山彝族自治州的青年群体中，已有88.8%的彝族青年在使用手机。然而过去，以"悬崖村"为例，村里通向外界，需要顺着悬崖攀爬17条藤梯，地理位置的客观限制使得文化传播与接收几乎处于一种全封闭状态。

手机在少数民族群体中的普及，打破时空的障碍，使得旧有的文化传播模式被改变，构建了文化双向接收与输出的模式，缩小了与外界之间的隔阂与距离，现在的"悬崖村"已经成为抖音、快手等短视频平台的"网红"村落，手机互联网视阈下的"悬崖村17条藤梯"如今已"互联互通"，转而成为打破少数民族文化传播"知沟"的有力证明。

2. 加快文化传播融合的速度

文化传播，是指文化从一个社会传到另一个社会，从一区域传到另一区域，以及从一群体到另一群体的互动现象。①文化人类学家拉尔夫·林顿（Ralph Linton）把文化传播过程分为"接触与显现""选择""采纳融合"三

---

① 郑金洲.教育文化学［M］.北京：人民教育出版社，2000：101—103.

个阶段。

由文化中心区向四周扩散，根据传播途中信息递减的一般规律，离文化中心区越远的地方，越不能保持文化元素的原形。当一种文化元素传播到另一个地区以后，它已不是原来的形态和含义，在传播和采纳过程中已被修改过。①少数民族文化在文化传播的第三阶段，往往会遇到较大的阻碍。具体来说，其极具民族特性的习俗、特产、生活习惯，甚至因为地域分布较为偏远所形成的独有的村落景观，在传播和采纳的过程中会遇到较大的阻碍。

从个人传播因素来讲，由于本身内化的知识差异导致文化在采纳融合阶段容易加入主观修正。从传播技术手段来看，在过去，传播手段单一，几乎只能依靠口耳相传等传统原始传播方式，在其中所造成的文化传播客观差异无可避免；进入新时代，通过电视、广播等有线媒介进行传播，大大降低了文化传播的客观差异，但却无法做到及时即刻传播，并且需要专业人员的拍摄制作，所耗成本精力较大。

少数民族文化是我国文化之林中不可或缺的一部分，它需要被记住，需要被传承，需要被了解。56个民族56种不同的文化，是我国整体文化组成的瑰宝。增强不同民族文化间的沟通与理解对我国各民族之间的融合与团结十分重要。

手机作为超越其他传统媒体的"第一媒体"，成为新的和主要的信息传播介质和载体，加快了文化传播融合的速度。更多的UGC内容也相应出现，这些完全由受众自己编辑而成的内容，以第一视角反映了少数民族文化的形式。以凉山彝族自治州为例，《你们买过年猪了吗?》《小妹妹背鸡去赶集》《救困在悬崖上的羊》《找药》《外嫁的姐妹回娘家》《80年代的彝族美食》等

---

① 李加莉.文化适应研究的价值及问题：一种批评的视角[D].武汉：武汉大学，2013.

视频向外人展示了悬崖天梯的风光和村民的日常生活场景①，而这些视频大部分都由村民自己制作完成。作为凉山彝族文化的承载者，这些村民拥有少数民族文化传播的第一视角，他们通过手机分享所庆祝的盛大节日、所吟唱的原生态歌曲、所制作的彝族美食，这些正是其民俗文化的直观体现。而手机虽然也承担着第三方媒介的角色，却完全是由科技与算法堆积而成的"无感情"机器，自然也不会出现人为传播中的理解偏差。

文化传播的融合在于不同文化形式之间的交流与沟通，手机作为新兴媒介正为这种沟通与交流提供了一个最为方便的平台，手机平台所提供的一些应用比如抖音、快手、微博等，以及实时评论、点赞、收藏、转发等功能，让各民族之间的文化交流能够得到及时的反馈与有效的沟通了解，使得文化传播的采纳与融合阶段能够正式进入各民族不同文化传播融合的过程中，从而加深各民族交流，增强各民族团结，维护国家统一。

3. 丰富少数民族文化传播手段

从口耳相传到印刷时代，再到电视传播，无论哪一种形式，都只能在传播形式上进行单一的选择。而手机作为一种传播形式的"集大成者"，通过搭载各种不同的功能，实现多种类型的传播。

微信公众号是一种以文字为主要形式来进行传播的媒体平台，其中也可以辅以少量的图片和较短的视频增强传播效果与体验。在微信公众号上搜索"彝族文化"，能搜到"彝族文化直播""小凉山彝族文化"等账号，内容涉及彝族文化的方方面面。以"凉山阳光"微信公众号为例，该公众号将栏目分为三个部分，包括凉山美食、大美凉山以及凉山建设，时常发布与彝族文化有关的推文。在2021年8月2日发布的《彝族火文化，东方狂欢节》这篇文章中，作者从火把节传说、非物质文化遗产、民俗活动等多个方面详细介绍了彝族独具特色的火把节，获得了较高的阅读量。微信公众号文章所具

---

① 江凌，严雯嘉. 以文化展演践行少数民族青年文化自觉——以凉山"悬崖村"彝族青年手机直播及短视频为例［J］. 传媒，2020（1）：55—58.

备的特点，有利于受众深入了解民族文化，探讨民族文化的起源、特点与发展等问题。

除此以外，手机中的短视频平台传播也是民族地区传播文化的常用形式之一，如果说微信公众号文章更偏向于对民族地区文化的深度挖掘与传播，那短视频则是一种更为直观的呈现。对于生长在大凉山的彝族青年，当遇到重大的民俗文化活动时，83.85%的彝族青年都会用手机进行记录。19.79%的彝族青年经常或总是用手机上传或分享民族文化相关内容。在每年的彝族火把节里，所有村庄会举行盛大仪式：崇拜天地，祭祀火祭，祭祀祖先，驱逐邪恶，祈求丰收。不少彝族青年会发布彝族花腰歌舞、大三弦等乐器演出，赛马、斗牛、摔跤、斗羊比赛等节日盛况。在彝族年里，也能看到当地青年在家做"毕摩"仪式等祈祷、祭祀的情形。① 这种极具民族特色的盛大节日，经常会被分享在各类短视频平台中，包括抖音、微博等。对于盛大节日的可视化展现，也能够更加直观真实地呈现出独具特色的民族文化，从而拓宽受众对少数民族文化的了解与认知。

手机中的直播平台，则更多被用来全方位真实呈现民族生活的日常，虽然这种形式和短视频相同也是通过视频的方式来传播某种文化内容，但是直播是用户与主播之间点对点的传播形式，是一种几乎可以做到一对一输出与回馈的机制。博主经常会把自己的真实生活片段纳入直播之中，如爬天梯、过吊桥、剥玉米等，这种接地气的传播形式，除了能够实时展现少数民族生活，同时也能够将文字或短视频的内容更加精简与大众化，使得受众易于理解，并且能够进行实时的有效沟通。

手机搭载多种多样的传播形式，从公众号到短视频再到直播，各不相同的传播方式丰富了民族地区传播文化的形式，更加多元地以各种形式展现彝族文化，更好发扬与传承彝族文化。

---

① 江凌，严雯嘉.以文化展演践行少数民族青年文化自觉——以凉山"悬崖村"彝族青年手机直播及短视频为例［J］.传媒，2020（1）：55—58.

（二）提升个体主动性，击破传统传播秩序的制高点

在传统的传播秩序中，权力主体往往由村里的政治精英、文化精英形成，但手机的出现使得传统权力的运行方式发生改变，多个权力主体的出现甚至在一定程度上造成了对传统权力的消解。[①]

由马修·阿诺德（Matthew Arnold）在英国维多利亚时代所提出的精英主义文化延续了整整一个世纪，他认为文化"通过阅读、观察、思考等手段，得到当前世界上所能了解的最优秀的知识和思想，使我们能做到尽最大可能接近事物之坚实的可知的规律，从而使我们的行动有根基，不至于那么混乱，使我们能达到比现在更全面的完美境界"[②]。直到 20 世纪 80 年代，以斯图亚特·霍尔（Stuart Hall）等人为代表的英国伯明翰学派，使得文化研究从由精英阶层主导的精英文化逐渐聚焦于大众文化，各类大众文化研究进入空前状态，包括对各类亚文化现象的研究、葛兰西的文化霸权主义等。

随着时间的流逝，大众文化研究的成果已经层出不穷，手机作为新时代的产物，对于大众文化的传播与研究更是起到了不可替代的作用，它打破了被动接受的传播秩序，增强了个体对本民族文化的主动关注。传播者不再是高高在上的精英阶层，也不再是掌握专业知识的记者等媒体从业人员，文化传播真正来到了大众身边，来到了每一个普通人的身边。每一个人都可以成为文化传播的主体与文化接收的客体。

手机不仅仅推动了民族文化的传播，也调动了个体在本民族文化传播时的积极性。在课题组对大凉山彝族自治州 18 岁女孩支莫的访谈中，当问到"在遇到彝族的节庆活动和传统仪式（火把节、彝族年、嫁娶、毕摩）时，你会拍下来然后发朋友传播吗"，支莫说当然会拍下来，这样做是为了宣传自己的民族文化，且在彝族年，穿民族服饰的时候，她都会发动态。

---

① 孙信茹.手机和箐口哈尼族村寨生活——关于手机使用的传播人类学考察 [J].现代传播（中国传媒大学学报），2010（1）：125—129.

② 卜祥记.青年黑格尔派与马克思的哲学革命 [D].上海：复旦大学，2004.

从精英阶层主导传播的精英主义文化，到村民自己进行直播的民族风光，手机作为这种改变的一个重要承载方式，拉近了文化与人之间的关系，强化了不同民族文化之间传播的纽带，让每个普通人都能加入民族文化传播的阵营中，成为传播本民族文化的主人翁，在传播民族文化的同时提升文化自信心。

（三）赋活个体创造性，构建社交传播网络

手机赋予个体在传播行为上的主动性，改变了传统媒介下政府统一宣传、强制传播的旧秩序，每个个体都可以参与进来，成为连接本民族和其他民族文化的关键点，由点到面，形成社交网络、民族文化传播网络。

手机除了对民族文化的向外输出产生极重要的作用，少数民族内部的团结也因为手机的出现而不断增强。手机成了很多少数民族青年日常生活的必需品。使用与满足理论提出人们接触使用传媒的目的都是为了满足自己的需要，这种需求和社会因素、个人的心理因素有关，而这种需求的两个重要前提是能够有接触媒介的可能性，媒介印象即受众对媒介满足需求的评价，是在过去媒介接触使用的经验基础上形成的。[①] 手机在少数民族生活中的普及为这种需求的满足提供了前提，而需求满足后所产生的反馈也为少数民族文化传播发展提供了不小的推动作用。双向传播与反馈机制在手机为载体的民族文化传播过程中起到利好作用。

在手机使用对彝族青年的满足程度调查中，笔者将调查的满足程度分为四个评级，分别是很满足、一般满足、不满足与非常不满足，需求则通过信息获取、网络娱乐、交流沟通、商务交易四个方面来评估。调研问卷显示，手机使用对于彝族青年"信息获取"的需求满足程度最高，384个彝族青年的平均分达到3.2分；其次，"网络娱乐"和"交流沟通"的需求满足程度并列第二，平均分都达到3.05分。

---

① 郭庆光.传播学教程［M］.北京：中国人民大学出版社，2011：168.

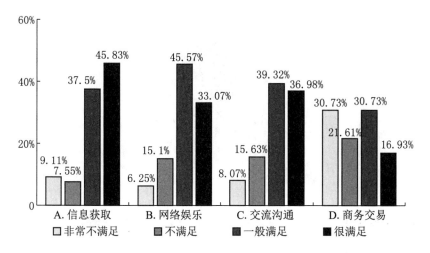

图 4-1　手机使用对受访凉山彝族青年的满足程度调查

　　手机的使用除了对于本民族团结的巩固作用外，更是让少数民族与其他民族之间因为地域限制、文化差异等因素形成的"弱连接"显示出了强作用，美国社会学家马克·格兰诺维特（Mark Granovetter）认为，相对于强连接关系，弱连接则较能够在不同的团体间传递非重复性的信息，使得网络中的成员能够增加修正原先观点的机会。[①] 彝族青年使用手机中的社交平台来进行网络社交，除了使他们内部沟通更加方便快捷外，还有利于打破地域限制，与其他民族之间进行沟通，加强各民族之间的团结。

　　通过使用手机，36.98% 的彝族青年结交了更多的彝族朋友，32.03% 的彝族青年结交了一半的其他民族朋友与一半的彝族朋友，在与陌生人通过 QQ 或微信等社交软件聊天方面，35.68% 的彝族青年对"主动向外人介绍自己的家乡和彝族文化"的行为非常同意。这种以手机为承载对象通过社交网络来进行的传播文化活动，有利于各民族之间的文化交流传递打破地域限制，构建社交网络，与网络另一端的人形成"弱连接"，在沟通中介绍且修

---

①　李成贤.“弱连接”发挥“强”作用——从“阿拉伯之春”看新媒体的政治传播能力 [J]. 新闻记者，2013（3）：67—71.

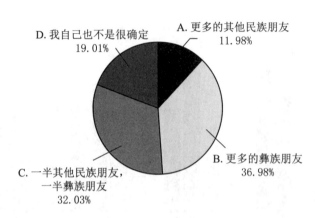

图4-2 受访凉山彝族青年通过手机结交各民族朋友的情况

正他人对原有该民族文化的理解与认知，从线下到线上实现真正的民族团结与统一。

（四）拉近彝族青年民众与政府的距离，使民族文化传播更具合理性

　　少数民族区域，因其独特的地理位置和政治地位，管理宣传颇具难度，因此做好民族文化宣传与政府党政宣传是至关重要的。手机在少数民族区域的普及，在扩充人际传播与群体传播的同时，让大众传播真正走入了少数民族生活中。过往由于地理位置、文化差异等各种客观因素的限制，政府与彝族青年之间的传播主要依靠报纸、电视新闻等传统媒体，信息流动过程是单向的，很难接收到反馈，某些过于生硬面向各年龄阶段的宣传手段也无法大量吸引彝族青年的目光；政府文化宣传与政策宣传更多依赖于人际传播与群体传播，然而群体传播中很难避免因为集合行为所产生的各种问题，这些经过"修饰""改正""单向度"的传播方式与信息不仅无法真正拉近政府与少数民族民众之间的政治文化距离，还会因为传播过程中的极大不确定性而彼此疏远。

　　手机的出现与普及大大拉近了彝族青年与政府的距离，构建了更为合理的文化与政策传播秩序。政府政策宣传与少数民族文化宣传依赖于手机多平台分发，精准定位受众，进行全媒体报道。2019年2月11日，是三河村1

号安置点统一搬家的日子，村里首批29户、168人，将告别居住了数十年的土坯房，搬入宽敞明亮的新家。《四川观察》以《新年新生活，凉山三河村29户搬新家啦》为题，展开直播报道。这场报道的形式分为图文直播和视频直播两个部分，拥有电子设备的用户只需要点击新闻链接即可实时共享直播报道，吸引了广大受众观看脱贫工作的直播报道。亲历这场脱贫工作的大凉山彝族青年也是这场报道收看人群中的"核心力量"，除了因为本身与该新闻事件的相关性，官方媒体采用直播这种接地气的报道方式也吸引了他们的目光。

仅就2018年2月11日习近平总书记访问昭觉县三河村和火普村这一事件，41.41%的彝族青年都是从微信朋友圈得知的这个消息。彝族青年所关注的微信公众号中与彝族相关的公众号数量在1—3个的人数也占44.01%。在彝族青年结合个人经历从手机获取的新闻中印象最深刻的三件事（或人）中，从词云图可以看出，彝族青年通过手机获取的新闻信息比较多样，内容包括"木里火灾""中美贸易战""宜宾地震""习近平总书记来昭觉"等各种各样的新闻，整体来看，都与中国息息相关。

由此可见，手机在彝族青年生活中的普及，已经占据了其生活的方方面面，而政府以及官方媒体组织通过手机等科技平台所进行的创新型、融合性新闻报道与文化政策宣传，也正在吸引着更多彝族青年的目光，从而拉近政府与彝族青年之间的距离，建立新的融合性文化传播秩序。

二、智能手机的"在场"缓解了彝族地区"人户分离"的家庭问题

"人户分离"是人口统计学概念，学者贾毓慧认为"户口在本户，离开本乡、镇、街道半年以上的人"，即为人户分离人口。[①] 社会前进的洪流带

①　贾毓慧.2008年我国人户分离的特点及思考［J］.中国统计，2009（6）：31—32.

走了彝族地区的青壮年劳动力，他们顺着外出打工的浪潮，流入了较为发达的地区从事长期的机械体力劳动。马鞍山乡副乡长、猫猫石村第一书记潘兴树告诉课题组：该村青壮年大多选择在外谋生，在沿海、山东、济南一带打工，山上目前仅余下 11 户人口。长板桥村书记余斌向课题组介绍，全村外出打工 600 人，从业人口中的 30.57% 长期在外打工，多为能够从事体力劳动的中青壮年。由于大凉山普遍存在的人户分离的社会现状，不可避免地出现了留守儿童这个孤独的群体。

喜德中学高一年级的彝族男生沙同学被问到关于留守的问题时，详细地描述了父母不在身边的经历，对父母的思念和作为家中老大的身份让他产生了极大的心理压力，无处排解：

"心里有阴影，很多该由男孩子来做的事情都轮到我来做，因为我是家里的老大。父亲打一笔钱回来，需要我亲自修房子。我拿绳子绑着石头，靠自己的身体慢慢拉进家门，还要亲自背水泥。之前我的心理压力过大，一天在学校上晚自习的时候突然胸口很闷，手脚抽搐，眼睛也看不清了，查了以后医生说没问题。结果第二天晚上在学校又一次发病，班主任和同学背我去医院，我在电梯里一直喊爸爸，身边的人都跟我说不要睡。爸爸妈妈对生病不在意，觉得小孩子能有什么病。结果回家的路上我又发病了，现在有时还是会痛。"

同班同学阿以同学也表达了想要和外出打工的父母有更多沟通的想法："很多大人认为我们不小了，很多事情都可以自己决定，但是自己还是想要问他们的想法。在外面打工有的时候被老板骂，可是家人就觉得这些都是应该的，这样心里会有点难过。"

面对大凉山彝族地区"人户分离"这一现象，是智能手机作为虚拟在场媒介的出现，弥补了现实中亲人无法物理在场的遗憾。保罗·莱文森（Paul Levinson）认为，"手机延伸并强化了家庭的纽带"，"手机是一个移动家园，不仅是因为它提供了一部分关键的家庭功能，而且是因为这些信息的核心是很亲切的信息"。①

当沙同学被问及主要用手机做什么时，她这样说：

"联系父母，微信视频聊天多，时间也会比较长，因为有很多事情要说，也有一些问题需要请教父母。父母平时都在外面各地跑，自己跟外婆住，什么事情都要自己承担，自己生病父母也让自己忍。有时候感觉父母不理解自己，不负责任，不能理会自己的感受，家里什么事情都要自己做。弟弟腿脚不方便，自己觉得自己需要做榜样。每次说到爸爸妈妈都会哭，因为家里没有其他大人，也不想去麻烦别人。"

17 岁的同班彝族青年阿以同学也表示自己喜欢网聊："可以和父母打字聊天，让他们了解自己的想法，当面说不出口的话，或者一些误解，可以用手机心平气和地聊，跟亲人更近了。"②

图 4-3　课题组在凉山州喜德县的家访

---

① 保罗·莱文森.手机：挡不住的呼唤［M］.何道宽，译.北京：中国人民大学出版社，2004：79.

② 注：内容来自 2019 年 6 月 21 日在喜德中学进行的焦点小组访谈，访谈对象为高一的 9 名彝族学生，其中男生 5 名、女生 4 名，平均年龄约为 17 岁。

电话、短信和微信、QQ 等聊天软件以近乎实时的传播速度与"面对面"的现场感把遥远的物理距离缩短，大大缩小了人与人之间的心理距离，及时的沟通与分享带给彝族留守儿童以心理安慰与精神支撑，对于维护家庭关系起到了重要的作用。

三、智能手机"在场"下彝族社会的"再社区化"与"重新部落化"

约书亚·梅罗维茨（Joshua Meyrowitz）认为"媒介尤其是电子媒介改变了社会生活的'情境地理学'"，打破了物理空间和社会场景之间的传统关系，"极大地改变了'亲身参与'对于经历社会事件的重要程度"。① 而智能手机在传播上的快捷性和在时间、地点上的自由性，有效地替代了人们在现实交往中对时空感和真实感的需求，使由于就业、求学等原因而分隔的交流与交往在互联网平台上得以重现，实现了虚拟凝聚的效用。

（一）新媒介技术助力：超越时空的"在场"

从问卷调查中可以看出，42.17% 的受访者会在微信朋友圈以及 QQ 动态中分享喜欢的视频或音乐，近三成的受访者会发布与彝族相关的内容；在举行彝族的民族节日庆祝活动或传统文化活动时，83.85% 的受访者会用手机进行记录，其中约八成会用手机上传或分享，这些行为以观看文字或视频内容时的"身临其境"弥补了身体的缺席，将人与人之间的心理距离大大缩小，使观看者随时可以成为家乡或其他任何地方所举行活动的直接观众，同时提供着一种陪伴感和沉浸感，对彝族人民的族群观念更是一种强化。

与此类似的共享性和聚集性也体现在微信群中，微信群因集文字、语音、图片与视频于一身，双向互动的传播特征以及相对平等的表达门槛和空间氛围，成为重要的交流与互动平台。如安东尼·吉登斯（Anthony

---

① 约书亚·梅罗维茨.消失的地域：电子媒介对社会行为的影响［M］.肖志军，译.北京：清华大学出版社，2002：5.

Giddens）所说："不同社区或社会的成员之间的任何接触，无论涉及的范围有多么广泛，都涉及了共同在场的情景。"①

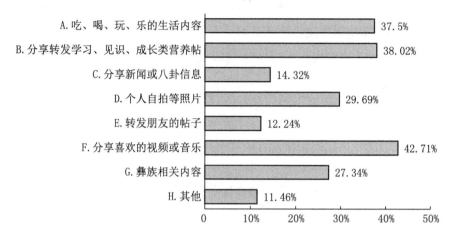

表 4-4　受访凉山彝族青年在微信朋友圈或 QQ 动态分享内容情况

对于彝族青年来说，彝族年和火把节是彝族的重要节日，是令他们骄傲的文化符号，也是他们在手机上分享的重要内容之一。

　　问：彝族的节庆活动和传统仪式（火把节、彝族年、嫁娶、毕摩）你会拍下来发朋友圈传播吗？为什么？
　　A：会，一定发，引以为豪。东方情人节，就是彝族的火把节。②
　　B：会拍下来，有很多人给自己点赞，大家比较关注，就像春节一样有意义。③

---

① 安东尼·吉登斯.社会的构成：结构化理论大纲［M］.李康，李猛，译.北京：生活·读书·新知三联书店，1998：238.
② 注：内容来自 2019 年 6 月 19 日在昭觉中学进行的深度访谈，访谈对象为高二学生布日，20 岁。
③ 注：内容来自 2019 年 6 月 19 日在昭觉中学进行的深度访谈，访谈对象为高二学生衣合，19 岁。

　　问：你有通过手机去记录或传播（转发）彝族文化吗？（比如火把节、彝族年的一些节庆活动、民俗、美食、美景，具体一点是什么？）

　　A：会，火把节、7—8月的羊毛节，最有趣的活动环节是结婚接亲的时候需要泼水，感觉彝族年比春节更有意义，希望在新媒体上加强彝族文化的传播。

　　B：有手机的话就会发一些动态，火把节的时候姐妹需要接亲，我泼水毫不留情，感觉很喜欢，感觉彝族年比春节有意义。[1]

　　手机还为彝族家庭的维系和凝聚提供了强有力的保障。在冕宁县彝海镇彝海村进行的深度访谈中，出生于 1990 年的万青青家里有七口人，老公在河南打工，她一人拉扯着三个孩子，每天和老公的视频成了这个家庭最直接也是最实际的团圆机会和情感交流方式。"天天聊，哪还有什么话题了哟！"万青青虽然嘴上如此说，但老公在另一端哪怕只言片语的问候，也会成为这个家庭最坚强的后盾。

　　"用手机后你的朋友更多了吗？与亲人的联系是更紧密了还是疏远了？为什么？"

　　"应该会有吧，平常固定在身边的朋友就这么多，有手机就可以经常互相聊一下……和家里人的话因为之前不在一起，现在会打电话，所以感觉联络了感情。一般都是在过节的时候、有空的时候聊。"[2]

　　智能手机，尤其是其中极富代表性的微信不仅是学生校园生活的主要沟

---

[1]　注：内容来自 2019 年 6 月 26 日在西昌市川兴中学进行的焦点小组访谈，访谈对象为高二的 6 名学生，平均年龄约为 17 岁。

[2]　注：内容来自在西昌学院文化传媒学院进行的深度访谈，访谈对象为王同学，22 岁。

通工具，也在工作交流、社区建设、干群沟通、维系家庭关系甚至传播民族文化等方面起到了重要作用。在不同的微信群里，因不同缘由、不同社会身份而加入的个体成员，在同一时间实现着虚拟的"在场"，也实现着相对即时的信息交换和情感交换。如果在这一过程中，有着共同民族身份的微信"社区"呈现出使用彝语交流的倾向性和优先性，则更体现出手机媒介对强化身份认同、增强民族凝聚的显著效用。

（二）新社交关系形成："再部落化"的建构

麦克卢汉将人类社会传播形态分为部落化、去部落化和重新部落化三个阶段，分别对应人类的听—说文化、文字—印刷文化和电子传播文化，他认为电子传播技术的发展会使整个人类社会进入"重新部落化"的时代[①]，电视、电报的普及是重新部落化的萌芽阶段，互联网的普及则是重新部落化的发展和成熟阶段[②]。而社交媒体作为互联网技术下的新兴媒介，其去中心化的交流和无阻碍的"在场"交流，则成为构建网络空间新型社交关系的纽带[③]，对社会的再部落化具有重要作用。

麦克卢汉认为，创造性的认识过程将会在群体中和在总体上得到延伸，并进入人类社会的一切领域，正像我们的感觉器官和神经系统凭借各种媒介而得以延伸一样。[④]人的意识与感官延伸相抵，触及了世界的每一个角落，我们被赋予了拥抱地球的能力，让过去遥不可及的世界变成了一个小小的"地球村"，人类社会正在经历重新部落化的转型。

然而，重新部落化并不意味着复归到口头传播时代的那种原始部落组织方式，在技术的辐射下，人们的影响感知方式和生存方式获得了重构，他们

[①③]　徐冠群，王汉威.社交媒体时代的部落化传播［J］.中国石油大学学报（社会科学版），2020，36（1）：96—101.

[②]　徐国君.互联网时代的文化认同与疏离——基于重新部落化理论视角［D］.北京：中共中央党校，2016.

[④]　马歇尔·麦克卢汉.理解媒介——论人的延伸［M］.何道宽，译.北京：商务印书馆，2000.

不再是被动的被选择者，而是不惮于展露更多的"自我"和"自主"，以兴趣与共识作为彼此联系的枢纽，作为社群的选择者而存在。

诚如前文所述，今天的彝族青年哪怕在线上也依然保持着"聚族而居"的交往习惯，但交往并不意味着产生羁绊，也不意味着结成社群。互联网上的对话是"化身"（Avatar）之间的对话，在这里，一切年龄、性别、种族和阶级的差异都能被抹平。

70.31% 的彝族高中生和 62% 的彝族大学生表示，在手机上与刚刚加上的陌生好友聊天时，他们不会第一时间表明自己的民族身份。42.19% 的彝族高中生和 67% 的彝族大学生赞同智能手机让他们拓宽了人际圈，认识了新朋友；32.03% 的高中生和 45% 的彝族大学生认为，他们通过使用手机结交了同等数量的其他民族的朋友和彝族朋友。正因为这份友谊是一场茫茫人海间的双向选择，所以它才显得格外珍贵，也格外坚韧。

以下内容摘自对彝族青年进行的个人深度访谈 ①：

A：玩快手认识了一个西昌的龙同学。彼此会分享学习经验还有解题方法，会通过微信练习，促进学习。

B：（我）有通过网上建立起来的亲密朋友。青海一个，乐山一个，会彼此交流学习问题、生活问题，以及当地的景点、风俗。结识（的）青海那几个朋友，约好一起毕业旅游去青海湖。都往成都考，因为自己喜欢民族文化，所以想考民族学校。

C：有一个美国的网友，会定期发邮件，交流学习生活情况等，这个网友是自己的资助人，他妈妈是中国人，然后我们两个就成了好朋友。

---

① 注：内容来自 2019 年 6 月 18 日、6 月 19 日在昭觉中学进行的访谈，访谈对象为高二的 13 名彝族学生，其中男生 8 名、女生 5 名，平均年龄 18 岁。

与交通便捷的大城市不同，凉山州境内地势复杂多样，高山、丘陵、深谷、盆地、平原，多种地貌相互交错。为彻底解决高寒贫困地区一方水土不能养活一方人的问题，凉山州把住房安全建设作为贫困户脱贫的重要任务。"十三五"期间，凉山州作为四川易地扶贫搬迁攻坚主战场，要实施易地扶贫搬迁35万人，截至2020年10月，四川凉山易地扶贫搬迁户已全部入住。

易地扶贫搬迁使彝族人民由"村民"变为"居民"，不仅在很大程度上解决了住房安全、卫生医疗上的问题，还提供了就业帮扶和教育机会，提高了彝族人民的生活水平。但与之前的聚居生活相比，社区居住模式相对分散，人与人之间的联结相对减少，而以微信群为主的智能手机平台，将人们线下的交流转移到线上，将原本分散居住、外出务工或求学的民众"再社区化"，相对减少了初级群体交往的强连接，在一定程度上增强了发生在互动相对较少的关系中的弱连接。

而智能手机的出现带来了社交媒体的兴起，以微信群为主的网络社群突破时空障碍的特点成为连接彝族社会的重要工具，将人们线下的交流转移到线上，将原本日渐疏远的彝族成员以及外出打工的彝族人民再次聚集起来，实现了彝族社会的"重新部落化"。正如学者邝良锋、罗昱夫所说，从传播学角度看，当"社会交往规模、速度及形态突破时空限制，部落化时代直接、及时的交流特点得以回归，割裂感消除，'再部落化'实现"①。在网络社群中，初级群体交往的强连接相对减少，发生在互动相对较少的关系中的弱连接在一定程度上有所增强，成为彝族社会虚拟交往的重要场所。

在田野调查过程中，响水乡斯阿祖村38岁的孙拉火表示自己"有若干家庭的微信群，兄弟姐妹聊天群54人，西昌格格群工作群（夜晚巡逻队）

---

① 邝良锋，罗昱夫.再部落化现象：乡村治理的新挑战——基于湖南H村的研究[J].理论与改革，2021（1）：85—95.

86 个人，还有政法委组织起来的乡村的治安巡逻群"；西昌市安哈镇摆摆顶村幼教老师马冬梅利用微信创建摆摆顶村幼教点家长群，群内有老师 36 人，幼师经常和孩子家长联系、发成绩单，方便了老师和家长之间的交流；安哈镇长板桥村书记余斌说："手机对管理很有帮助，我们有党员群，所以发通知会从群里发出去。我们还有流动党员，也是会在网上发出去……因为经常开会（传达中央政策或精神），流动的党员就在外面学习。"

结合何塞·安东尼奥·哈乌雷吉（Jose Antonio Jauregui）定义的"部落情感"：能使特定族群中的每个个体变成一个完整体，并以此面目面对另一族群中的个体。[①]在彝族社会中，这种以民族身份为连接的"部落情感"是天然存在着的，人们对特定的信息产生更为强烈的情感，并在社交媒体中有意无意地追随符合内心情感的社群。因此即使社会交流不再单一地依赖口口相传和聚族而居，通过智能手机，每个人都可以认知到自己可以作为一个个体借助新型通信工具实现与他人的联系，形成不再依赖血缘或地缘，而是情感与信仰等抽象连接的"社交媒体部落"，在这个部落中传递信息、交流感情，相互学习、相互规训，增强民族凝聚力。

◀ 第三节

突围路径：彝族青年的"再乡化"之路

综上所述，为了吸引彝族青年重新回到家乡，我们需要同时改变两个不同方面的顽疾：一是当地社会封闭内卷的家支结构，二是当地社会小农耕作的经济基础。

---

① 何塞·安东尼奥·哈乌雷吉.游戏规则——部落［M］.安大力，译.北京：新华出版社，2004：38.

在改变当地社会封闭内卷的家支结构这一环节，我们可以借助智能手机打破传统的社会关系，将群团社会的行动逻辑重构为网络社会的行动逻辑，引入作为新型社会资本的外界网络流量，让原本失语的个体掌握一条劳动致富的途径和向上流动的通道，赋予他们建设家乡的能动性。

在改变当地社会小农耕作的经济基础这一环节，我们可以借助智能手机改变人们的生产关系，将刀耕火种的原始农业改造为依托数字的信息产业，使当地居民的社会角色由自给自足的小农种植者转变为信息平台的数字劳工与第三产业的服务人员，由血缘联系的族群成员蜕变为自由组织的独立个体。在此基础上，当地人地关系的紧张方能获得真正的缓解，经济资源的发展方能获得持续的积累，让年轻人看到更多的生存空间，让他们愿意安心留在家乡，攻坚乡村建设与共同富裕。

一、借助手机重构社会网络：打破传统社会关系，引入新型社会资本

（一）打破传统社会关系：重构当地行动逻辑

韦伯提出，现代化的本质就是一种集体结构从社区（Gemeinschaft）到社会（Gesellschaft）的过渡，即从特殊主义的、规定的、直接的、个人的团体和协会到普遍的、自愿的、非个人的、抽象的、客观的、组织的组合。在18世纪的西欧，这样的过渡是把农民赶出田地的羊毛与泰晤士沿岸的手工机械工厂共同促成的；在20世纪的中国，这样的过渡是由隆隆枪炮的轰鸣与翻天覆地的社会革命揭开帷幕的；而在21世纪的凉山，这样的过渡是微电子化与数字化的基础设施升级与智能手机在当地几乎所有个体中的普及推动实现的。

智能手机极大地重构了凉山彝族群体生活的意义系统和人们的行动逻辑，这一重构首先体现在智能手机是具有强烈现代消费主义特征的现代传媒的代表上。它将"自由""选择""兴趣"与"享乐"的逻辑毫无保留地展示在了彝族青年面前。

251

　　例如，一名彝族高中生曾向课题组描述他使用陌陌进行社交的经历，对他们这个年纪的孩子来说，通过智能手机去了解两性关系已经成为一种普遍的选择。这一重构其次体现在智能手机极大地提升了社会服务的效率与易得性。有学者指出，伴随着现代性的渗入及人口流动的加剧，"家支"社会的内生性秩序逐步丧失。家支提供社会服务的功能遭到了当地行政机关、企事业单位及其他社会组织的全方位取代，凉山彝族内部的社会结构正在从牢不可破的家支制度转向更为灵活松散的半家支制度。

　　智能手机大大助力了社会机构提供社会服务的能力，并加快了这一转型的过程。受访基层干部告诉课题组，借助国有企业的服务，当地政府已经在防汛防灾、森林草原防火、会议通知和健康宣教等工作中实现了用网络程序代替人力信使的做法，极大地提高了效率、节省了成本：

　　"其实关于智能手机在这方面的作用，我有很多想法，引进了一些先进的经验、先进的东西。我记得当时疫情刚刚暴发的时候，2020年初，四川电信刚刚推出一个'乡村广播'，对疫情防控起到的效果很好，使用起来很方便。所有疫情防控的消息、通知，以及健康常识，通过这个乡村广播（只要把全村所有人的信息录入），我一播送，所有人都会自动接收到消息。通过短信、语音，还有通过微信，都可以收到。语音就像打电话一样，电话来了你接通，然后通知就自己播报了。同时微信小程序还有短信也会通知，小程序的名字就叫乡村广播，是四川省电信公司做的。我了解到以后，就主动对接过来，凉山州跟普格县的这个电信公司和移动公司看到了以后就主动打电话联系，然后来向我们学习。"

　　由于必要社会服务在家支外部的实现和普及，个体不再需要像过去那样强烈地依附于家支，而是可以逐渐从家支中脱离出来，为自己争取一定的资源和空间。然而，在人地关系紧张的凉山当地，即使个人拥有了为自己争取的动力和勇气，也未必有足够的资源供其竞争。因此，随着社会结构的松动，人口的外流反而会成为一大主要趋势。为了遏制这种外流的趋势，对现阶段的凉山而言，从外部引入更多的资源是必须要做的。

（二）引入新型社会资本：利用外界网络资源

21世纪的前20年中，中国经历了互联网经济与旅游业爆发的热潮。在此期间，凉山彝族乡村一级的地方政府不止一次努力尝试过登上这一风口，向外部市场争取相关的资源。然而，正如前文所述，彝族传统的家支社会结构和群团行为逻辑使得外来的金融资本始终无法真正进入当地社区，也无法发挥促进商品流动、货币流通的市场效力。同时，由于小农社会的经济基础，无论是创新创业要素的进入，还是普通居民的进入，都会遇到社区封闭性，特别是土地集体产权结构的排斥。

但即便不论彝族村寨内部落后的社会结构，作为一个经济实体活跃于自由市场之中的少数民族贫困乡县也没有任何的竞争优势——在面对大企业或大城市时尤其如此：

"我们一直想融入国家832扶贫商城这个平台，也怪不了别人，主要还是自身的能力弱了，合作社比较小，影响力不大，所以整个的发展一切都还是靠我们自己，靠我们去给他们找订单，我们对接市场，这样来的。"

"我虽然代表政府，但是县一级的资源我们拿不到，因为我们是最基层的村，那个时候其实都要我们自己跑到县上去对接，县上的政府相关部门也可以说是支持吧，只是说我觉得可能方式方法不对，或者说顾不上更精细的一些支持。比如说我在的时候，一直跟他们提，要帮我们对接广东佛山、浙江宁波的一些商会方面的资源，但其实这资源并没有对接给我们，而是对接给了大一点的企业。"

因此，在大多数时候，当地的社会资本和外部的经济资本不仅不会成为扶贫任务的助力，往往还会成为工作的阻碍——无怪乎不少受访基层干部会发出孤掌难鸣的感慨。

恰恰是智能手机的出现带来了打破这一僵局的契机。智能手机提供了一个直接与世界图景相连的窗口。通过去中心化、具身化与共在化的后媒介网络，个体得以绕过阻碍重重的实体社会结构，直接与外部的宏大世界相连，在汲取其中资源的同时获得更多自我发展、自我组织和自我行动的空间。与

253

此同时，这种双向的连接允许了世界图景通过这些资源对个体施加以现代化改造的实践，为彝族青年赋予了象征着现代性的自反性，让他们眼中无序的天地洪荒化为了现代科学中有序的物理宇宙，进而展开为一种容纳主体行动的场域。如此一来，在这一场域中行动的身体——这一意识的化身也就从消极被动的"群团枝叶"或"帮扶对象"转换为了具有巨大潜力的家乡建设者。

而在这一后媒介网络提供的世界图景中，评判个人自身价值与社会地位的尺度既不是财产积累和投资行为所带来的经济资本，也不是由社会网络、互惠性规范和由此产生的信任所共塑的社会资本，而是个体在行动过程中生产的数据信息以及（这些信息所带来的）网络流量，它们共同生成了一种赋予个体权力和资源的新型社会资本——网络社会资本。

通过对网络社会资本的积累，底层彝族青年首先获得了一条依靠劳动致富的途径。例如，22 岁的某色苏不惹曾经无意在快手平台上传了一段 10 秒的"悬崖村"景观视频。随着这段视频被平台算法推上热门，他获得了 50 余万次的巨大点击量。在此之后，他开始尝试直播，第一次直播使他收到了超过 300 多元的打赏，这使他下决心每天上午 8 点准时直播，介绍"悬崖村"的景观和变化。2017 年，他通过直播卖出了 80 多斤土蜂蜜，收入 9600 元，相当于过去全家人一年的收入。

通过对网络社会资本的积累，底层彝族青年获得了原本难以想象的话语权与社会地位。某色拉博便是其中的一个典型例子。自 2018 年开始，他便频繁参加电视台栏目录制，媒体和其他平台的短视频、纪录片制作及拍摄，其中不乏《生财有道》《今日中国》《新闻 30 分》和《新闻周刊》等节目。除了媒体节目，高档次的社会活动、项目培训和广告代言也使他看到了过去从未看到过的风景。

网络社会资本的流动遵循着全新的逻辑，若是善加利用这样的流动逻辑，政府管理层未必不能直接与个体合作，利用网络社会资本对抗原有经济资本、社会资本的阻碍，促进当地的产业升级和经济发展。而要展开这样的合作，首先绕不开的是对当地经济基础的重构。

二、利用手机重构经济基础：信息产业改造农业，自下而上的现代化

（一）信息产业改造农业：就地化的产业升级

随着网络社会资本通过智能手机流入凉山彝族自治州内，本地乡村的产业形态也随之发生了剧烈的转变：据《四川统计年鉴2020》，凉山彝族自治州2019年生产总值达1676.30亿元，其中第二产业和第三产业占GDP比重分别为33.4%和44.7%，成为支撑凉山州彝族聚集区发展的重要力量——当地GDP的主要构成部分正在从基于人力、木制耕具和粗放经营的山地农业，转向基于信息、数据与平台的互联网服务业。

因此，村民们的身份也随着产业的革新发生了巨大的变化：他们正在从自给自足的小农种植者转变为个体化、流动化、自雇佣的信息内容生产者、电子商务运营者或旅游行业服务者。生产方式的转变使得当地的资源生产终于可以不再依赖粗放式的土地经营，缓解了凉山无比紧张的人地关系。通过从事新型产业提供的工作岗位，彝族青年获得了稳定的收入来源与可靠的公共服务，这是打破遵从群团逻辑行动、阻碍当地经济发展的家支制度这一过程中最为重要的经济基础。从凉山州内部分的网络扶贫宣传语中，我们能更加鲜活和深刻地体会到时代的趋势和特征：

- 扶贫先扶智　扶贫先扶志
- 产业兴旺　生态宜居　乡风文明　治理有效　生活富裕
- 脱真贫　真脱贫
- 网络是个宝　关键要用好
- 网络扶贫真正好　卖货不往街上跑
- 众建　众筹　众帮　众扶
- 宽带进村扶贫有基础　网络铺路脱贫有奔头
- 信息多跑路　群众少跑路

- 铺好信息高速路　建好党群连心桥
- 网络直播卖枣皮　货真价实得实惠
- 信号不用满山找　网络连通小康道
- 支部建网上　引领奔小康
- 扶贫扶智齐头并进　阻断贫困代际传递
- 学知识学文化做现代农民　学上网学技术摆脱贫困
- 农村电商是个宝　诚实守信不可少
- 互联网上渠道广　做优产品不愁销
- 农民网校学知识　跟上时代不掉队
- 挖得了锄头　用得来鼠标

（选自普格县洛果村编写的《拥抱互联网》培训手册）

第一书记王新以对凉山当地一家互联网物流服务公司的规划为案例，向课题组阐明了这一转型思路的具体实现方式：

"麦村达，是一个快递公司，是我们尝试做的一个物流。当时我是给他们规划了一个乡村物流配送服务，这个配送服务就涵盖快递、外卖，以及比较小件的一些东西的配送。一个原因是我给他们定位，合作社资源要扎根乡村，你就必须要服务于乡村。通过这个乡村赚本地的钱，就是说我们东西往外卖叫外销，那么在这里面循环就叫内销，两条腿走路。"

"为什么叫这个名字呢？因为麦就是麦子，是乡村的感觉，'村达'就是四通八达。当时我们就跟城里面的外卖小哥一样，所有的工具全部配齐了，然后工资给他们开，保险买好，全部都标准化了。结果就是之前招的那一批，3个月都做不了。费用不算太高，但是整个来说，无论是跑腿员还是合作社，都有利润可赚。比如说一般跑腿，在一两千米范围内，消费者要支付我们3元，那么我们可能有2.5元是给跑腿员，有0.5元是给合作社，其实还是很划算。坚持一个月下来，5000—6000元收入是没问题的。"

"它其实是解决就业的好办法，而且是一个长久之计，只要有需求，知名度高了以后,大家都会用。'麦村达'这个项目,我们本来想着如果把它做成了,可以成为乡村振兴的一个典型案例的,以后合作社也可以朝这方面发展业务,是一个长久之计。我们刚刚起步的时候,订单最多的时候一天有30个,我们按一个订单5—8元,那么就是有将近300元的一个营业收入。所以其实按照这个势头发展下去的话应该是很不错的。"

不过,光是依靠自上而下的政治任务和强行创造的就业岗位,远远不足以真正改造当地的经济基础——核心问题在于劳动力素养的不足:除了一小部分接受过教育的年轻精英,我们很难在凉山本地找到大量能够从事现代产业、撑起现代企业运营的年轻劳动力。

在找不到哪怕一个合格劳动力的前提下强行建立高度依赖工作人员素质的服务产业,可以想见,即便是倾全村之力对当地就业展开长远规划和大力投入,最终也躲不过惨遭失败的命运:

"但后来通过实践发现,我们一直找不到合格的配送员。整个螺髻山片区,我们找遍了,开工资都找不出合格的。3000元的基本工资,加上配送费、跑腿费,总共下来一个月有5000—6000元,但是没有人愿意做,因为觉得辛苦。有一些愿意做的也不合格……我不知道是固有的一个观念还是什么情况,大家总觉得跑腿员好像低人一等,就是做服务行业好像低人一等。第二个方面就是他们不会按照你给他规定的这种服务规范去做事情,当你不在的时候,他就按照他的思路乱整……打包也没有打包好,培训也没有用。为了规范杜绝这些情况的出现,我们把工资也开高了,开得高就意味着约束越多,后来就找不到人愿意做了。"

因此,为了真正完成脱贫攻坚的现代化改造,除了经济建设之外,还必须开启一条自下而上的启蒙之路:一种通过"睁眼看世界"才能达成的个人意识觉醒,一种通过人本、理性、自由、平等与法治等普世价值观念走向现代的自我教化苦旅。

(二)自下而上的现代化:个体自我意志觉醒

综上所述,课题组已经细致地考察完了四川凉山彝族青年从"离乡化"

到"再乡化"的整个逻辑链条：

在国家自上而下主导的外部性现代化改造历程中，彝族青年通过接触教育系统与以智能手机为代表的现代传媒，对城市生活与现代生活方式产生了巨大的向往（农业人口现代化）。这种向往促使身体健康、头脑机灵或拥有一技之长的彝族青年源源不断地向山下的发达地区流动与迁徙（流动人口城市化），造成了彝寨人口的空心化与老龄化问题（去乡化与离乡化）。

为了缓解凉山当地的空心化与老龄化趋势，我们需要重新吸引彝族青年回到家乡，参与经济建设（再乡化）。然而，这些流向城市的青年人口已经具备了高度的现代化素养，他们既无法适应家乡的前现代生活（传统社会关系），也看不到留在家乡的未来发展与上升空间（缺乏社会资本和经济资本）。

因此，彝族青年的离乡化和去乡化危机正是不完全的现代化转型的后果。要解决这一问题，唯有对当地实行彻底的现代化转型，让凉山彝族自治地区成为一个真正的现代社会。这种彻底的现代化依托于轻资产的数字信息产业与第三产业服务业，即网络经济。网络经济为普通少数民族青年提供了全新的社会资本（外界网络资源），也为已经具备高度现代化素养的彝族青年提供了有发展机会的工作岗位与必要的社会服务（就地化的产业升级）。

相比面朝黄土背朝天的农耕织作或枯燥无味的流水加工厂，当地正在兴起的互联网服务业岗位听上去无疑显得更为有趣、体面与新奇，更能容纳个性的发挥和自我的活跃，也更受接受过一定教育的彝族年轻人的青睐与向往。一名彝族高中生告诉课题组："等我有了稳定的工作以后，副业会做一个美食主播，吸引别人来凉山旅游。"

但是，我们也要看到，这种产业的转型升级其实对彝族青年提出了更高的劳动素质要求，并大大挤压了原本并未流出彝族村寨的青年人的生存空间：

互联网服务业的盈利能力建立在信息交换的基础上。对信息的巨大需加快了彝族青年对外交流的步伐，也促使着凉山彝乡在保持独特性的同时不断改造自身的传统文化元素，向外展示出一种充满吸引力的崭新面貌。因此，在新的产业形态下，彝族青年赖以谋生的工具不再是可供劳动的身体，而是族内传承的独特文化。

所以，他们必须要对彝族的传统文化有所理解和认同，这种理解和认同不仅需要建立在记忆文化内容的基础上，还需要与现代化（Modernization）的自反性（Reflexivity）相结合，因为只有这样，他们才能形成一种费孝通式的文化自觉，将本民族的文化组织为支撑自我行动的资源。

所以，彝族青年必须学会适应由冷冰冰的契约关系维系的合作生产制度，学会适应高度内卷、激烈竞争的市场经济制度，学会适应信息爆炸、终身学习的知识迭代速率——并为此主动放弃温情脉脉的传统群团社区，放弃安宁静谧的慢节奏生活，放弃温馨欢乐的共享消费生活方式。

这种自下而上的个体现代化必须，并且只能通过持之以恒的教育工作获得。而在这一关节上，智能手机之中蕴含着巨大的潜能。

某受访基层干部曾这样向课题组描述凉山地区目前的教育条件："基本的教育现在已经能够满足了，但他们差的是跟外界联系、接触外面、走出去看一看的经历，说白了就是视野的问题。如果说只是有这么一次机会出去看，可能对他们的影响只停留在那个时段，不会有长久的持续的影响。教育这一块现在也做得比较好，从幼儿园开始抓教育，要求学普通话，灌输外面的好多东西。我觉得教育这一块我们国家做得比较好。"

因此，凉山青年除了硬性的教育资源或者经济资源，还缺少对世界图景的感性认识。如果凉山青年能够借助智能手机展示的世界图景获得启蒙，并将这一世界图景与自己现实中的生活图景相联系，那么，他们就能真正地利用手机中的世界图景改造自己的生活实际。通过智能手机完成现代化的个体将能够适应产业信息化的转型升级，适应一个高度市场化的劳动市场，适应一个现代化了的崭新凉山——由此成为本地乡村振兴的中坚力量。

三、利用手机进行文化实践与自我书写

手机直播及短视频是一种去精英化、平民化、碎片化，具有实时性和互动性的新型传播形式，也是最受彝族青年青睐的一种文化传播形式和载体：从表现形式而言，短视频融合了文字、图片、音频、视频，是喜闻乐见的一种文化载体，尤其对于文化程度并不高的民族地区受众，更具有接近性；从进入门槛而言，短视频和直播的门槛相对传统媒体较低，只要拥有一部手机，按下拍摄键，即可拍摄、制作和上传个性化视频；从用户体验而言，好看易上手，如抖音、快手等视频平台都设计了丰富的后期效果，"一秒变大片"功能的呈现，不同场景切换，背景音乐的插入，各种动感时尚滤镜和元素的融入，最大限度满足了青年追求时尚趣味又喜爱新鲜，寻求感官刺激的心理特征。

（一）民间个体：以"文化展演"践行彝族青年"文化自觉"

1. "悬崖村"彝族青年手机直播和短视频中的文化展演解析

米尔顿·辛格（Milton Singer）认为，"文化展演"包括音乐会、讲演、戏剧，也包括了仪式和节日，以及我们通常所归类的宗教和仪式。文化表演也被翻译成"文化展演"，国内学者认为，在媒体的背景下"展演"的范围已经超越了"仪式"和"节日"范畴，它不仅是一种"仪式表演"，而且是更广泛意义上的一种"文化展演"。理查德·鲍曼（Richard Bauman）认为，"文化展演"特别的地方在于其表演聚焦社会群体体验中的一个突出主题，如民族、历史事件、宗教关怀或体育比赛……演出中的演员、接受者、参赛者、庆祝参与者或舞者可以在日常生活中获得更强大、更深刻的自我认同。在这样的跨文化语境中，笔者将本研究涉及的文化展演分为三类：

（1）符号化展演——彝族民俗文化内涵的深度解读

生活在文化中的个体都不可避免地与同类或不同文化中的他者进行互动和交流，将会感受到来自不同文化的冲击，这种跨文化交流是来自两种或更

多不同文化的"陌生人"之间的信息交流，其核心是人们如何使用符号来表达故事。根据传播戏剧理论，表演过程中意义和行动是在场景中产生的，人们通过符号过滤现实世界，利用他们经历过的重大事件和共同的公共仪式来建立自己的形象，加强他们与集体的联系，彝族青年通过民间仪式实现对本民族英雄祖先的记忆及民族认知，是对其集体意识的最佳诠释：

① 象征符号：仪式展演

埃米尔·涂尔干（Emile Durkheim）认为，仪式的主要目的是"确保集体意识之持续性……确认自己和他人同处于一个群体之中"。仪式保持并提醒人们集体意识高于个人意识，并通过语言和行为将离散的社会部分组成有机体。

在每年农历六月廿四的彝族火把节里，所有村庄会举行盛大仪式：崇拜天地，祭祀祖先，驱逐邪恶，祈求丰收，不少彝族青年会发布彝族花腰歌舞、大三弦等乐器演出，赛马、斗牛、摔跤、斗羊比赛等节日盛况。在彝族年里，也能看到当地青年在家作"毕摩"仪式等祈祷、祭祀的情形。

② 视觉符号：舞蹈与服饰

文化展演具有表演的性质和特点，通过表演向人们展示其"封装"（Encapsulate）的值得关注的文化信息及观念内容。这种表演最常见的内容莫过于带着彝族元素的舞蹈和服饰。彝族的"达体舞"是彝族人民在劳动中自创的民间舞蹈，"达体"具有悠久的历史和极其广泛的群众性和高度娱乐性。

彝族人用黑、红、黄三色文化来表达人与自然的关系，在直播及短视频镜头里不时会有彝族青年向大家展示身上三色相间的彝族传统服饰：彝族男士身穿黑色窄袖斜挎上衣和阔腿裤，中年女性头戴黑色头巾，《天梯迎来新娘》短视频画面中也展示了穿着彝族礼服的新郎背着搭着盖头的新娘，从山脚爬到山顶，亲友相随的感人画面。

③ 听觉符号：音乐

"文化表演"包括在视听表演中表现突出的文化活动，尤其是基于视听

图 4-5　凉山州西昌市安哈镇摆摆顶村幼教点

演示的舞台表演。不少短视频里的背景乐都来自彝族歌手原创的原生态歌曲，如：《阿果吉曲》《阿衣莫》《诺苏阿依》《阿依勒伙黑莫侧》《诺苏的孩子》等。在《凉山谣》这首歌里，歌词带领我们到歌中描述的茂密森林、黑暗洞穴、深深峡谷和叠嶂的群山怀抱里去，感受浓厚的原始风味和家乡情节。

（2）场景化展演——日常生活的"舞台化"

文化中的仪式和节日形成了一种文化表演，在手机镜头的聚焦下个体被置于全视图中，媒体的介入使得个体的私人空间成为对所有可能的观众开放的空间，他们的日常生活方式在镜头呈现之后被放大，并赋予了戏剧性的舞台效果。

本研究发现，彝族青年直播的选题和场景都极具生动性和鲜活性：以"悬崖村"为关键词，辐射彝乡日常生活，大部分是主播身边的趣事和日常生活场景的再现，如"悬崖村风光""田间的日常劳作""推售特色农产品""彝族文化与风俗""我的特殊技能"等。

《你们买过年猪了吗？》《小妹妹背鸡去赶集》《救困在悬崖上的羊》《找药》《外嫁的姐妹回娘家》《80年代的彝族美食》等，这类视频向外人展示了悬崖天梯的风光和村民的日常生活场景。在视频《今天背核桃下山》中，主播介绍了自己家的核桃以及他下山卖核桃的场景，类似的直播售卖还包括油橄榄、三七、土蜂蜜、老腊肉、土豆、青花椒等。《北京来的兄弟恐高》等短视频记录了随着越来越多游客到来，村民与他们途中邂逅、热情攀谈和短暂陪同随行的内容，村民小凡曾发过一条《卡住清华大学生》的视频，记录了一群来考察的清华大学生志愿者，其中一名学生不小心把腿卡进了钢管里，当地村民集体帮忙的事件，获得了较高播放量。

（3）风格化展演——对生活方式的一种理解与阐释

在彝族青年自己的文化系统中，他们独特的审美评价标准来自他们对自己的想象和定义，并按照这种标准来展现自己：

① 逆主流的语言风格

这里的语言指的是手机直播和短视频标题，及主播在直播中使用的语言。如《小妹妹背鸡去赶集》《救困在悬崖上的羊》《"悬崖村"爸爸带鱼回家》《"悬崖村"卖猪就这样抱上去》《今天给妈妈换一双鞋子》，这样的题材来源于彝乡日常生活，充满乡土气息，淳朴不失幽默，传递出了他们乐观的生活态度和朴质的正能量。短视频里不时会插入"点点关注""走一波""老铁""爱心"等新潮语言及与观众互动的直播用语。

② 急于突围和宣泄的内容风格

网红一夜成名的神话也诱惑着大凉山的彝族青年们，现实生活中的他们因为没有丰富的社会资源和传播途径，长期处于被忽视和遗忘的状态，可他们也渴望成名、被人关注、受到打赏。为了吸引更多眼球，他们卖力地表演。笔者观察到 2018 年 11 月彝族年期间的部分短视频内容：梳着杀马特发型的儿童；一头脏辫，在钢管天梯上展示自己驾驭荧光绿摩托车的返乡青年；夜晚赤脚在雪地里兴奋奔跑的某色拉博；拎着行李箱，穿着不合时宜的高跟鞋爬天梯返乡的小姐姐；在悬崖峭壁上冒着生命危险展示自己飞檐走壁绝活的青年等。

2. 从文化展演到激发民族文化自觉

费孝通指出："文化自觉指的是生活在一定文化中的人对其文化有'自

知之明'，明白它的来历、形成的过程、所具有的特色和它的发展趋向。"围绕特定主题进行的彝族青年文化展演，并不是单一的个体行为，而是其背后"文化自觉"发挥集体性支配作用的结果。手机直播和短视频平台技术赋能了彝族青年，促进其对"己文化"的重构认知，强化了文化选择的自主地位，进而提高文化适应性。

（1）文化展演唤醒了彝族青年集体记忆

德国学者扬·阿斯曼（Jan Assmann）和阿莱达·阿斯曼（Aleida Assmann）根据记忆的时间维度和意义产生，区别出两种记忆模式：沟通记忆和文化记忆。前者与人们的日常互动有关，存在的生命周期有限；后者指向神话传说、传统仪式，或被媒介保存下来关于过去或者是现在的文本信息。在彝族青年文化展演的"舞台"上，熟悉的乡土情景和日常互动为彝族青年提供了记忆唤醒的情景框架，视频处理技术的"低门槛"推动了沟通记忆和文化记忆的双重接合。在多元媒介平台的互动中，彝族青年乐于展示自我，展示张扬个性的青春，完成了一次次对民族记忆的集体唤醒和视觉表现。

（2）文化展演促进了彝族青年自我呈现

文化自觉的形成离不开"自我"与"他者"之间角色的辨认。从2017年互联网信号覆盖"悬崖村"，彝族青年就开始了通过手机平台与外界进行对照和互动的交往轴承。他们在反观他者过程中开始进行反思与参照学习，从而塑造出安东尼·吉登斯所说的"理想自我"："人们通过一系列的符号来进行表演，目的是赢得观众认可，同时塑造在别人眼中自己的理想形象。"

例如悬崖村"网红飞人"某色拉博发布在快手平台的短视频《主播采访美国记者》《做梦的自由》《CCTV来采访我直播》《我要翻过那座山》《第一次上电视的时候》的标题无不具备理想化色彩。在《我的视频播放量2.6个亿》短视频中，他还插入了自己被不同媒体报道的图片。我们应该看到，少数民族青年的文化展演有着一种"天真烂漫"的拔高或想象，这种自我认知与真实自我不同，更是一种日常生活被媒介化后，互动体验和自我期待交织后做出的日常呈现行动。

（3）文化展演加速了彝族青年文化实践

彝族青年的文化展演通过直播与短视频平台传播，拥有了特定的互动受众和消费群体。在这个过程中，"文化展演"这一文化产品通过网络互动与商品消费相连接，反过来形成可持续意义上的文化再生产，促进了彝族青年文化实践以及推陈出新。如"悬崖村"的青年们把无污染、纯绿色的土特产、农作物搬到短视频或直播里；将九曲十八湾小溪、远山含黛的原生态风光摄入镜头中；把爬天梯、过吊桥、剥玉米等生活片段纳入展演项目中。多元的互动场景满足不同受众观看需要，彝族青年在少数民族文化图景展现中加速了现实生活的文化实践，将践行文化自觉真正与日常生活融为一体。

综上，在这样一个文化再生产过程中，从"自知"到"自我"再到"自觉"，一种集体的而非独立的、旧符号与新叙事交织的文化实践不断进行，进一步激发了彝族青年对本民族文化和中华文化的归属感，成为少数民族文化创新适应性发展的不竭动力。

（二）政府机构：官方融媒体从政府舆论层面再次凝聚彝族社会

智能手机打破过去传播形式单一与传播链条单向的困境，给彝族党媒的发展带来了新的生机。党媒通过搭载手机各种不同的功能，从单纯的文字报道发展出图文、视频、语音报等多种类型的传播形式，当地以凉山日报社融媒体中心为首的党媒最大限度满足各种文化层次的彝族人民需求，从政府舆论层面再次凝聚彝族社会。

凉山日报社融媒体中心是以纸媒为核心、新媒体为重要支撑的全媒体宣传平台。其全媒体矩阵包括纸媒《凉山日报》中文版、《凉山日报》彝文版等；微信公众号"凉山日报""凉山阳光"等；官方微博"凉山日报"；官方网站"凉山新闻网""中国彝族网"；手机报"四川手机报·凉山党政参考""四川手机报·凉山快讯"等；以及一个多媒体阅报屏。

在宣传过程中，融媒体中心覆盖了纸媒、短信、网站、新媒体平台等渠道，采用普通话与彝语共用，图文报道、语音报道与视频报道并行的模式，内容涉及国内外新闻，确保凉山州彝族人民与时事接轨。

265

　　微信公众号是图文、视频等传播形式的集大成者，也是可实现双向互动的平台。以凉山日报社融媒体中心的"凉山阳光"微信公众号为例，该号服务生活，服务凉山本土，推荐凉山旅游、人文、养生等方面信息。2015年12月开通账号，目前粉丝一万六千多。

　　"凉山阳光"微信公众号分别在2021年8月9日、8月10日、8月12日与8月24日推出四期《不负韶华｜请党放心，强国有我》原创推文，累积阅读量5000+，受到彝族人民广泛好评。在这四篇系列报道中，编辑选取了凉山州12位具有代表性的各行各业的精英进行主题报道，他们中有获得过"全国优秀少先队员"荣誉称号的彝族学生，有疫情期间的一线医护人员，有凉山州脱贫攻坚先进个人等。这些优秀的凉山州青年给微信公众号的粉丝树立了榜样。当地彝族人民阅读、讨论这些话题的同时，深入了解自己的民族同胞并引以为豪，彝族社会正是在这样一次又一次的民族群像书写中再次凝聚起来。

　　仪式提醒人们集体意识高于个人意识，并通过语言和行为将离散的社会部分组成有机体。[①] 传统媒介时代，人们须通过亲身参与传统仪式、庆典等形式才能形成族群文化和身份的"共同体"氛围，而新媒体时代，族群可以通过新媒体传播手段对仪式进行重构，从而实现民族身份认同，微信的便捷性更是将这种民族认同与体验以更直接的方式彰显和强化。

　　中国共产党成立100周年之际，"凉山阳光"微信公众号发布多篇原创推文，跨越时空记录与传递党的精神，在彝族社会中强化全民族身份认同。2021年5月4日，原创推文《"五四"青年节：奋斗是青春最亮丽的底色！》以照片的形式展示奋斗在一线工作岗位的凉山青年面貌，传达"树立远大理想，热爱伟大祖国，担当时代责任，勇于砥砺奋斗，练就过硬本领，锤炼品德修为，求真力行实干，不负人民期望，放飞青春梦想"等青年使命。

---

① 江凌，严雯嘉.以文化展演践行少数民族青年文化自觉——以凉山"悬崖村"彝族青年手机直播及短视频为例［J］.传媒，2020（1）：55—58.

2021 年 7 月 1 日,《荣光时刻,凉山见证!》推文以图文与视频共同记录了三河村、火普村、昭觉县农村党员群众收看庆祝中国共产党成立 100 周年大会的情景;图文定格"光荣在党 50 年"纪念章授予凉山老党员时的场景,其中包括老党员周英锐、赵福生、陈绍美、李宏俊、杨追奔、袁诗友与蔡方鹿等;最后以展示朋友圈、播放群众唱生日歌视频的方式来展示凉山儿女对党的祝福。

观看现场直播的方式实现了群众的虚拟在场,凉山人民仿佛身临其境参与其中。而微信公众号以图片、视频方式记录、展示、汇总大会现场与群众活动的精彩瞬间,再一次为公众号粉丝呈现了当时的盛况,这种将重要活动图文并茂记录下来的方式可以供粉丝反复观看品味,并加深对这个日期背后含义的理解。这种仪式的重构与再现使得凉山州彝族人民强化了自己对本民族以及整个国家全民族的身份认同,彝族社会与全社会的凝聚得以逐步实现。

第五章

媒介接合：手机"世界图景"与彝族青年日常"生活图景"

> 习近平总书记指出："可以发挥互联网在助推脱贫攻坚中的作用，推进精准扶贫、精准脱贫，让更多困难群众用上互联网，让农产品通过互联网走出乡村，让山沟里的孩子也能接受优质教育。"

丹尼斯·麦奎尔（Denis McQuail）曾说："媒介可以通过对各种呈现在媒介中的行为进行符号报酬或者惩罚，教给人们各种规范和价值观，一个替代性的观念是媒介是一个学习过程，通过媒介我们学会如何在某种情形中行为举止以及满足角色和地位期待。于是，在实际经历前，媒介持续地提供生活和行为模型的图景。"

不可否认的是，手机在城市地区已经取得了普遍的发展，城市生活在手机功能的支持下变得缤纷而丰富。但是，欠发达地区的手机使用程度却并不高，这并不意味着没有希望，相反，更多、更大的发展潜力正在等待着我们去发现。

现代社会中，人与世界的关系越来越离不开媒介，人们所感知到和认识到的世界基本都是媒介所展示和重现给人们的世界。在这种背景下，新闻被认为是人与世界关系的一种特殊的媒介和关联，所谓新闻，是以媒介的形式向人们提供的"世界图景"。①

在新闻传播学领域的民族志研究中，学者们常常通过研究个人与家庭、家庭与社区、社区与外界之间"接合"关系的建构和发展，挖掘出新媒介的渗透为乡村日常生活带来的变化。罗杰·西尔弗斯通（Roger Silverstone）在分析电视进入家庭并与之产生连接关系的过程时，认为电视既是一个物件，又是一种媒介，具有"双重接合"的功能。②

本研究认为，作为一种媒介，手机是乡村信息网络的重要组成元素和传播载体，彝族青年群体通过使用手机去了解外面的世界，满足好奇，收获新知，形成认知，从而构建其自己的"世界图景"。而作为一个物件，手机的使用在潜移默化中改变着彝族青年群体的生活方式，同时也成为彝族青年改造自身生活条件的工具。如前文所提到的，助力彝族青年投身新产业、提供劳动新方式、引入劳动新模式，并通过重构社会网络打破传统社会关系，引入新型社会资本；重构经济基础，信息产业改造农业，自上而下的现代化等。这些成为彝族青年"再乡化"的突围路径，连接山里山外，凝聚民族感情。彝族青年通过一系列对手机的实践构建着他们的日常"生活图景"。

手机媒介构建了彝族青年个体心中的"世界图景"，同时也在构建着他们日常的"生活图景"，手机媒体还发挥着两者间的接合作用，并通过这样的双重接合，手机媒介获得实现其社会和文化的意义，彝族青年群体正在通过自身的努力在"生活图景"的构建中实现自己心中的"世界图景"，随着

① 郝雨."世界图景"——新闻学哲学化研究的一个核心概念［J］.当代传播，2005（2）：10—13.

② 潘忠党."玩转我的 iPhone，搞掂我的世界！"——探讨新传媒技术应用中的"中介化"和"驯化"［J］.苏州大学学报（哲学社会科学版），2014，35（4）：153—162.

"世界图景"与"生活图景"之间距离的日渐缩小与双向对接，实现着他们心中的乡村振兴梦。

◀ **第一节** ⋯⋯⋯⋯⋯⋯⋯⋯⋯⋯⋯⋯⋯⋯⋯⋯

彝族青年个体的世界图景构建

一、"世界图景"研究综述

"世界图景"的概念最早起源于物理学领域而非社会科学领域，20 世纪初，德国物理学家海因里希·海道夫·赫兹（Heinrich Rudolf Hertz）首次提出这一概念，将物理学世界图景定义为外部事物和内部形象的总和。[①] "世界图景"是在客观物质世界与人对世界全面且根本的主观认知统一融合的基础上建立起来的。在新闻传播学领域，这一概念则更多被视为新闻媒介构建出的信息世界。霍尔认为"媒介是表意的工具，通过表意过程构建现实，制定形势的定义，给阅听人提供一个'世界的图景'。"[②] 上海大学教授郝雨则认为，尽管霍尔从理论上接触了"世界图景"的概念，然而并没有从哲学层次来深入研究和全面论述，只能说为新闻学走向哲学化提供了一个重要起点。[③]

最早将世界图景的概念与传播媒介联系起来的是沃尔特·李普曼

---

① 彭文钊.俄语语言世界图景的文化释义性研究：理论与方法 [D].哈尔滨：黑龙江大学，2002.

② 霍尔."意识形态"的再发现：媒介研究中被压抑者的重返 [M] // 古瑞维奇，班尼特，库仑，等.文化、社会与媒体：批判性观点.唐维敏，等，译.台北：远流出版事业股份有限公司，1994：116—117.

③ 郝雨."世界图景"——新闻学哲学化研究的一个核心概念 [J].当代传播，2005（2）：10—13.

（Walter Lippmann），他认为："对于我们仍生活在其中的世界，我们的认识是何等的间接。我们可以看到，报道现实环境的新闻传给我们有时快有时慢，但是我们总会把自认为真实的情况当作现实环境本身。"[1]

约翰·哈特利（John Hartley）在《理解新闻》一书中，将通过新闻和语言建构的世界图景与世界地图进行类比，认为"不管是新闻还是语言，其看待世界的窗口都不是透明的，两者都像是世界地图"。[2]可见在新闻传播学领域中，"世界图景"的概念包括两个核心要素，一是构建起信息世界的传播媒介，二是人通过接触媒介所形成的对世界的整体认知。其他从"世界图景"视角出发的新闻传播学国内研究中，更多地将"世界图景"与国际新闻报道和国家形象传播联系起来。

二、智能手机作为媒介的功能：构建世界图景

在新闻传播学领域关于"世界图景"的研究中，往往更为关注传播过程中的中层世界图景。"中层世界图景"的概念更近似于李普曼提出的"拟态环境"，即大众传播并非对现实世界"镜子式"的反映，而是根据自身意图和传播目的，通过过滤、筛选之后呈现在公众面前的新闻事实，[3]形成"拟态环境"，从而影响人们所认知到的主观现实。由于在大众传媒极为发达的时代，人们所接受外界信息的来源即为大众传媒，因此研究者关注的重点往往聚焦于传统新闻媒体报道中所形成的"世界图景"。

问卷调查显示，88.8%的受访彝族青年使用智能手机，11.2%的受访者没有使用经历，略低于全国水平，但依然达到了较高的普及度。可以说，智

---

① 沃尔特·李普曼.舆论学［M］.林珊，译.北京：华夏出版社，1989：2.

② 何明智.国际新闻与世界图景的建构——CCTV-9《环球瞭望》和CNNI《世界新闻》比较研究［M］.北京：中国社会科学出版社，2010：23.

③ 孙玥.媒介融合时代媒体"拟态环境"建构的新模式及其发展趋势［J］.视听，2020（10）：195—197.

能手机已走进千家万户，成为人人必不可少的收发信息、社交活动、休闲娱乐、购物消费的重要工具。

从调查问卷中"你主要使用到以下哪些手机功能或应用?"这一问题的答案分布可以看出，智能手机在凉山彝族青年的日常生活中承载着较为丰富的功能，成为承载和传播海量信息的重要媒介。作为媒介的智能手机及手机上的多种具有媒体功能的软件，使得以往由传统大众传媒构建的"拟态环

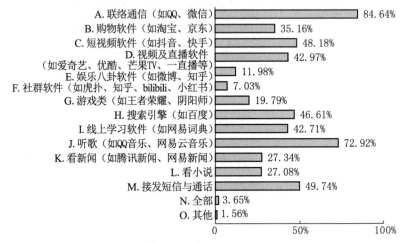

图 5-1　受访凉山彝族高中生手机应用使用情况

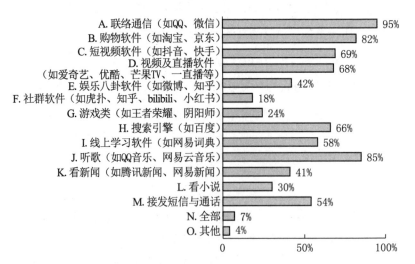

图 5-2　受访凉山彝族本科生手机应用使用情况

境"具有了新的含义和特点。对于彝族青年来说，在使用智能手机时，无论是传统的新闻客户端（如今日头条、腾讯新闻），还是即时通信软件（如QQ、微信），或者是论坛式社交媒体软件（如微博、虎扑、知乎），甚至是搜索引擎、视频音乐、游戏娱乐软件等，都具有信息的传播功能，成为他们获取信息的主要渠道。智能手机如以往的大众传媒一样，具备为彝族青年个体构建信息传播过程中的"中层世界图景"的功能。

三、"世界图景""生活图景"与"乡村振兴"三者间的逻辑关系

（一）"生活图景"研究综述

"生活图景"这一概念在学界并无严格的定义，将其作为关键词在知网中搜索，以教育、文学、史学领域的研究成果居多。而在新闻传播学领域的研究中，学者们往往关注传播媒介对于人们日常生活图景的展示再现和真实生活图景之间的关系，如上海师范大学教授洪煜对近代上海小报中展现出来的生活图景和市民文化的研究①，杨旦修对电视剧中媒介景观和生活图景呈现的研究②，魏秋桦从叙事话语分析的角度对李子柒短视频中田园生活图景建构的研究③等。

此外，在与乡村有关的社会科学相关研究中，乡村的日常生活图景是学者们探究乡村生活的变迁及乡村居民真实的生活状态的重要视角。我国早期著名的人类学著作都是关于村落日常生活的研究成果，如费孝通的《江村经济》"关于村民的日常生产生活，描述了中国农民的消费、生产、分配和交易等体系，并从村落内部的社会结构分析传统文化在西方影响下的变迁"；

---

① 洪煜.近代上海小报与市民文化研究（1897—1937）[D].上海：上海师范大学，2006.
② 杨旦修.媒介景观、生活图景、意义建构：电视剧文化的一种阐释 [J].三峡论坛（三峡文学·理论版），2010（4）：130—133.
③ 魏秋桦.叙事话语分析下看李子柒短视频的田园生活图景建构 [J].新闻研究导刊，2020，11（1）：104—105.

而杨懋春的《一个中国村庄：山东台头》"描绘出一个村落社区的整体的日常生活的画面，把家庭内部关系、家庭作为初级礼仪群体、村际关系作为研究的重点"。①

尽管以上这些著作并未明确提及"生活图景"的概念，但它们都对乡村日常生活状况做出了翔实的研究和记录，这种描述日常生活的研究视角已成为我国农村研究中的重要方向。"生活图景"就是对人们一切日常生活活动进行整体性描绘，是在探究乡村变迁过程中不可忽略的重要研究对象。

（二）世界图景对生活图景的作用：推进乡村振兴

综合前文的论述，智能手机在传播信息过程中构建的中层世界图景可被看作这种"象征性现实"，对彝族青年个体的"主观现实"产生着决定性作用。

凉山彝族青年接触、使用智能手机的过程，也是智能手机不断传播信息，为他们构建出中层世界图景的过程。彝族青年源源不断地吸收智能手机带来的丰富多彩的外界信息，看到了大凉山以外更为广阔的天地，从而形成自身主观世界图景。智能手机为彝族青年构建起的世界图景，并非海量信息的单一输送，而是凉山地区与外部世界生活面貌和精神文化的碰撞。智能手机中美好的世界图景与仍有待继续发展进步的现实生活图景形成对比，使得一部分彝族青年产生了投身于家乡建设、改变现有生活图景的想法和行为。凉山彝族地区生活图景通过经济建设、组织建设、精神文化建设发生改变的过程，实质上也正是乡村振兴不断推进的过程。

在本课题的访谈问题"有没有想过利用手机来更好地学习和帮助自己发展？具体有哪些方法？"和"有没有想过利用手机来更好地建设家乡？具体有哪些方法？"的回答结果中，很多参与访谈的青少年都表示，愿意使用手机进一步提升自己的能力、促进自我发展，部分青少年提出了利用手机帮助

---

① 杨静.日常生活理论视角下的村落变迁研究——基于 X 村的案例分析［D］.咸阳：西北农林科技大学，2012.

建设家乡、推进家乡经济发展的一些构想。

以下访谈内容摘自昭觉中学焦点小组访谈记录（包括男生和女生）①：

问：有没有想过利用手机来更好地学习和帮助自己发展？具体有哪些方法？

A：想过，《金山词霸》学单词，练习英语听力。

B：有，百度查题，查一些做题的时候不了解的地方，比如地理不了解的概念和地方，通过"洋葱学园"学数学。

C：有，学习的话，在网易关注了《每日英语》练习听力，在爱奇艺上看美剧和电影，用bilibili看免费的视频，所有科目都在看。

D：有，通过《流利说·英语》来学英语，用了一段时间后没有坚持下去，现在临近高考，准高三没有时间用手机上的App来学习了。

E：下一些学习软件，减少娱乐App的使用。

F：自己觉得每段时期对手机的时间规划都应该不同，现在就应该放下手机，以后可以用手机做想做的事情，规划时间。

G：查一些自己感兴趣的事，了解自己的方向。

问：有没有想过利用手机来更好地建设家乡？具体有哪些方法？

A：关注了"农易网"，可以在里面面向全国推销土特产，自己给川农大、农牧局发过照片，和里面的科技人员有联系，可以发展本民族产品营销。

B：拍一些纪录片，但没有具体的规划。

C：推广本民族的城市特色特点。

D：尽量往美食方向发展，创造一个平台做一些美食，让更多人知

① 注：内容来自2019年6月18日在昭觉中学进行的焦点小组访谈，访谈对象为高二的彝族学生（包括男生小组和女生小组）。

道，推动经济发展。

  E：因为地理原因，交通不便，工业资源比较少，不能发展工业，可能会大力发展旅游业。自己想学景观相关的，多在网上推广凉山的风景，让更多人了解这里。

  F：希望老乡可以通过手机看见外面的世界，外面的世界很好，环境很好，能够提升自身的素质，搞好卫生，关于凉山的发展（的话），就是发展旅游业。

由以上访谈记录可以看出，尽管由于年龄、见识等多方面限制，昭觉中学的青少年尚未有明确的使用智能手机建设家乡的具体规划，但已经有了利用智能手机帮助自身发展和家乡建设的意识。

在凉山彝族地区全面推进乡村振兴的过程中，智能手机一方面作为工具和平台推进经济建设、组织建设和精神文化建设；另一方面，它作为媒介为彝族青年个体构建世界图景，从而使他们产生改变现实生活图景的积极心理，促进乡村振兴建设。

◀ 第二节

乡村振兴建设中智能手机的"双重接合"

一、"接合"理论研究综述

接合（Articulation）被用以表达意识形态的生产方式，即不同的意识形态要素借助接合促成新的意义生成。在新闻传播学领域的民族志研究中，学者们常常通过研究个人与家庭、家庭与社区、社区与外界之间"接合"关系的建构和发展，挖掘出新媒介的渗透为乡村日常生活带来的变化。西尔弗斯通提出电视的"双重接合"功能,认为"作为一个物件,电视既是国内和国际传播网络中的一个因素,也是家庭欣赏趣味的一个象征。作为一种媒介,电视通过节目的内容和结构,在更为宽泛的公共与私人领域中,把家庭中的成员带入一个分享意义的公共领域中"①。而后又将这一概念推广至所有传媒技术,认为通过这样的双重接合,新传媒技术获得实现其社会和文化的意义。②

孙信茹在对普米族村落微信群的考察研究中,探究了普米族村民在使用微信群的日常活动过程中,微信群所起到的"接合"作用;她认为微信群将真实空间与虚拟空间、乡村个体与族群、村落内部与外部接合起来,形成更丰富的话语意义体系。③与之类似的研究还有谭钧尹对中里屯毛南族村民微信使用情况的研究,他在该研究中认为,个人在微信的社交空间中进行自我叙说和表达,同时微信也重构了新的社交空间,生成新的文本和意义;在这样的信息互动过程中,微信重构了家庭社交空间,重建了村落公共空间,加固了族群空间,从而形成了个人与家庭、个人与村落以及个人与族群之间的接合。④

童情则对村落中网红主播的直播历程展开研究,认为网络直播已经成为一种新型媒介,既能够传播信息资讯,又能形成粉丝参与直播的高度融合感,实现了虚拟在场和情感互动;网络直播离不开观看者的互动与消费,可以通过在线参与和表达,促成公共领域的诞生与意义体系的连接,因而网络直播也同样具有"接合"的功能。与微信等新媒体平台不同的是,对于网红主播而言,网络直播意味着一个媒介平台,意味着一份职业,不仅涉及个体与直播本身的影响,也涉及虚拟与现实的展演,个体与家庭、村落间的相互

① 罗杰·西尔弗斯通.电视与日常生活[M].陶庆梅,译.南京:江苏人民出版社,2004:122.

② 潘忠党."玩转我的 iPhone,搞掂我的世界!"——探讨新传媒技术应用中的"中介化"和"驯化"[J].苏州大学学报(哲学社会科学版),2014,35(4):153—162.

③ 孙信茹.微信的"书写"与"勾连"——对一个普米族村民微信群的考察[J].新闻与传播研究,2016,23(10):6—24+126.

④ 谭钧尹.中里屯毛南族村民微信使用研究[D].重庆:西南大学,2021.

作用，以及村落内部与村落外部的接合。由此，她在该研究中提出网络直播接合的五个维度：直播与个体的接合、现实与虚拟的接合、个体与家庭的接合、个体与村落的接合、村落与世界的接合。[①]

二、智能手机的"双重接合"属性

在凉山彝族地区全面推进乡村振兴战略的过程中，智能手机既是进行乡村经济建设、组织建设、精神文化建设的重要工具和平台（如利用手机搭建电商体系、建设基层党组织、提供公共文化产品和服务等），又是传播信息、联结内外的重要媒介，为使用智能手机的个体构建世界图景。因此，智能手机与西尔弗斯通当初所关注的"既是一个物件，又是一种媒介"的电视一样，具有双重接合的功能，在乡村振兴建设中产生了个体与世界、乡村与世界、个体与乡村、群众与党组织、基层党员与上级党组织之间的接合。

（一）个体与世界的接合

短视频和直播带货的创收模式为彝族村民带来的，不仅是经济的快速发展，更重要的是它提供了一条联结村民个体与外界的纽带，产生了村民个体与世界的接合。村民在镜头前进行自我展演，扮演起"网红主播"的角色，成为直播间或视频平台上众人关注的焦点。在通过短视频或网络直播的方式售卖商品的过程中，一方面，村民个体在外界观众面前塑造个人形象，展现真实的乡村生活面貌和别具特色的当地产品，为观众带来关于主播个人和彝族乡村生活的大量信息，满足了观众的好奇与窥视心理。另一方面，主播个体在短视频和直播平台上可以与观众进行即时互动，大量的点赞和评论不仅为主播带来强烈的成就感，更加强了主播个体与外界观众之间的信息往来和情感维系，甚至逐渐形成主播个体新的社交圈，对主播的个人生活产生潜移默化的影响。

---

① 童倩.作为"勾连"媒介的网络直播：基于 Y 村网红主播的直播历程研究［D］.
重庆：重庆大学，2019.

（二）乡村与世界的接合

智能手机是村民个体与外界沟通的渠道，更是在村落和外界之间进行信息交换的窗口。智能手机让世界了解到乡村瑰丽的自然风光、绚烂的文化遗产和古老的风土人情，也让乡村更快、更多地了解到外部世界日新月异的发展状况和全新的思想观念，有助于乡村整体上思想观念的革新，加快自身的现代化进程，由此产生了与世界的接合。这种接合不仅体现在经济建设方面，也体现在精神文化建设方面。

本课题研究中，将智能手机在乡村经济建设中所起到的作用总结为四个方面：

其一，"短视频＋直播"带货，利用手机平台创新传播形式，实现特色农产品创收。

其二，利用手机打造电商体系，培育产品销售新业态。

其三，依托智能手机扩大宣传，推动乡村生态旅游发展。

其四，以手机为平台，提升信息化水平，打造"互联网＋智慧农业"，服务农业现代化。

在这些利用智能手机带动产业经济发展的具体措施中，如何让自身从互联网平台"走出去"是乡村网红主播、市场经营者最为关注的重点。构建电商体系、宣传特色农产品和旅游文创产品往往以村、县为单位，打造的是以地域为标志的整体媒介形象，目的是使外界消费者记住"某地"产品或"某地"旅游资源或特色产品。如在昭觉县支尔莫乡阿土勒尔村，第一个网红主播走红后，逐渐在村里掀起了一股"直播潮"，通过网络直播和短视频售卖农产品的彝族网红青年形成一个群体，给外界观众留下了"彝族网红直播第一村"的深刻印象。[1] 此外，美姑县的"彝绣"产品、德育村的旅游文创产品、斯阿祖村的乡村康养旅游宣传等，均带有显著的地域属性，打造出一张

---

[1] 童倩.作为"勾连"媒介的网络直播：基于 Y 村网红主播的直播历程研究［D］.重庆：重庆大学，2019.

张各具特色的"乡村名片"。

在精神文化建设方面，智能手机是打造民族特色文化品牌、赋能文化扶贫的绝佳平台。观众通过智能手机浏览与彝族相关的信息，能看到绚丽多彩的民族服饰和精美繁复的"彝绣"工艺品，能看到《彝红》《听见索玛》等传统与现代结合的民族歌剧，也能看到"火把节"上的传统舞蹈，"云"游大凉山的"直播带戏"活动。智能手机赋予了这些标志性乡村文化产品为乡村"代言"的功能，将乡村文化品牌形象推向世界。

（三）个体与乡村的接合

个体与乡村的接合体现在日益丰富的乡村公共文化活动中，优秀的文化资源借助移动平台以数字化、信息化的形式呈现出来，不仅能够打造文化品牌、助力文化扶贫，更为村民提供了大量传承传统文化精华、弘扬社会正能量的公共文化产品和服务，以及各种形式的文化活动。如2020年在凉山州喜德县举办的"2020'我们的中国梦'文化进万家'心连心'慰问演出活动"，以及罗平县旧屋基彝族乡举办的电商抖音实操培训课等。这些公共文化活动不仅极大地丰富了村民的日常生活，更将分散的村民个体重新聚集在一起，原本转移到线上的社交活动重新转移到线下，强化了村民在共同地域中生活的集体意识，增强了他们的文化认同与身份认同感。

（四）群众与组织的接合、基层党员与上级党组织的接合

智能手机使得乡村基层党组织建设实现了线上线下结合，一方面，群众可以通过关注政务媒体公众号快速了解时事动态，通过学习强国等App了解国家政策、学习领导人最新讲话精神，通过微信群及时与基层工作人员取得联系、获得帮助，形成了群众与组织的接合。另一方面，乡村基层党员也可以通过线上学习平台不断学习，通过"河长通""四川扶贫"等App更便捷地开展工作，通过微信群更及时准确地服务群众，实现党组织从上级到基层思想与工作的高度统一，形成了基层党员到上级党组织之间的内部接合。群众生活与党员干部以及党组织内部之间的联系变得更加紧密，更有利于建设和谐有序、高效便利的乡村治理体系。

◀ 第三节

想象的共同体：自我认同与国家认同

关于印刷媒介与身份认同、民族认同的关系，美国学者本尼迪克特·安德森（Benedict R.O. Anderson）曾提出"想象的共同体"理论，认为民族"是一种想象的共同体"①，并且可以通过传播媒介建构。即使是最小的民族的成员也不可能完全认识他们的同胞，然而，他们相互联结的意象却活在每一位成员的心中。不同的传播媒介、传播形态对于构筑"想象的共同体"的方式有所不同。手机媒介图文并茂、声像结合、双向互动的传播方式，更容易、更直观地让边疆少数民族群体观看到本土与外界生活的诸多方面②，也对少数民族社会的稳定和发展带来重要的影响。

围绕这一概念，国内外研究主要从建构少数族群认同的途径、影响少数族群身份认同的因素，以及少数族群媒介对族群认同的影响视角展开，还有学者结合新媒体环境，对互联网与身份认同的关系进行探讨，这部分研究则侧重于网络如何影响人的自我认知、自我界定和自我认同，以及网络时代的虚拟产物对个人和群体身份认同建构之间的关系。在媒介与当代认同性之间关系的研究成果中，很多学者普遍选择三个层面——微观的个体／群体身份认同、中观的传统认同异化和蜕变、宏观的民族国家认同来进行研究③。

---

① 本尼迪克特·安德森.想象的共同体——民族主义的起源与散布［M］.吴叡人，译.上海：上海人民出版社，2005：79.
② 许孝媛，孔令顺.强凝聚与弱分化：手机媒介在傣族村落中的功能性使用［J］.新闻与传播研究，2017，24（2）：20—32+126.
③ 张媛.媒介、地理与认同：中国西南地区少数民族国家认同的形成与变迁［D］.杭州：浙江大学，2014.

一、自我认同：在信息和情感的获取中认识自己和他人

"认同"最早出现在心理学研究领域，弗洛伊德提出这一概念意指个体潜意识地向某一对象模仿的过程；美国心理学家埃里克·埃里克森（Erik H. Erikson）认为认同是个体与社会互动的产物，认同不仅是个体的，也是社会和群体的问题，应关注基于群体的历史和地理的集体认同，以及个体如何"在选择性的记忆过程中通过共同的记忆来认识自我的身份"①。

而对于身份认同的界定，我国不同学科的学者从不同视角对其概念进行了深入探讨，有的学者辩证地将身份认同视为一种对自我身份价值的确认②，有的学者从社会学角度将身份认同视为社会成员对自我身份的建构和选择过程，总体来看，这些研究的核心都认为身份认同是个体对自身在认知、情感以及行为倾向上的认同。

身份认同是个体在寻求对"本身、本体、身份"的认知的同时，也在追求群体归属感，前者侧重于强调自己与他人的不同，后者则在寻求"相似"，因此具有自我认同和群体归属的双重属性，有利于提升群体内的凝聚力，加深内部成员联系。

个体心理走向成熟又尚未成熟的青少年，会开始思考人生和世界，开始认识自我以及自我和外界的关系，但往往会在这一过程中产生矛盾和迷茫，会在产生梦想的希冀和实现梦想的差距中失去方向，也会对自我身份产生更深刻的怀疑。

"你的梦想是什么？现阶段有什么迷茫？"

"有时候感觉自己不知道为什么要读这个专业，读西昌学院是家里选

---

① 何佩群，俞沂暄.国际关系与认同政治［M］.北京：时事出版社，2006：58.
② 何洪涛.从身份认同看英国工业化进程中的贵族［J］.兰州学刊，2010（4）：186—190.

的，汉语言文学也是家人选的，说是就业率高，反抗也没用，不然就是其他学校了，本来自己想学法学，但是这个学校没有本科法学，学不起了，所以就学了这个专业。感觉还好，但是自己不想当老师，没想过以后去干什么，有时候想到这些就感觉自己在读这些书都不知道是来干吗的。"①

"你的梦想是什么？现阶段有什么迷茫？"
"（本人写下）目的虽有，却无处可寻。"②
"现在对于未来真的是很迷茫的，自己想通过青训成为职业球员，但是父母不同意。现在在准备考国家二级运动员……不知道该不该听父母的话，去考个本科的体院，但是很多职业球员不会从本科里面选的，所以未来还是比较迷茫的。"③

而大量的彝族青少年在面临这种生理和心理自然规律的基础上，也面临着留守状态下的情感体验缺失，这使得他们更加迫切地需要得到父母的关注与外界的重视，但又羞于直接地表达内心的感情。因此智能手机自然而然地成为获得关注的工具，微信朋友圈和QQ空间充当了虚拟情感沟通的媒介，那些由于物理距离无法当面诉说，或由于自尊心当面无法启齿的情感可以通过媒介隐晦地表达，削减了现实沟通的紧张氛围，延长了交流的时间，从而使沟通更加顺畅。

"你喜欢发QQ空间动态或者朋友圈动态吗？一般发什么类型的

---

① 注：内容来自在西昌学院汉语言文学专业进行的深度访谈，访谈对象为谢同学，20岁。
② 注：内容来自在西昌学院汉语言文学专业进行的深度访谈，访谈对象为沙同学，20岁。
③ 注：内容来自在冕宁中学进行的深度访谈，访谈对象为高一学生马黑，16岁。

内容？"

"会发朋友圈，和父母闹矛盾的时候，希望让父母看到重视，不开心的时候会发 QQ 动态，可以和父亲心平气和地聊天，父母都在外面工作，爷爷奶奶照看弟弟妹妹，大多数事情都是自己做。"

"……因为父母不在家，所以会发和父母聊天的截屏或者他们的丑照到朋友圈，还会发与外婆的合影，方便其他亲戚看看外婆的身体是否安康。……父亲节的时候，跟父亲说'我爱你'，父亲就给自己打视频电话，平时自己都不太好意思和父亲合照。"

"和同学通过 QQ 联系，也会发动态，微信老年人喜欢，因为爸爸玩微信，所以自己也申请了微信，当面不好意思和爸爸聊。"[1]

彝族留守少年在得到父母关注时获得了初次的身份认同，与此同时，微信朋友圈公开展示的功能，类似"公布于世"后得到周围人认可的过程实现了彝族留守少年再次的自我身份确认。需要特别关注的是，这些彝族少年中的一部分女孩，她们不仅是处于生理和心理成熟期的留守群体，还在传统"重男轻女"思想下面临着自我认同的缺失。

"你觉得大家对彝族有什么误解？"

"……因为我爸爸之前重男轻女的观念很严重，我奶奶也是。我跟我爸爸真的沟通不到一起来。我爸爸很强势，我就感觉我妈妈很委屈。（回想起小时候体弱多病，父亲很少抱自己，去医院就医需要不会说普通话的妈妈借钱）现在长大了回想起来就觉得很难过。"[2]

---

① 注：内容来自 2019 年 6 月 26 日在喜德中学进行的焦点小组访谈，访谈对象为高一的 9 名彝族学生，平均年龄约为 17 岁。

② 注：内容来自在西昌学院文化传媒学院进行的深度访谈，访谈对象为阿依，20 岁。

在男尊女卑的凉山彝族社会中，女性地位相对弱势，年轻的女孩子们在选择就业方向或所学专业时往往受到一定的束缚，在恋爱和婚姻上一些女孩也缺乏自主选择的权利。通过手机提供的更丰富、更无界的平台，她们和更多彝族青年可以接触到海量的信息和不同的选择，在多元的群体中实现自我认同和身份理解，同时排遣孤独、获得情感支持。

过去不少研究发现，"关系"是中国人社会生活中非常重要的自我来源。中国人的身份认同发展受到和他人关系的影响，是一种集体主义的认同建构①。对于少数民族来说，他们在使用媒介的时候喜欢与家人、邻居或者朋友一起，这种行为使得对媒介的使用成为一种集体活动，也自然而然会不可避免地受到"他人"影响。因此正如保罗·莱文森所指出的，手机不仅能连通人们和外部世界，还能在人与人之间实现角色的"代理"。②

二、国家认同：植根于民族向心力和文化认同感的国家观念

大众媒介在少数民族个体获取信息的过程中扮演重要的中介角色，少数民族如何通过媒介建构国家的概念是近年来值得关注的一个研究方向。麦奎尔也提出"社会整合是大众传播媒介的重要功能，也是媒介研究的重要理论范畴"③，核心命题之一即为媒介与国家认同的相互关系。

国家认同是一个政治概念，20世纪70年代正式进入政治学领域。④台

---

① YEH C J, HUANG K. The collectivistic nature of ethnic identity development among Asia-American college students [J]. Adolescence, 1996, 31 (123): 645—661.

② 保罗·莱文森.手机挡不住的呼唤 [M].何道宽，译.北京：中国人民大学出版社，2004：83.

③ 丹尼斯·麦奎尔.麦奎尔大众传播理论 [M].4版.崔保国，李琨，译.北京：清华大学出版社，2006：72.

④ 陈茂荣.国家认同问题研究综述 [J].北方民族大学学报（哲学社会科学版），2016（2）：77—81.

湾政治学者江宜桦指出，国家认同是"一个人确认自己属于那个国家，以及这个国家究竟是怎样一个国家的心灵性活动"①；俞水香、娄淑华将国家认同归属于意识范畴，称其是维系国家内部各民族团结的重要因素，而其中文化认同是对民族文化的认可及归属②。李龙、支庭荣提出，民族认同、文化认同和制度认同是国家认同研究的三个传统范式。③针对大众媒介及其他传播形态如何对少数民族的国家认同建构产生影响，目前国内的研究集中于特定媒介形式的使用、特定的接触内容，以及少数民族群体的媒介使用情况对国家认同构建的关系三个方面。

近现代以来，全球化趋势迅速发展，互联网传播等技术手段也在日益革新，不同国家、不同文化、不同民族之间的沟通交流随之越发丰富多样。各民族在相互交流、相互影响的同时，也受到来自国内国外大环境的因素影响，个体在这样的语境下对于自身民族认同及国家认同的水平值同样可能在种种因素下发生不定向的改变。武启云、张瑜曾提出：民族认同与国家认同的统一，是多民族国家保持国家统一和社会稳定的思想基础。④的确，对于多民族国家来说，各民族和谐共处是国家稳定和谐的必要前提，而国家认同是不同民族个体对于国家归属感的重要体现，正因如此，国内学者对于民族认同与国家认同的研究在近代展现出高速高质的崛起，从数量到质量都有了较大的提升。

---

① 江宜桦.自由主义、民族主义与国家认同［M］.新北：扬智文化事业股份有限公司，1998：8—11.

② 俞水香，娄淑华.论我国各民族民族认同与国家认同的统一性［J］.云南民族大学学报（哲学社会科学版），2020，37（2）：14—18.

③ 李龙，支庭荣.我国媒介与少数民族关系研究的知识图谱与热点——基于CNKI（2001—2016）的数据分析［J］.西南民族大学学报（人文社科版），2017，38（4）：164—168.

④ 武启云，张瑜.民族认同与国家认同的统一：当代民族教育的价值重构［J］.青海师范大学学报（哲学社会科学版），2017，39（4）：1—4.

凉山彝族的国家认同,实际上反映的是彝族社会与国家的互动关系。随着新中国的成立,凉山彝族有了自己实实在在的国家,其国家认同才得以真正确立起来,在国家实行的民族平等政策和民族优惠政策、民族改革和现代教育的推行下,凉山地区的族群关系获得了前所未有的改善,极大地促进和巩固了凉山彝族的国家认同。①

自古以来,凉山彝族受其家支历史文化和"大杂居、小聚居"的居住特性影响,家支内部团结性极强,血缘延续性较高,形成了很鲜明的强调集体、趋于内聚的民族价值观和聚合文化,而聚合文化的根源是民族认同和文化认同。因此本研究对凉山彝族青年在智能手机使用中所形成的国家认同也将结合田野考察中的实际受访情况从民族认同和文化认同两个方面来讨论。

(一)民族认同:交往加深带来的对外误解和向内聚拢

"民族认同"具有多种不同角度、不同情境的内涵与含义,胡兆义认为,基于人在理想与现实中均具有的多重身份,认同也就相对应地具有了多样性和层次性。在诸多的认同之中,处于国家的政治格局中的个人所具有的民族认同和国家认同就成了最重要且最核心的认同层面。②韦诗业提出:民族认同主要来自原生性的情感联系,而个体民族认同与其原生性的宗族、血缘、地域风俗等条件息息相关。但我们不难看出,不管出发点与研究角度如何,民族认同对于个体抑或是整个民族、国家的发展,都具有重要的现实意义。

对于民族认同的研究,在多年的发展中衍生出了多种不同研究方向、多个不同角度,例如从对民族认同的成分入手的研究在某些方面将其划分为三

---

① 张金洪.全球化时代的族群认同与国家认同研究——以四川凉山彝族为个案[D].西安:西北工业大学,2018.

② 胡兆义.从内涵和特点看民族认同与国家认同的关系[J].内蒙古大学学报(哲学社会科学版),2016,48(3):56—61.

类：主流文化认同、积极文化认同和消极文化认同。学者秦向荣认为民族认同包括认知、行为、评价、情感四类。[①] 而从影响民族认同的因素进行研究的学者又分为内因、外因，再分别对内因外因进行进一步详细的划分来对民族认同进行研究等。

近年来，关于彝族已有的研究与认同相关的研究数量是可观的，并在不断增加，对于可得的文献进行关键词分类，不难看出，就地区划分而言，对于凉山地区的彝族研究占比最大；就认同种类而言，民族认同占比较大，而族群认同与国家认同次之。可见在如今各种文化交融的多媒体环境下，来自世界各地的繁杂文化交融碰撞，在给本土文化创造新的生命活力的同时，也给民族文化的存在带来了一定的挑战。尤其对于互联网时代的移民——青年一辈来说，新兴文化的接触与古旧的民族文化或许是同时发生的，在接受着多重文化的撞击之时，如何权衡选择接受与摒弃，如何更好吸纳外来文化并发展传扬自身的民族文化，是一个不小的挑战。这也是为何近年来，对于认同研究尤其是少数民族青年的认同研究方面，民族认同与国家认同越来越受人注目的原因。

值得一提的是，在这些相关研究中，有着一些较为独特的研究视角：子华明强调跨境民族身份在民族共同体与国家共同体的构建发展需求下，有关国家认同方面对于彝族文化传承与文化价值观的影响；高文将视角转向中越边境这一独特地理位置，将边民互市行为在促进文化交流中产生的影响作为研究内容，探究了边民文化对民族身份与国家认同构建的作用，也为彝族认同研究提供了一个新的角度；张健通过田野调查的方式研究彝族社会变迁环境下的国家认同与民族认同，着重强调了全球化浪潮背景下少数民族地区本土文化与外来文化的冲突与共存问题，引发了对于时代大环境下少数民族文

---

① 史慧颖. 中国西南民族地区少数民族民族认同心理与行为适应研究［D］. 重庆：西南大学，2007.

化的思考。①

除此之外，关于彝族与认同问题的研究还有从城镇化、娱乐、语言文字、政策治理等多种角度进行的，对于少数民族尤其是彝族与新媒体传播相关的研究却不是很多，但多媒体作为社会发展视域下的一个重要产业方向，是新崛起的社会环境重要部分，对于现当代的少数民族文化传承具有不可忽视的影响，因而依然是一个值得深入研究的重要方向。

对彝族青年来说，民族认同感往往是在生活点点滴滴的感受中日积月累形成的。最先让彝族青年感受到自己与外界社会的割裂并向内寻求安全感的事情便是"民族污名化"问题。在对彝族青年进行的深度访谈中，绝大部分受访对象都表示曾经亲身经历或听说过汉族人民对彝族人民的偏见和误解，甚至催生出一些冲突和矛盾。

这种感受到其他民族对本民族的偏见，本民族由此戴上有色眼镜审视其他民族并更加倾向于与同民族成员抱团取暖的不良循环，一定程度上会使他们在看待不同文化根源的民族之间产生的差异和误解时，缺乏必要的理智和包容，也会造成彝族青年内心对外民族的封闭，但与此同时，本民族成员间的信任感与认同感也因此有所增强。

（二）文化认同：线上新社区里的文化传承和宣传教化

所谓文化认同，是指特定个体或群体认为某一文化系统（价值观念、生活方式等）内在于自身心理和人格结构中，并自觉循之以评价事物、规范行为。② 其意义在于构筑人类精神与心理的安全和稳定的基础。

"不同社区或社会的成员之间的任何接触，无论涉及的范围有多么广

---

① 张健，李静梅.社会变迁视阈下民族认同与国家认同的建构——基于昙华乡松子园村的田野考察 [J].民族论坛，2013（10）：31—36.

② 丁宏.从回族的文化认同看伊斯兰教与中国社会相适应问题 [J].西北民族研究，2005（2）：69—77.

泛，都涉及了共同在场的情景。"① 随着城市现代化的发展，族群的民族文化认同感、乡土归属感、个人文化接纳感可能因社会流动、人员迁徙而不断削弱。新媒体时代的智能手机也直接或间接地为这种文化的维系和发展提供了土壤。

在传统媒介时代，人们必须通过亲身参与传统仪式、庆典等形式才能产生族群身份及民族文化认同感。新媒体时代，人可以通过现代媒体赋予的技术传播手段对仪式进行重构，从而实现对民族身份的想象与认同。②

彝族是个颇具仪式感的民族，彝族传统节庆仪式文化中融汇着彝族人的宗教信仰、思想品德、伦理道德，包含着优秀的文化民族资源，如彝族传统民俗节日火把节，有利于发扬彝族人民团结和睦、勤劳勇敢、互助互爱等品德，"彝族年"能够弘扬尊老爱幼的观念等。彝族成员间的信任感与认同感在彝族独特的仪式活动举行之时达到高峰。

面对课题组询问是否会在彝族的节庆活动和传统仪式上记录并传播实况时，彝族青年这样说：

> "会，一定发，引以为豪。东方情人节，就是彝族的火把节。"
>
> "偶尔，因为不喜欢发动态，火把节和彝族年活动的时候发，感觉很自豪。"
>
> "会，宣传自己的民族文化，彝族年，学校活动的时候，穿民族服饰的时候会发动态。"③
>
> "有些网友可能会觉得神奇，尤其是看到自己发的关于火把节相关

---

① 安东尼·吉登斯.社会的构成：结构化理论大纲［M］.李康，李猛，译.北京：生活·读书·新知三联书店，1998：238.

② 兰叶剑.微信群：民族村落的"再社区化"——基于一个彝族村的微信群观察［J］.新闻传播，2018（3）：21—23.

③ 注：内容来自 2019 年 6 月 18 日在昭觉中学进行的深度访谈，访谈对象为高二的13 名彝族学生，其中男生 8 名、女生 5 名，平均年龄约为 18 岁。

的照片时，就会很激动来问自己是不是彝族，然后说服装很好看，问一些关于火把节的信息。"①

　　记录传统仪式并分享传播的这个过程让彝族青年颇感"自豪"，彝族人民通过手机拍摄图片、小视频或直播等做法，将仪式细节拼凑起来，向虚拟观众无限接近还原了节日现场。这是对传统仪式活动的解构与重塑，"参与"与"传播"的双重感受无形中树立了一种地方性民族文化价值和观念，民族共同体意识再次得到强化。

　　因此，微信的便捷性将这种民族认同与体验以更直接的方式彰显和强化，维系了彝族的文化传统，加强了文化认同。随着城市现代化的发展，越来越多彝族青年离乡务工，民族文化认同感、乡土归属感、个人文化接纳感可能会因社会流动、人员迁徙而不断削弱。微信为分散的群体提供了一个平等交流、互动的空间，尤其是对于缺少话语权的农民群体，同时，他们自身的媒介素养也在参与中不断提升，他们传承、弘扬文化的能力也得到了激发与强化，从而改变彝族人民个体之间、彝族与其他民族之间的关系。微信打破了空间局限，建构了新的社会网络，不仅有助于增强交往主体之间的认同感和凝聚力，同时还实现了信息的流动，有助于提升农民精神风貌、提高乡村社会文明程度。

　　微信的语音功能维系了地区方言和民族语言。② 彝族文化保存在彝族独特的文字、语言等产物中。年龄相对较大的彝族人民文化水平低下，并不能完全掌握彝文的书写，在使用智能手机时无法顺畅地打字，且年轻一代的彝族人民完全掌握彝语的人数逐渐减少，彝族文化流失的现象日渐突出，如何保存并传承彝族文化成为亟待解决的问题。而微信的语音功能不仅使用便捷，更在一定程度上保留了彝语的样貌，无形中修补了语言断层的困境。互

① 注：内容来自 2019 年 6 月 19 日在凉山州民族中学对高一某同学进行的深度访谈。
② 张琳.手机媒介对湘西少数民族地区社会变迁的影响［D］.厦门：厦门大学，2017.

相分享图片、视频等更加直观的方式也助力了彝族文化景观的保存，营造了一种共同体氛围。

而在微信群里，闲聊家长里短、唱彝语山歌、分享丧葬嫁娶等传统仪式活动视频等是很常见的分享行为，且活跃度很高。张媛、文霄在调查彝族阿乎老木家族微信群中发现，群里的每个人都是事件素材的提供者、参与者和还原者。① 以一次结婚仪式为例，微信群中存在"参与者随手用手机拍摄图片、小视频""微信群里直播仪式"等做法，种种细节拼凑在一起，无限接近"还原"了彝族结婚现场。整个过程是对传统彝族结婚仪式的一种解构与重塑，同样是一种文化再生，群内成员通过智能手机相互交流、祭祀，虚拟的在场交流让一种地方性的民族文化价值和观念系统建构起来，民族认同感和族群意识也得到了进一步强化，少数民族的独特性和多样性也得到了保存。

教育在彝族文化交流和思想道德建设中也发挥着至关重要的作用，有助于彝族村民文化自觉的培养。微信也为彝族人民提供彝语学习的渠道——彝语网络教学群，兰叶剑对贵州省的一个彝族村进行了微信群观察，通过在群里分享图片和视频，为在外或没时间参与夜校学习的彝族村民提供学习渠道。

微信公众号也承担着类似的教化和宣传职能："彝区防艾宣传"微信公众号在推文中推出"彝族传统道德教育读本"，含"廉洁篇""行善篇""诚实篇""修养篇""礼仪篇"等，每篇内容中除了有彝文、汉字，还配有彝文语音，供彝族关注者学习，该公众号还推出彝族道德教育经典《玛牧特依》的诵读系列，让受众在道德训导中感受彝族传统文化的博大精深；"看彝乡"等微信公众号也将《玛牧特依》作为内容来源，与前者不同，除了文字、图片、语音等符号形式，每一期内容中还配有老少皆宜的动画教学短视频，以

---

① 张媛，文霄.微信中的民族意识呈现与认同构建：基于一个彝族微信群的考察[J].国际新闻界，2018，40（6）：122—137.

此增强彝族经典解读的趣味性，使人更易接受和理解，这更有助于推进彝族乡民的社会公德与个人品德。

手机这种媒介的使用让微信这些社交软件完成了对彝族群体的"再社区化"，民族认同也在微信所携带的社会互动过程中逐渐建构、发展并完善；并且，彝族村民对于彝族传统文化的学习和传承，不仅能净化农村社会风气，更有利于彝族社会道德的提高。

凉山是一个包括民族文化、宗教文化在内的多种文化荟萃之地，存在着明显的多样性和多元化特点，方方面面的差异容易引起一些对民族关系发展不利的情况。而在田野调查的过程中，还是可以看出国家对凉山彝族地区的各项政策在争取彝族人民对国家政权体系的认同和支持上起到了十分可观的效果。

在喜德县冕山镇家访时，沙马同学的外公说："共产党是真的为我们好，为人民服务。"西昌市安哈镇长板桥村村民、54岁的李贵英说："我现在会看新闻，但是有些记不清具体内容了，心里面会牢记初心、牢记使命。"西昌市马鞍山乡猫猫石村第一书记潘兴树表示："我们山上的标语都是'天上不会掉馅饼，不要存在投机心理，勤劳致富，国家政策那么好，要跟着党走'，确实也是这样。"

在对冕宁县彝海镇彝海村村文书毛金金采访时，他提到最骄傲的事情是当地的花椒集体经济："当时没有人理解，觉得我们就是搞个集体经济把国家的钱弄过来自己分掉。当时大家的肥料用的都是有机肥，也不相信外面卖的那些。这些年慢慢努力，发现集体经济的花椒种得比自家种得好，所以慢慢地也相信了，思想也改变了，开始相信科学了。"

从中也可以看出在推动变革的过程中，最初的怀疑和抗拒是难免的，但有正确的政策和方向，有能吃苦能精进的基层党员干部，少数民族地区的进步和发展是前景广阔的。

◀ 第四节

集体记忆：生产、变革与重塑

法国历史学家、社会学家莫里斯·哈布瓦赫（Maurice Halbwachs）是最早将集体记忆理论作为一套完备的理论系统化的学者，他在著作《记忆的社会性结构》一书中开创性地定义了集体记忆：某个群体中的个体"共享事件的过程和结果"[1]。美国社会学家保罗·康纳顿（Paul Connerton）认为，集体记忆是通过仪式化操演被传播和保持的。他将两个特殊社会活动领域的方式——"纪念仪式"和"身体习惯"分别加以评论，辨析了纪念仪式本质上是一种再现现实性的操演话语，本质上是身体的实践，而身体实践又可被分为体化实践和刻写实践。[2]

国内的传播学视野中，不少学者已经意识到了媒体对于社会集体记忆建构的重要作用和探索价值。当下的媒介记忆研究主要分为两种：一种聚焦媒体记忆，将新闻生产视为记忆实践，进而探索主流媒体如何塑造集体记忆；另一种关注公共记忆场域中的个体记忆，探索新传播环境下，把握了更多权力的受众与自媒体怎样主导并消费集体记忆。

在对彝族青年进行的个案研究中，通过并置考察主流媒体文本与自媒体内容，可以发现是受众自身而非传统媒体建构了他们所认同的集体记忆。因此，本研究以第二种方法作为主要研究路径，发现彝族青年在生产与消费媒体记忆的过程中面临着若干危机与问题。如何更好地应对与切实地解决这些危机，是一个值得思考的问题。

课题组在对四川凉山"悬崖村"彝族青年手机直播及短视频的田野调查

---

[1] 莫里斯·哈布瓦赫.论集体记忆 [M].毕然，郭金华，译.上海：上海人民出版社，2002：109.

[2] 保罗·康纳顿.社会如何记忆 [M].纳日碧力戈，译.上海：上海人民出版社，2000：90.

中还发现,彝族青年群体通过手机新媒体正在进行一系列的文化实践:通过多元立体的符号化、场景化、风格化展演,手机直播与短视频提供了唤醒民族集体记忆的情景框架,视频处理技术的低门槛推动了沟通记忆和文化记忆的双重接合。①

为了进一步探索这些新传播形式提供的情景框架与传统媒体有何不同,本研究以新华网、共青团中央、澎湃新闻、Vista 看天下、搜狐新闻和《人民日报》《央视新闻》《中国妇女报》《中国青年报》《新京报》这 10 家媒体账号为对象,以"彝族"为关键词,在新浪微博进行搜索,整理 2011—2020年有关四川凉山彝族的原创微博。

研究发现,典型榜样和脱贫攻坚题材是报道的主旋律。主流媒体对彝族的报道是一种刻写实践,通过建立中央领导与彝族人民物质生活、思想水平提高间的必然关系,将政治话语编织进彝族经济发展和现代化的集体记忆之中,突出执政党当政的历史必然性。

然而,在手机直播和短视频的传播形式中,彝族青年对民族记忆的集体唤醒鲜见政治表达和严肃议题,而是集中在对彝族民俗文化符号的视听展示上,体现在对主播日常生活的戏剧性表演里,反映在对理想生活方式的定义诠释中,更多地表达了一种被想象拔高的"理想自我",这是一种日常生活被媒介化后,互动体验和自我期待共同促成的日常呈现行动。②

亚历安德罗·拜尔(Alejandro Baer)提出,互联网对同一事件有着不同的书写方式,且这些书写的内容是相互竞争的。③ 彝族青年正在通过智能手机创造基于原有集体记忆的新记忆。相较传统大众媒体,这些媒介记忆更为丰富鲜活,更能反映他们的当代生活,也加速了他们的文化实践。

---

①② 江凌,严雯嘉.以文化展演践行少数民族青年文化自觉——以凉山"悬崖村"彝族青年手机直播及短视频为例[J].传媒,2020(1):55—58.

③ BAER A. Consuming history and memory through mass media products[J]. European Journal of Cultural Studies,2001(4):491—501.

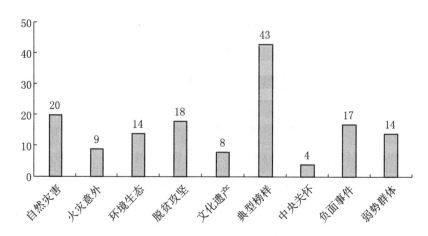

图 5-3　2011—2020 年 10 家主流媒体对大凉山彝族的微博报道内容分类

但是，社交网络中一夜成名的网红神话诱惑着彝族青年，使他们的表演呈现出急于突围和宣泄的内容风格。手机依赖、手机传播的负面内容和泛娱乐化倾向也使得彝族青少年间的民族记忆传承产生了危机。通过调查问卷和文本分析，本研究旨在让凉山彝族青年记忆传承危机的具体表现形式得到更为清晰的呈现，从而找到解决危机的可行方法。

一、危机表现：离散、遗忘与祛魅

彝族青年的记忆传承危机是多方面共同作用的结果，包括文化传承断裂导致的族群记忆离散、技术更新导致的数字化遗忘和缺乏价值观教育导致的过度娱乐化，本书将分别考察这些问题的表现形式和潜在原因：

（一）族群记忆离散

彝族传统文化符号在传承中经历了多种记忆载体的变迁，在商品经济化和现代城市化的冲击下呈现出"流散化"的趋势。① 彝族传统文化主要包括

---

① 赵将，翟光勇.文化集体记忆载体与变迁：自一个节庆分析［J］.重庆社会科学，2017（2）：96—103.

语言、宗教、节日、婚丧和地方性知识①，在通过互联网和外部世界发生的互动、冲突以及交流中，这些文化符号蕴含的意义均不同程度地丧失。

1. 书面语言

问卷调查显示：凉山彝族青年中的受访者彝语读写能力低于听说能力（见图5-4），88.28%的受访者并未在手机中安装彝语输入法，38.02%的受访者相较彝语更愿意接受普通话资讯。

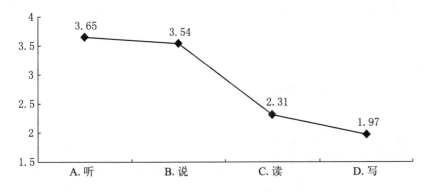

图5-4　凉山彝族受访青年彝语掌握程度情况总体评分

彝族青年在新媒体中通过仪式化的线上交往协作书写集体记忆文本，但他们在这一过程中却较少使用彝语，彝语本身的传承危机或许能解释这一现象。"彝族青少年的彝语词汇量正在缩减，表达单一、笼统，对近义词的区别性特征认识模糊，在语言接触所带来的语言竞争中，大量汉语词汇的借用使彝语词汇遭到排挤，影响了彝语表达的精密性和词汇的系统性。"②此外，使用彝语手机输入法并不是一件容易的事情，除了花费大量时间精力下载专用输入法、输入插件外，还需要导入少数民族语料库并完成系统设置的修改，如此繁复困难的操作让年轻人望而生畏。

---

① 张健，李静梅.社会变迁视阈下民族认同与国家认同的建构——基于县华乡松子园村的田野考察［J］.民族论坛，2013（10）：31—36.

② 周敏.语言接触背景下的彝族青少年语言生活——以鹤庆县草海中学为个案［J］. 牡丹江教育学院学报，2019（9）：38—40+71.

2. 民俗仪式

保罗·康纳顿认为，集体记忆的传承是一种需要借助身体来完成的行为。纪念仪式是其中最为突出的例子，它们通过描绘和展现过去的时间来使人纪念过去。身体的姿势、衣着与象征物是一种非语言的编码，在文化仪式中，这些编码组合成了可以被解读的文本，能够解读这一文本的每一个人就成了共享意义的集体。① 在彝族青年进行民间仪式的身体实践中，他们通过祭拜、演出、舞蹈和穿戴民族服饰等编码行为重演本民族英雄祖先的历史故事，解释着民族的习俗来源和文化内涵，呼唤着来自远古的集体记忆。

文化仪式的流散化趋势相较语言稍显乐观，大多数彝族青年（51.56%）仍对彝族风俗习惯比较了解，仅有 3.13% 的调查对象表示不太了解。同时，彝族青年对本民族的文化仪式充满了热忱和情感。数据显示，在举行本民族节日或传统文化活动时，83.85% 的受访者会用手机进行记录，82.03% 的受访者使用智能手机主动上传或分享民族文化的相关内容。这主要是"确保集体意识之持续性"的文化仪式本身没有消亡，反而在民间、官方和消费社会的共谋中日益昌盛的缘故。比如在对彝族花鼓舞的考察中，有学者提出：政府、专家、文化产品生产者、商人和民族主体都将民族歌舞作为一种文化资源进行利用、扶持和改造。② 而成为非物质文化遗产的彝族花鼓舞全面受到外来权力干预，得以顺利进入当地学校开始制度化传习和展演。③ 然而，尽管对彝族文化的改造保障了它的延续，但这些记忆中也存在着形式单一模式化、内容重复单调，以及假叙事所造成的文化内涵抽空、文化品质消解和

---

① 保罗·康纳顿.社会如何记忆［M］.纳日碧力戈，译.上海：上海人民出版社，2000：90.

② 王佳.传统民族歌舞的现代走向：对云南峨山彝族花鼓舞及其他个案的理论考察［D］.昆明：云南大学，2011.

③ 黄龙光.民间仪式、艺术展演与民俗传承——峨山彝族花鼓舞田野调查研究［D］.北京：中央民族大学，2009.

文化认同偏差等问题。①

3. 地方性知识

地方性知识是某一地域性文化或地方社会特有的知识。它的流散化趋势体现在彝族青年对媒介内容的消费取向上：他们最钟爱的文化产品并非和自己族群密切相关。只有21.35%的受访者认为手机的使用提升了他们对彝族文化的了解和认识，39.84%的受访者很少使用手机搜索或下载有关于彝族的音乐与视频。在“喜爱的媒介内容类型评分”中，彝族题材的各类作品大多得分平平：短视频排名第五；网络电影和电视剧排名第七；网络文学排名第九；网络动漫排名第十。相比之下，校园、科幻、搞笑、动作等热门题材更受青睐。

与对彝族历史题材的兴趣稀缺产生强烈对比的，是他们对外部世界展露出的强烈向往：70.31%的彝族青年认为手机的使用“提升了我对社会和世界的了解和认识”，65.1%的彝族青年希望将来离开家乡去外部社会发展，只有6.51%的彝族青年坚定地表达了留在家乡的意愿。

这是媒介内容间商业竞争的必然结果。其他学者在对白彝民歌传承情况的调查中发现，大量青壮年人口的流出打工和留守老人的一知半解导致口口相传的历史传说和民歌艺术难以维系，落后的物质条件取消了精神文化的追求，也带来了族内人的民族自卑感。②淳朴原始、体系凋零的少数民族文化在年轻人心目中敌不过花哨精致、展示都市繁华的娱乐工业产品，听起来也就顺理成章了。

（二）数字化遗忘

何塞·范·迪克（José van Dijck）认为，技术深刻地改变了人们对回忆

---

① 孙艳泽.论央视春晚少数民族节目对少数民族文化的传播［D］.沈阳：辽宁大学，2018.

② 段宇馨，孔紫晨.从彝族文化视角认识彝族民歌——以广西那坡达腊屯白彝为例［J］.当代音乐，2020（5）：127—128.

的塑造，数字化和多媒体化将重新定义长期以来被保存在大脑和模拟介质中的记忆 ①。麦克卢汉提出"媒介即讯息"，智能手机的使用重塑了彝族青年塑造记忆和回忆过去的方式，使得严肃的历史知识与文化传统不可避免地失去原先的深度与广度。②

问卷调查显示：作为互动交流与娱乐休闲方式，手机应用已经成为彝族青年生活中必不可少的一部分。84.64% 的受访者喜欢 QQ、微信等联络通信应用，72.92% 的受访者钟爱 QQ 音乐、网易云音乐等音乐应用，48.18% 的受访者青睐抖音、快手等短视频应用。

但这些应用中广泛存在信息即时化、庸俗化和碎片化的问题，它们也倾向于鼓励自己的使用者习惯性接受并主动传播此类信息。46.61% 的受访者一天更新微信朋友圈一次以上，46.09% 的受访者一天更新 QQ 动态一次以上。

迅速和易得的信息获取习惯不仅导致了信息本身的失真与俗化，也拒斥了受众再度回归深度内容的可能。以短视频内容消费为例，83.58% 的受访者表示会观看短视频，并且在视频时长选择中存在着一种"越短越好"的倾向：34.11% 的受访者倾向于时长在 1 分钟以内的短视频，19.27% 的受访者倾向于 15 秒以内的短视频，23.18% 的受访者倾向于 1—3 分钟的短视频，只有 16.41% 的受访者能够接受 3 分钟以上的短视频。

尽管超过九成的中小学生知晓彝族叙事长诗《阿诗玛》的存在，但对其进行过系统全面了解的学生寥寥无几，并且他们原本浓厚的兴趣随着年级的递增呈递减趋势。③通过图文并茂的文章介绍和短视频解说，对传统文化的

---

① DIJCK J V. Mediated memories in the digital age [M]. Palo Alto: Stanford University Press, 2007: 33.

② 马歇尔·麦克卢汉.理解媒介——论人的延伸 [M].何道宽，译.北京：商务印书馆，2000: 38.

③ 普丽春，肖李.彝族叙事长诗《阿诗玛》教育传承现状调查研究 [J].民族教育研究，2016，27（4）：137—144.

了解和认知确实可以被彝族青年所获得。但在一个排斥线性逻辑理性参与的非线性无序网络中，让受众保持耐心读完长达十三章的彝语五言句长诗似乎是一个不太可能完成的任务。

（三）过度娱乐化

"互联网对集体记忆的生产和消费带来了集体记忆的价值祛魅，造就了真正意义上的大众时代，怀疑、狂欢、戏谑以及对宏大叙事的反抗加剧了公共仪式的形式化、空洞化、虚无化，使集体记忆失去了重要的依凭和载体。"[1]

沉迷虚无化、抽离思考且难以自拔的廉价娱乐在彝族青年间是一个普遍存在的问题。64.84%的彝族青年认为手机的使用提供了更多的娱乐休闲方式，尽管他们自己也承认手机使用带来的种种负面影响，如77.08%的受访者认为"玩手机成为习惯，在不知不觉中浪费了我很多时间"，48.44%的受访者认为手机造成"常常熬夜，作息混乱"，40.1%的受访者认为"依赖网上信息，独立思考能力下降"，却仍有78.91%的受访者出现了手机依赖情况。问卷显示在内容偏好方面，受访者对幽默搞笑和喜剧类内容有着超乎寻常的喜爱，尤其是以搞笑为特征的短视频、网络电影、电视剧和网络动漫。

造成这种偏好的原因，一部分或许是娱乐类的内容本身理解门槛较低、浅薄易懂且数量泛滥，对于客观上存在一定文化差异和语言障碍的彝族青年而言更为友好；另一部分归功于平台的分发机制，相较微博、知乎等网络社区，即时通信和短视频平台更为注重去中心化的运营方式，从各个环节为草根用户跨越社会圈层的展示助力[2]。而为了实现源源不断的"草根网红"生

---

① 胡百精. 互联网与集体记忆构建 [J]. 中国高校社会科学，2014（3）：98—106.

② 杨柳. 短视频平台在草根网红形成过程中的助推效应探析——以抖音为例 [J]. 视听，2020（6）：146—147.

产，容易制作的娱乐类内容必然成为平台主要推荐的信息。

二、对策思考：生产、变革与重塑

为了缓解上述危机，保障少数民族文化的延续与繁荣，新时代的彝族青年需要勇于承担文化传承的主人翁角色，认清时代发展的趋势与变化，在新媒体语境下探索年轻人的文化领域，创造并传播更强适应性、更为积极向上、更具生命力的民族记忆。为此，本文提出以下几点参考建议：

（一）生产更具吸引力的文化作品

20 世纪留下了大量关于彝族的珍贵记忆，如：20 世纪 90 年代的大型纪录片《南方丝绸之路》详尽地记载了多地彝族的风土人情；老电影《阿诗玛》至今仍在当地受到广泛的传播与认可，并深深地嵌入了少数民族的身份认同之中。[①] 近年来，中央电视台摄制了《彝族人的家支》《彝族人的毕摩》等专题纪录片。

《2019 年中国网络纪录片发展研究报告》指出，中国纪录片正进入"网生时代"[②]，互联网带来受众年龄和门槛前所未有的下降，新媒体纪录片成本低、轻量化、本土化、垂直化，允许专业技术和昂贵设备的缺席。通过微纪录片创作，彝族文化可以寻找到更为互惠共赢、更为多元化和可持续的内容产品生产模式，缓解地方性知识流散化的问题。

除认知度较高的春晚彝族舞蹈节目、彝族明星歌手外，彝族文化还可以积极探索更为新颖、更为贴近年轻人的文化领域。国产动画电影《昆塔：反转星球》和网络电视剧《东宫》等作品都尝试融入了彝族文化元素并取得了成功，它们的广泛传播极大地提升了彝族青年的民族自豪感和归属认同感，

---

① 牛静. 影像记忆、身份表述与文化认同——电影《阿诗玛》在石林地区传播的媒介人类学研究 [D]. 昆明：云南师范大学，2018.

② 韩飞. 中国纪录片进入"网生时代"——2019 年中国网络纪录片发展研究报告 [J]. 传媒，2020（8）：38—41.

使他们对本民族的文化传承产生更强烈的热情。彝族青年可以更多参与到媒体内容作品的创作中来，引入本民族的独特文化作为母题或元素，生产以普世价值和流行趋势作为指导的优秀文化作品，提高彝族历史文化的吸引力和生命力。

（二）变革新媒体语境下的传播路径

尽管智能手机造成了诸多族群记忆传承的危机，但不可否认，新媒体的出现拓宽了年轻人的眼界，增强了他们的社交能力。通过手机，36.98%的彝族青年结交了更多的汉族朋友，42.19%的彝族青年认为他们拓宽了社交圈、认识了新朋友，61.98%的彝族青年认为手机让他们学到了更多知识，75.52%的彝族青年期待未来手机能在知识科普方面发挥更多作用。彝族青年对自己民族的文化仍然充满了感情，65.63%的彝族青年希望未来手机能促进彝族文化的传播，在回答通过手机完成的三个心愿这一问题时，"彝族"关键词出现频率最高。

文化自觉是指生活在一定文化中的人对其文化有"自知之明"，明白它的来历、形成的过程、所具有的特色和它发展的趋向。[1] 主动在新媒体语境下改变传播路径，采用更具特色、更具效率的交流模式，既是网络传播迅猛发展下的少数民族转型方向，也是彝族青年"文化自觉"的一个体现。

1. 聚焦运营策略，打造专业传播团队

彝族自媒体账号需要打造专业的传播团队，招揽具备媒体经验和技术的传播从业者，增强原创内容创作能力；精准定位运营策略与细分市场，减少大量同质的账号对受众注意力的分散，保持规律的更新频率，采用人性化、年轻化的方式集中打造少数具有代表性的新媒体IP；采用嵌入多种大型平台的成长模式，提高同一资源的利用效率，以更符平台调性的不同方法二次加

---

① 费孝通.反思·对话·文化自觉 [J].北京大学学报（哲学社会科学版），1997（3）：15—22+158.

工与分发传播。充当资讯信息第一手来源，达成从影响力到公信力的集群效应；学会"蹭热点"，积极与受众、各类官方媒体与大 V 互动，用更为包容开放的姿态取代窄化的单一民族主义，积极拥抱全球化。

2. 发掘多元记忆，讲述新时代下的个体故事

而作为彝族群体中的普通一员，彝族青年也可以成为新时代下族群集体记忆的记录者。作为少数民族的彝族并非一个单一且均质的符号，其中有着快手上的彝族电力工人、创业大学生、悬崖村村民，微博上的彝族元素服装设计师、歌手、伐木工和 bilibili 上的二次元爱好者、海归博士……尽管生活方式、思想观念和象征意义截然不同，但他们都试图通过用户生产的内容模式，将个人记忆刻写进新时代的彝族集体记忆之中，加强记忆内涵的生命力。个人传记式的记忆也能成为唤醒集体记忆的框架和楔子，借助新媒体直观鲜明、感染力强、易于传播等特点，彝族青年可以造就呈现自我、表达观点、维系情感与认同的新场域。

3. 回归文化自信，重塑传统价值

商业化与技术化的解决路径可以暂缓一些迫在眉睫的记忆危机，但若是要根治传统共同生活解体造成的群体性焦虑，人们必须直面前述的技术解构和价值祛魅问题，回归对伦理、信仰与审美入口的探索。

彝族文化能够传承至今，足以说明它并不缺乏内在的生命力与魅力。尽管今天的传统文化存在大量无法与现代化共存的遗产和糟粕，但它们并不足以成为年轻人培养自身对乡土、对同胞之热忱的阻碍。象征着未来的彝族青年应当负起责任，回归深度内容，主动学习与了解本民族文化的内涵与传承，学习民族语言、操演民族仪式，培养民族文化自信与认同。在文化自觉这个题目上，只有先理解自己从哪里来、身在何方，才能顺应时代、改造记忆、传统与价值，将族群带往更为光明的远方。

第六章

智能手机助力大凉山乡村振兴策略及实例

互联网为数字乡村建设的发展带来新动能。

一是农村网民持续增加，非网民人口转化成果显著。我国现有行政村已全面实现"村村通宽带"，为全面打赢脱贫攻坚战提供了网络支撑，日益完善的农村信息基础设施为农村用户上网、用网提供了坚实的基础。从 2014 年 12 月到 2022 年 6 月，我国农村地区互联网普及率从 28.8% 提高至 58.8%，城乡之间的互联网普及率差距从 34.0 个百分点缩小至 24.1 个百分点。

二是互联网促使农村人才"走回来"，推动农村产品"走出去"。一方面，"互联网＋农业生产""互联网＋乡村旅游"等返乡创业案例层出不穷，催生创意农业、分享农业、众筹农业、农村电商等新业态、新模式。农村人才的"燕归巢"为农村可持续发展提供动能，为农村产品的生产和销售注入活力。截至 2022 年 6 月，累计有 1120 万人返乡回乡创新创业，平均每个主体带动 6—7 人稳定就业、15—20 人灵活就业。另一方面，基础设施和数字资源搭建"农村产品进城"双线并行的通路。"村村通"工程打通农村产品流出的"最后一公里",线上销售平台、新媒体宣传推广等互联网特色方式让农村产品获得"出圈"机会,进一步推动优质农村产品融入国内国际产业链、供应链中。

党的十八大以来,解决好"三农"问题成为全党工作的重中之重。2018年1月,《中共中央 国务院关于实施乡村振兴战略的意见》指出实施乡村振兴战略是党的十九大作出的重大决策部署,是新时代"三农"工作的总抓手。同年9月,中共中央、国务院印发《乡村振兴战略规划(2018—2022年)》,对实施乡村振兴战略工作作了具体部署,战略的部署为智能手机接合的新经济提供了一片沃土,也给彝族青年的就业、创业提供了更广阔的发展空间。

课题组经过文献分析及实地调研,将以《乡村振兴战略规划(2018—2022年)》为指导框架——

经济建设:搭建商务平台,拓宽传播渠道,创新脱贫致富新途径。

组织建设:构建乡村振兴新格局,健全现代乡村治理体系,完善城乡融合发展政策体系。

精神建设:赋能文化扶贫,丰富乡村文化生活。

这三个角度,用具体的个案来解析手机"世界图景"与彝族青年"生活图景"的接合与双向对接。尽管,课题组在本章只收集了部分地区的案例,并不足以全方位反映出凉山州整体的情况,但以此侧面呼应及论证、解析智能手机对彝族青年生活方式及其家乡振兴发展产生的实际影响。

◀ **第一节**

经济建设：搭建商务平台，拓宽传播渠道，创新脱贫致富新途径

一、"短视频＋直播"带货，利用手机平台创新丰富传播形式，实现特色农产品创收

截至2022年6月，网络视频（含短视频）用户规模为9.95亿，其中短视频用户规模为9.62亿，较2021年12月增长2805万，占网民整体的91.5%。

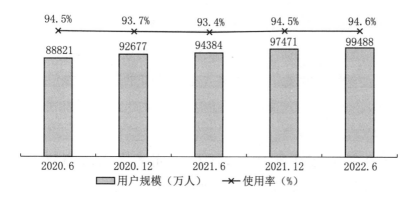

图6-1　2020年6月—2022年6月网络视频（含短视频）用户规模及使用率

（数据来源：第50次《中国互联网络发展状况统计报告》）

随着农村互联网基础设施的建设完善以及智能手机的使用普及，短视频成为农民广泛的休闲娱乐工具。不仅如此，由于短视频的制作方法简单，拍摄时间短，不需要在后期编辑上耗费精力，只要拥有一部手机，即可拍摄、制作和上传个性化视频，越来越多的农民转变为视频博主，在短视频中推销各类农产品，解决乡村特产的销售问题。

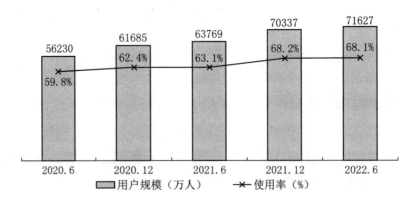

图 6-2 2020 年 6 月—2022 年 6 月网络直播用户规模及使用率

（数据来源：第 50 次《中国互联网络发展状况统计报告》）

　　智能手机也改变了因地域和贫困造成的信息不对称。短视频和手机直播相比其他的传统媒体，创新了一种去精英化、平民化的新型传播形式，对受教育水平的准入门槛较低，给彝族人民提供了一种与外部地区人民沟通交流的新方式。彝族悄然兴起了"短视频＋直播"带货的销售模式，这种模式不仅可以满足网络上各类消费者多样化的需求，同时也为大凉山彝族开拓了一条精准脱贫的新道路。

（一）昭觉县支尔莫乡阿土勒尔村：打造彝族网红直播第一村

　　正如课题组在前文中所写到的，2017 年 6 月，互联网正式接入支尔莫乡阿土勒尔村（悬崖村），当地的彝族青年借助短视频和直播平台在粉丝中推销特色农产品，以此增加收入，帮助脱贫。

　　如来自悬崖村的杨阳（彝族名"某色苏不惹"，快手号：yh20161006）为了让更多的家乡特产走出大山并增加家庭的年收入，在短视频及直播的视频内容中加入了桐子果、腊肉等原生态的绿色土特产的介绍。以土蜂蜜为例，他以每斤 120 元标价，在 2017 年售出 80 多斤，共收入 9600 元，相当于往年全家人一年的收入。

　　课题组向"悬崖村"发放的问卷调查显示：村民通过手机短视频和直播推销的农产品有核桃、油橄榄、三七、土蜂蜜、老腊肉、土豆、青花椒，在

"其他"选项中，有受访者补充了坨坨肉。"天梯"之上的"悬崖村"的特色农副产品通过短视频和直播生动地展现在了全国人民面前。

（二）美姑县：强化"美人"与"美绣"关系，通过手机直播拓宽彝绣销售渠道

美姑县，县名来源于这里有很多"美丽的姑娘"，而在"佛凉协作 云上优选"直播中，更是强化了美姑县"美人"与"美绣"的关系。在直播活动中，中共美姑县委常委、副县长李福信向观众介绍了这些纯手工彝绣、广绣摆件工艺品的含义和背后的故事，同时邀请了一位当地的绣娘来现场介绍绣法。

这些刺绣工艺品绣法很有讲究，绣品为双面绣，在布的正反面都能看到一样的图案。从当天展示的绣品可以看出，美姑县就是在彝族文化的基础上，结合彝绣、广绣的特色绣法，培育出了适宜当地发展的传统文化与民族符号相结合的特色产业。此次直播也是当地纯手工彝绣绣品第一次在电商平台上线销售，每件绣品售价可达599元。通过结合民族符号，美姑县在传递民族文化的同时增加了当地经济收益，借助电商直播平台开拓出了绣品宣传和销售的新渠道。

（三）雷波县：手机平台宣传以山葵、天麻为原料的特色农产品

"佛凉协作 云上优选"消费扶贫周的直播活动中，雷波县带来的当地特色产品的后期使用及研发，就是通过强化农业科技支撑、提升科技创新水平、延长生产加工产业链，大幅提升了产品价值的有效实证。

雷波县副县长黄海在直播中向观众介绍："目前在凉山只有雷波的两个乡在种植纯天然山葵。雷波县通过技术研发，将山中现挖的新鲜山葵制成了山葵开胃菜，辣中带有芥末的香味，可作拌饭酱食用，希望打造出类似老干妈的明星产品。"

山葵开胃菜在当天直播中售价为一盒112.8元，包括净含量为230g/瓶的产品共6瓶，无盒两瓶装售价为37.6元，当天共计售出9件。除此之外，雷波县还在此基础上研发了各类风味的山葵小零食，如山葵花生、山葵酸

菜、山葵饼等。

"乌天麻也是我们的特产，天麻干生食有着甜糯的药材香味，它和传统天麻在种植难度上不一样，目前我们雷波县正在研发以天麻为基础的更多产品，如天麻酒，希望大家能多多支持。"

在大力发展创新特色产品的基础上，如果可以通过聚焦智能手机，利用好网络宣传平台阵地，也将有助于雷波县进一步打造出符合当地特色的品牌产品。

这类短视频和直播的内容突出了接地气的务实性，手机的这一端是山里的土特产和农产品，另一端是山外的粉丝，当地官方政府、各路媒体和彝族青年以悬崖天梯、田间地头为背景，以土特产和农产品为主要内容进行短视频拍摄和手机直播，充分发挥了智能手机在推动农副产品销售方面的重要作用。手机的存在打破了传统信息传播方式的桎梏，解开了时间和空间上的限制，慢慢取代了原有的口口相传的传播模式，为手机这种信息渠道的发展积累了大量的用户基础。①

二、利用手机打造电商体系，培育产品销售新业态

新时代乡村振兴，应该把握发展机遇，深耕民族特色，推动新兴技术与当地产业有机融合，建立健全适应农产品电商发展的基本体系，促进农商互联与产销结合，培育农产品销售新业态。"短视频＋直播"带货的新模式将凉山州的特色农副产品通过互联网生动地展示在全国消费者面前，通过智能手机搭建农村电商平台是一条看得见效益的精准扶贫突围之路。

电子商务是一种依靠电子设备和网络技术在互联网平台上进行商品交易的商业模式，是传统交易顺应互联网发展趋势的电子化、网络化、信息

---

① 刘晓东.手机传播与少数民族扶贫研究——基于云南火石地布朗寨的传播学调查［D］.南昌：南昌大学，2016.

化。[①]结合少数民族贫困地区位置偏远、交通不便的现实问题，加强信息化建设成了顺应时代发展、紧跟国家战略的新型扶贫模式。所以，在相关部门的合力推进下，少数民族贫困地区的信息化基础设施建设不断建成，积极推进着电信网、广播电视网、互联网在少数民族地区的融合，更好地促进农业综合信息服务平台的建构。

依托飞速发展的互联网和电商产业，政府也积极鼓励农村电子商务的发展，《中共中央　国务院关于坚持农业农村优先发展做好"三农"工作的若干意见》指出："继续开展电子商务进农村综合示范，实施'互联网+'农产品出村进城工程。"农村电子商务保持高速增长的态势，为广大农村的农副产品搭建了有效的销售推广平台。

凉山州委、州政府积极响应国家号召，将电商扶贫摆到了脱贫攻坚的突出位置，实施多项举措深入推进电商扶贫。截至2020年11月，凉山州实现11个深度贫困县电子商务进农村项目全覆盖，已建成乡镇电商服务站289个、村级服务站577个，"州有平台、县有中心、乡有站点、村有站所"，形成四级电商扶贫网络体系。凉山彝族自治州商务局公布的数据显示：2020年1—9月，凉山州实现电商交易额58.52亿元，同比增长2.76%；网络零售额19.88亿元，同比增长12.54%。其中，农产品网络零售额2.84亿元，同比增长40.91%。各县在电商扶贫的带动下，集体收入大幅度增长。

现在更多困难群众用上互联网，农产品也搭上互联网快车走出乡村。打开网络商城，随处可见的是全国各地农村群众开的网店。他们在网上出售自家的瓜果蔬菜、海鲜等农副产品，鼓了自己的钱包，也让网民的餐桌多了来自全国各地的美味。

微信朋友圈营销、淘宝开店、QQ推广农产品这些看似"高、大、上"的概念正在被当地政府普及，一台手机就可以成为销售平台，农产品不再愁

---

① 范雪莲，万燕."互联网+"下的农村电子商务［J］.现代营销（经营版），2020（11）：118—119.

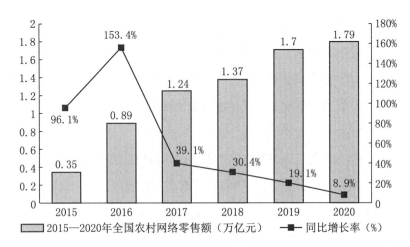

图 6-3　2015—2020 年全国农村网络零售额

（数据来源：《中国电子商务报告 2020》）

销路了。随着销售渠道的打开，老百姓收入增加，日子也越过越好，群众也成为电子商务的忠实拥护者；随着互联网普及，农村电商不断走向成熟，农产品也逐渐升级，农村电商将开始呈现"井喷"式的发展。

（一）普格县德育村：深耕民族特色，发展"电商运营 + 特色农产品 + 旅游文创"道路

德育村是一个典型的彝汉杂居农业村庄和山区贫困村，平均海拔 1900 米，辖区面积 13 平方千米，辖 6 个村民小组，人口 528 户、2192 人，建档立卡贫困人口 67 户、294 人，现有党员 38 人，于 2017 年实现脱贫。

普格县德育村驻村第一书记王新告诉课题组：

我曾经尝试过许多帮扶当地村民的做法，也尝试过和其他农村一样通过发展种植业、养殖业、旅游业增加村民收益，但结果并不理想。最后还是选择了深耕民族特色，利用飞速发展的互联网，提炼文化特色。2019 年 2 月，我们正式注册成立了"普格县螺髻山妞妞嫫乡村旅游专业合作社"发展集体经济，67 户贫困户均为合作社社员。村民在一起生产文创产品、特色农产品，再利用各类网络电子商务平台销售。在我和合

作社社员的共同努力下，已经开发出了植物标本装饰画、相框彝绣、彝绣产品、民族特色台历、民族文化鼠标垫、吉祥物产品、特色农产品等七大类近20余种产业产品，主打大凉山核桃油、螺髻山食用菌、彝族传统漆器、德育村吉祥物文创产品。

2018年12月，党支部和驻村工作队基于"鼓励生产、积少成多、统一销售、赚服务差价"的集体经济和产业帮扶理念，整合5家定点扶贫单位扶持资金19万元，建立了凉山州首个村级电商运营中心，合作社搭建完善了微信公众号、有赞商城、微店、企业之家等销售渠道及QQ、微博、腾讯视频、抖音、快手等推广平台，实现了农商互联。

图6-4　中共普格县委宣传部副部长、外宣办主任英比韦慕（右二）
和德育村基层干部向课题组展示"企业之家"页面

图6-5　德育村驻村第一书记王新向课题组展示文创产品形象代言人"妞妞嫫"

313

在此基础上，德育村还打造出自己的形象代言人——吉祥物妞妞嫫，成为德育村的象征符号。仅用一年时间，德育村实现了集体经济产业的焕然一新，销售量突破 90 万元，累计收益 35 万元。新修建的螺髻山彝寨民宿——朵洛荷彝家风情民宿也已于 2020 年 5 月底投产使用。德育村的"电商运营＋特色农产品＋旅游文创"特色发展道路为乡村品牌塑造了鲜活典范，"妞妞嫫"的乡村品牌视觉符号让更多目标客户群愿意去了解德育村及其背后的故事，不仅拓宽了相关农产品及文创礼品的销售渠道，为合作社提供了新的创收思路，还充分挖掘了德育村的旅游自然资源，努力开拓了文旅变现的新业态。

（二）普格县洛果村：积极开展"网络扶贫"，大力发展电子商务

普格县五道箐乡洛果村是全省电子商务脱贫大会的举办地，当地的网络扶贫和农民网校建立有着带头性的作用，是依靠网络扶贫快速发展的代表村寨。

洛果村位于螺髻山东麓，辖区面积 18 平方千米，平均海拔 2325 米，是一个全彝族村。全村辖 3 个村民小组，共 362 户、1335 人；2018 年，全村建档立卡贫困人口 67 户、276 人，现有党员 47 人。全村耕地面积 1256.4 亩，牧草面积 4900 多亩，农户主要以种植马铃薯、荞麦、玉米、水稻等传统作物为主。洛果村第一书记刘维向课题组介绍了该村的发展现状：

1. Wi-Fi 网络全村覆盖，通畅交流渠道

当地实现了 Wi-Fi 网络全村覆盖，每户人家都有手机，村委会通过微信群与村民进行更便捷的交流。

"之前因为土地资源有限，许多青壮年外出打工，主要到广东沿海一带，现在通过帮扶贫农村产业的发展后，很多人都回村参加农社合作产业的发展，2018 年洛果村已实现了脱贫。当地精准扶贫建档立卡贫困户 67 户、276 人，人均收入 5670 元，非建卡户人均收入 7320 元，最低一户人均收入也有 3920 元，超过国家脱贫标准人均收入 320 元。"

2. 创建"天虎云商"，发掘草莓、羊毛销售新渠道

大力发展电商产业，在村集体经济逐渐发展强大的基础上，洛果村在

2018 年新开辟了"天虎云商"电商平台进行电子商务网上销售。

洛果村种植产业以高寒草莓为主，开通电商销售后，高寒草莓产业发展迅速，通过航空运输的订单在 2018 年就有 600 多单，送到北京、成都等大城市，当地高寒草莓的种植规模也在不断扩大，2019 年扩大种植 200 亩。2019 年 12 月，洛果村举办了首届草莓采摘节，吸引了周边乡镇、县市数万名游客前来参观游玩，极大地提升了知名度和影响力。

当地养殖产业主要为黑山绵羊、半细毛羊，其中半细毛羊的毛可以做查尔瓦，洛果村将这种彝族传统服饰通过电商推销了出去，采取以购代捐方式销售，在源头上拉动了当地经济。2021 年，贫困户探索出"支部＋建卡户＋合作社"的专业化养殖模式，实现短、平、快的致富目标，达到户均增收 4000 元左右。

3. 借助智能手机普及，开通村内便民服务

洛果村还通过智能手机使用知识的普及实现了远程医疗等便民服务。洛果村正通过搭载网络发展和智能手机普及这辆便车，在电商销售的推行下，实现电商致富、便民在线、远程教育，助力全村脱贫。

图 6-6　洛果村网络扶贫成果

4. 编辑《拥抱互联网》，科普互联网应用基本技能

"随着农村网络的深度覆盖，智能电话、电脑的普及使用，农村群众都多多少少接触到了互联网，但仍有很多农村群众不愿接触新的事物，认为互联网是年轻人接触的东西，很复杂，不好理解；也有一部分人愿意接触互联网、了解互联网，但限于种种原因一直没能学会。为了解决以上问题，我们编写了《拥抱互联网》小册子发给每一个村民，帮助他们更好地适应互联网时代。"

《拥抱互联网》通过图片＋文字的形式，按步骤分别演示一些常见的互联网即时聊天通信软件基础使用方法，如微信、淘宝、QQ 等，让农村群众"马上"学会网上聊天、销售等网络技能。此外，洛果村还准备了一些网络诈骗的真实案例及预防网络诈骗常识，帮助村民提高安全防范意识，用火眼金睛明辨真假，全册目录如下：

第一部分　初识网络

第二部分　用会网络

一、怎样使用手机微信

1. 使用微信需要什么条件？

2. 手机怎么连接 Wi-Fi？

3. 微信如何下载？

4. 微信注册与登录

5. 如何添加微信朋友？

6. 如何与朋友视频聊天、语音聊天？

7. 微信上的字号怎么调整？

8. 如何发送照片？一次最多发送几张照片？

9. 什么叫"朋友圈"？"朋友圈"与"聊天群"有什么区别？

10. 怎样建立聊天群？

11. 怎么向朋友圈发送图片和文字信息？

12. 微信群里看到群友的名称前面有个 "@" 的符号是什么意思？有什么用？

13. 在微信聊天里面，语音聊天听到的声音很小，怎么办？

14. 其他功能

二、淘宝的使用

1. 注册淘宝账户

2. 支付宝激活

3. 快捷支付开通方式（工行储蓄卡为例）

4. 商品购买流程

5. 如何在淘宝上开店呢？

三、QQ 软件使用方法

1. QQ 账号的创立及使用

2. 如何用 QQ 传输文件及转发文件

3. 如何用 QQ 发送视频及语音

4. 常用功能介绍

第三部分　文明上网

第四部分　安全用网

第五部分　典型案例

附录一：

网络扶贫知识 20 问

附录二：

安州网络扶贫宣传用语

此举，得以让更多的农产品通过互联网走出农村，让农村群众的钱挣得越来越多，学到的东西也越来越多，不仅 "富" 了口袋还 "富" 了脑袋。

（三）昭觉县火普村：搭建起羊肚菌的对外销售网

凉山是习近平总书记在党的十九大后考察脱贫攻坚的第一站，2018 年 2　　**317**

月 11 日，习近平总书记来到凉山州昭觉县解放乡火普村了解易地扶贫和彝家新寨建设的情况，当时村民就曾向总书记介绍过当地的集体经济模式。

在田野调查中，课题组到了习近平总书记曾亲自到访的吉地尔子家，58 岁的吉地尔子一家四口人，以务农为主要收入来源，为在昭觉中学读初二的儿子提供一学期 2000 多元的生活费有一定的困难。习近平总书记到访后，在院内平台远眺火普村全貌，听取火普村推进易地扶贫搬迁、彝家新寨新村建设、产业扶贫和公共服务保障等情况介绍，随后进屋察看住房功能布局，了解一家人生产生活情况。吉地尔子的妻子吉色车作说，"总书记走后，经常（有）来采访的新闻媒体记者"，她提到虽然每天都有记者来采访但不会嫌烦，只要有客人来她都开心。

在火普村，课题组也采访到 2016 年搬迁到火普村、现在住在彝家新寨的吉勒子哈，他"会一点电脑技术，会充值交话费，会操作一点电商，种土豆、荞子，养牛猪（两头牛、三头猪），牛是养大在西昌卖的。电商上主要是卖土豆，土豆一年产七八千斤，一斤七八角，土豆收入一年 5000 多元"。习近平总书记到访时，吉勒子哈与总书记握了手，"想对总书记说感谢他对老百姓的付出"，"住上好房子非常感谢总书记"，对接下来的产业发展也表示种植业和养殖业发展规模要增大。

图 6-7　课题组在凉山州昭觉县火普村吉地尔子家调研

通过电商脱贫的还有吉泽尔夫,他以种荞麦和土豆为主,土豆4亩产一万多斤,养了两头猪和一头牛,也通过开小卖部赚钱,他提到"没有手机就做不成生意,最重要的就是有手机"。

除了彝族人民自己利用当地农产品从事电商经营,火普村目前也在主导发展特色的农产品羊肚菌,第一书记罗平向课题组介绍,羊肚菌是火普村大力发展的村集体经济的途径之一。由绵阳涪城区资金帮扶,火普村建立了两个属于村合作社集体经济的大棚,引进试种草莓1.7亩、羊肚菌5.1亩。合作社按照"户户享有、惠利于民、重点扶贫、壮大集体"的原则分配股份,另外集体经济的大棚用地承包的是村民的土地,村民可以因此获得每亩1000元的承包费和2000元的管理费,再加上合作社集体经济的股份分成,收入比以往增加了好几倍。

(四)金阳县迷科村:"电商运营+多平台推广",发展特色村集体经济

迷科村位于金阳县城东部,距离县城约33千米,平均海拔2200米,辖区面积7.3平方千米,辖4个村民小组,全村312户、1704人,其中建档立卡贫困户128户、724人,现有党员31名,2018年迷科村退出贫困行列。

迷科村发展特色乌洋芋产业,利用电子商务拓宽销路,为村集体经济收入的增长添砖加瓦。为了加大宣传力度,当地的专业合作社开通了微博"迷科绿色生态农产品"、微信公众号"金阳县迷科"及微店,并邀请当地彝族女老师作为形象代言人拍摄专题宣传片《金阳迷科宣传视频》,视频在爱奇艺、今日头条、抖音、bilibili等新媒体平台上推广。

合作社入驻淘宝、微店、拼多多、四川消费扶贫网、波特商城等多个知名电子商务平台,主要销售迷科乌洋芋、金阳青花椒、大红袍、核桃、红糖等当地具有代表性的农副产品。2019年7月以来,来自省内外各地的乌洋芋网销订单已达1万单。2019年,仅通过电商就销售了7万斤迷科乌洋芋,销售额达到52万元;销售金阳青花椒、大红袍、核桃、红糖等农副产品3000斤,销售额10万元,为全村创收60余万元、为村集体经济创收10

万元。

同时，迷科村还积极与县内申通、圆通等物流公司达成合作，携手阿斯牛牛等知名餐饮企业，入驻凉山本地超市、扶贫市场等，进一步将农产品商业化、市场化，通过大力发展"特色产业＋电子商务"，以点带面推动了当地经济的飞速发展。

搭建电商平台，培育产品销售新业态，原本隐藏在大凉山里的各种"宝贝"终于能够离开大山，到达全国各地的消费者手中，一条电商精准扶贫的突围之路铺筑到了凉山州的各个偏远山村。在智能手机的影响下，农民们开始"放下锄头，拿起手机"，逐步形成产、工、销紧密衔接的产业链，当地农民获得实实在在的经济收益，脱贫攻坚的进程向前迈进一大步。随之而来的，是彝族地方的地质风貌与风土人情在商品售卖的同时，也在一块小小的屏幕上得以展现，并催化出了更大的商机。

三、依托智能手机扩大宣传，推动乡村生态旅游发展

党的十八大以来，习近平总书记反复强调绿水青山就是金山银山的理念，中央多部门出台举措重点支持"三区三州"地区，其中支持旅游项目数量和资金占据较大比例。

任何产品的推广销售都早已不再依靠"酒香不怕巷子深"的思维逻辑，尤其对于乡村旅游业而言，全国各地可供选择的目的地数不胜数，游客足不出户就可以了解远在天边的任何地方。人们受到距离、眼界、知识层次等各种因素的限制，在完全不了解各个旅游地的情况下，各地在新媒体平台上的宣传营销就显得更加重要。在这样的背景下，凉山州多个区县在开发乡村旅游业、助力脱贫增收版块铆足了劲，发挥各自地区的产业优势，通过构建特色乡村旅游模式，搭建新媒体传播矩阵，取得了不错的成绩。

凉山州不仅景色优美，又有着独特的文化内涵。通过发展生态乡村旅游，推广绿色农业，改善人居环境，提升村容村貌，可以有效利用自然资源，推动乡村生态经济双振兴。智能手机的使用打破了乡村信息闭塞的桎

梏，优质的凉山州乡村资源开始越来越被大众悉知，凉山州所属的各个乡村也开始纷纷探索适合自己的新媒体推广方式，不仅吸引了游客，更吸引了投资方对相应地区的投资开发，有效促进完善乡村旅游产业链的形成。

（一）昭觉县支尔莫乡阿土勒尔村：手机直播展示自然生态风光，吸引大量游客

"觉得使用手机之后，家乡的发展变化很大，通过手机软件直播，可以让更多人知道悬崖村，到悬崖村来玩。"[①]从杨阳表弟的口中，我们得知了手机直播给悬崖村带来的最直观的变化。

短视频和手机直播中，"悬崖村"特殊的地理环境和梦幻童话式的原生态风貌吸引了源源不断的游客，为当地开发特色旅游业，开辟致富增收新途径奠定了游客基础。意想不到的是，"悬崖村的游客"也成了当地村民短视频和手机直播的新内容。不仅是悬崖村，整个凉山州在发挥智能手机推动乡村旅游、助力脱贫攻坚方面都做了新的尝试，收获了不同的成果。悬崖村是大凉山乡村旅游宣传的起点，而更多的精彩也在彝族村民的共同探索下被发现。

（二）昭觉县特布洛乡谷莫村：手机平台强化宣传，借《索玛花开》打开知名度

"索玛花开幸福来。"

截至 2019 年 2 月，谷莫村共有 151 户、601 人，全部为彝族人口，其中贫困户 30 户、138 人，贫困发生率高达 23.3%。该村基础设施陈旧，经济发展严重滞后。2016 年以来，谷莫村党支部抢抓机遇，因地制宜发展谷莫村特色产业，打造谷莫村产业品牌，大力发展以休闲度假、体验农村生活为主的乡村旅游业，从此，走上了脱贫致富之路。

2018 乡村振兴发展论坛暨中国最美村镇颁奖盛典上，谷莫村被评为

---

① 注：内容来自课题组对昭觉县悬崖村彝族青年某色日也（杨阳表弟）的访谈。

图 6-8　电视剧《索玛花开》剧照

"中国最美村镇"。谷莫村有着底蕴深厚的彝族文化资源、传统的彝族村庄风
光、统一的传统居民风貌、精美独特的彝绣工艺品，成为 2017 年央视热播
剧《索玛花开》的取景地。"中国最美乡村"和《索玛花开》原型地这两张
标签成了谷莫村在新媒体传播矩阵上大力宣传的金字招牌。

　　《索玛花开》是中央电视台、凉山文化广播影视传媒集团有限公司联合
出品的脱贫攻坚主题剧，凉山文广传媒集团的微信公众号"凉山文旅集团文
广传媒艺术出品"持续跟进电视剧的开拍及播出情况，共发布 30 余篇推文，
累计阅读量达到 4 万；微信公众号"凉山日报""西昌发布""彝族社区"均
发布相关推文……除了凉山本地的微信公众号之外，"央视一套""人民日报
文艺"等其他媒体的微信公众号也积极发布电视剧《索玛花开》的相关推
文，为观众展现谷莫村秀丽的风光和独特的民俗风情，为谷莫村的旅游业发
展添砖加瓦。

　　在微博平台上，电视剧《索玛花开》因提名了第 32 届飞天奖优秀电
视剧，有了一定的讨论量。微博账号"索玛花开官微"有 1500 余个粉丝，
索玛花开 # 话题阅读量累计 180 余万，讨论量 3000+。"CCTV 电视剧""央
视微 C""凉山日报""微凉山""凉山之窗""凉山共青团"均发布相关资
讯……依托凉山文旅新媒体传播矩阵，电视剧《索玛花开》与背后的谷莫村

在微博平台达到了一定的传播效果。

以"索玛花开"或"电视剧索玛花开"为关键词在抖音 App 搜索，有众多相关短视频，内容多为电视剧节选片段，其中一条由参演电视剧的演员马嘿阿依诗莎发布的幕后小故事收获众多点赞，"等到索玛花开我来看你怎么样？""我想知道在哪儿拍的？""在哪里，有机会去玩。"等言论充斥着评论区。由此可见，作为电视剧的取景地，谷莫村成功地展现了当地的民俗风情，引起了观众的旅游兴趣。

通过多个手机传播平台的大力宣传，谷莫村吸引了大批游客的到来，乡村旅游业发展一片向好。2020 年，脱贫攻坚题材电视剧《深山的呼唤》剧组已将谷莫村作为拍摄地，开展拍摄计划，预计为谷莫村带来可观的旅游收入。

谷莫村自发展特色产业以来，截至 2020 年 4 月，已接待 10 批次组团游客，收入超过 10 万元。谷莫村第一书记余国华表示，未来谷莫村将进一步发展特色乡村游，引入合作机构，加强对村民的业务培训管理，带动更多村民就近创业、就业。[①]2024 年初，谷莫村举行了 2023 年度村集体经济现金分红大会。活动当天，谷莫村共拿出村集体经济收益 39725 元，向全村村民发放了分红。[②]

（三）西昌市响水乡斯阿祖村：打造乡村康养旅游，完善旅游服务体系

开发阳光康养、山地度假、避暑研学、航天探秘等旅游新产品是彝族村落发展的新方向。西昌市响水乡斯阿祖村就是一个典型的例子。

① 环京津新闻网.昭觉县谷莫村：大凉山里的"世外桃源"［EB/OL］.（2020-12-04）
［2024-04-20］. https://baijiahao.baidu.com/s?id=1685111392184523401&wfr=spider&for=pc.
② 凉山日报.昭觉：谷莫村 227 户村民领分红 集体经济结硕果群众共赴"好钱景"
［EB/OL］.（2024-01-04）［2024-04-20］. https://www.lsz.gov.cn/ztzl/rdzt/xczx/zxfz/shfy/202401/
t20240104_2611148. html.

斯阿祖村村主任呷哈告诉课题组：响水乡斯阿祖村有茂密的原始森林，主峰、山巅终年积雪，冰雪融化后沿着山涧汇聚成了溪流，命名为拉达依媜河，2017 年斯阿祖村实现脱贫。西昌市响水乡斯阿祖村结合乡村地理优势，打造出了乡村生态特色产业链。

响水乡斯阿祖村凭借得天独厚的自然资源，通过完善基础设施与服务，发展乡村康养旅游，引进项目和资金壮大集体经济，打造"万亩果园"，为凉山乡村旅游的发展注入了新的活力。通过互联网宣传，响水乡斯阿祖村迎来了许多新的游客，在这里游客可以参加徒手摸鱼活动、体验野外烧烤、参观特色美景、品尝当地美食。斯阿祖村还通过完善当地服务体系，为游客们提供了休闲舒适的休息区，供游玩尽兴后休息、饮茶。2021 年 9 月，斯阿祖村把黄桃种植作为支柱产业并实现初挂果，亩产达到 4000 斤，实现经济效益 50 万元，为村民致富增收夯实了基础。[①]

（四）西昌市安哈镇长板桥村：借力彝家新寨建设，推广"螺岭彝风"乡村文旅特色品牌

安哈镇长板桥村是螺髻山景区的重要组成部分，当地通过大力培育发展旅游业，构建了"旅游 +"的产业模式。

2013 年，西昌市委、市政府改善了交通情况，在长板桥村实施了彝家新寨建设项目。整个村落呈彝族特色民居形式，依景而建，环境宜人。2016 年扩大了当地在互联网的宣传度，"彝家乐"营收大幅增长，扩招员工为周边农户就近就地务工提供了契机。"安哈镇立足镇情，积极调整产业结构，大力发展农业特色产业，为长板桥村大力发展'农业 + 旅游'特色产业提供了强大支撑"，该村党总支书记介绍。[②] 智能手机的传播让长板桥村的知名

① 人民网.第一书记来了　为凉山群众托起"稳稳的幸福"［EB/OL］.（2023-05-29）
　　［2024-04-20］. https://www.lsz.gov.cn/sy/rdtt/202305/t20230529_2488621.html.

② 金台资讯.西昌长板桥村：螺岭彝风长板桥　美丽乡村彝家乐［EB/OL］.（2022-12-08）
　　［2024-04-21］. https://baijiahao.baidu.com/s?id=1751610674917224624&wfr=spider&for=pc.

度不断提升，"螺岭彝风"俨然成为西昌乡村十八景的重要名片之一，形成了以"生态螺岭、浩荡彝风"为主题的"螺岭彝风"乡村文旅特色品牌。长板桥村的乡村旅游发展并没有就此止步，新的乡村旅游发展规划仍在继续绘制。

（五）宁南县宁远镇塘鞍村：线上线下同发力，打造"桃文化"名片

宁南县宁远镇塘鞍村以"桃花"为媒，2018年，塘鞍村党支部依托当地的桃花美景资源，结合宁南县金钟山国家4A级景区建设，成立了桃花源旅游专业合作社。在党支部引领、合作社牵头下，群众一起参与种植观赏性桃林，通过整合集体和村民资源，2019年合作社旅游收益14.6万元，水果销售收入217万元，入社社员人均增收0.7万元。

通过挖掘桃花诗林、桃园汉服等特色桃文化故事，塘鞍村在2019年举办了中国宁南首届桃花诗会和三生三世十里桃花节，在传承、弘扬历史文化的同时，吸引了大批爱好者和观光游客，扩大了线上影响力。当地还将绿色生态水果和特色农家乐与桃文化结合，扩大了产业规模。延伸了产业链，快速实现了产业转型升级。

（六）宁南县俱乐镇红岩村：以"百花河谷"探"游玩+采摘+销售"一体化旅游线路

红岩村位于俱乐镇西南部，距离宁南县城16千米，海拔910米，辖区面积82平方千米，全村海拔在890—2630米之间，气候属暖温带湿润区，年平均气温在18摄氏度左右，年降水量在1000毫米以上，四季分明，雨量充足。下辖4个村民小组，截至2018年，全村共172户、718人，党员33名，是彝汉杂居村。村内建有旅游景点百花河谷和集种植、加工、销售于一体的山茶籽合作社。2022年农村居民人均可支配收入13500元，2023年农村居民人均可支配收入达16000元。

2018年以来，红岩村注册成立了宁南县百花河谷农民专业合作社，深度挖掘红岩河、金家河和红岩后山等自然风光，利用当地的天然河道和河水

资源优势，整合地方发展扶持资金，加快了红岩村旅游资源的综合开发利用，建设了"百花河谷"乡村旅游景点。依托乡村旅游产业发展，当地规划形成了"游玩＋采摘＋销售"的精品旅游路线，将村民的"俱乐窖"白酒、山茶籽、黄精、藏香猪、核桃等产品也从线上、线下推入市场，辐射带动了全镇产业发展，实现了群众致富。

红岩村坚持"党建引领、资源盘活、资源入股、壮大产业"的工作思路，整合中央、省州县村级集体发展扶持资金，通过村民自愿入股、社会资本注入等方式筹集资金1100余万元，突出优势发展乡村旅游，辐射带领村民致富、集体增收，勾勒出红岩村的发展新蓝图。2020年，百合河谷旅游度假村积极克服疫情影响，接待游客5000余人，实现盈利110万元。2021年以来，百花河谷旅游度假村新推出了漂流项目，在彝族火把节期间接待游客1000余人，营业额超20万元，全年预计营业收入将达到200万元。①

乡村旅游作为我国旅游消费中发展最快、潜力最大、带动性最强的领域，发展空间巨大。凉山州各个区县依托各自的产业优势及传播矩阵，因地制宜，而这些改变，也让我国顺利走过了2020年这一脱贫攻坚年。

四、以手机为平台，提升信息化水平，打造"互联网＋智慧农业"，服务农业现代化

2013年，《中共中央　国务院关于加快发展现代农业进一步增强农村发展活力的若干意见》首次正式提出农业现代化；2018年，《中共中央　国务院关于实施乡村振兴战略的意见》强调，农业、农村、农民问题是关系国计民生的根本性问题，没有农业农村的现代化，就没有国家的现代化。因此，加快农业现代化步伐，深耕特色优势产业，坚持质量兴农、品牌强农，促进农业科技转型升级势在必行。同时，发展壮大农村集体经济，可以有效带动

---

① 人民网．集体经济发展示范村的"致富经"［EB/OL］．（2021-08-27）［2024-04-22］．
http://www.ningnan.gov.cn/nnyw/jjnn/202108/t20210827_1994066.html.

小农户发展，进一步推动乡村振兴。

（一）普格县："互联网＋烟叶"精益管理体系

凉山州作为全球第二大烟叶产量地区，其烟草行业已成为全州支柱产业（占全州税收三分之一，约45亿元）并引领凉山现代农业发展，受益户数达7万户，约30万烟农。位于四川省凉山州普格县特补乡的甲甲沟村和特补乃乌村，就是四川省烟草行业精准扶贫的两个重要阵地。

2015年以来，四川省烟草专卖局（公司）启动实施"581扶贫惠民工程"，自2016年以来，在普格县累计投入1.9亿元，其中脱贫攻坚投入6799万元，烟叶产前补贴及烟叶基础设施投入1.22亿元。自2018年对口帮扶以来，四川省烟草专卖局就以产业扶贫为重点，发动村民种植烟叶，每年为全村带来近100万元的收入。

普格县建立起了当地特色的"互联网＋烟叶"发展体系，从顶层设计入手，分别在烟叶生产管理、生产经营管理、仓储物流管理、质量追溯、产业扶贫中导入"互联网＋"思想，以需求为导向，以质量为基础，构建出了一套"可视、可管、可控、可用、可推"的"互联网＋烟叶"精益管理体系。

当地以物联网技术为手段，构建起涵盖烟叶流通、仓储管理、质量管控的信息化支撑，促进了烟叶仓储规范管理，提升了烟叶流通效率，降低了作业成本。通过"互联网＋烟叶"，实现了农产品生产的信息化管理，改变了农产品无法工业化生产和无法质量追溯的现状，促进了行业"双控"措施的落实到位，提高了凉山山地原生态特色烟叶的质量，保障了烟叶产业的持续健康发展。

课题组调研了普格县马厂坪村等烟草示范基地的情况，烟田里烟叶青葱，长势喜人。2019年，马厂坪烟草示范基地单元涉及面积1370亩，户数13户，签订合同最大面积100亩，最小面积40亩，4月17日开始移栽，4月30日移栽结束，预计产值达600余万元，可带动周边171户农户脱贫。通过深耕特色优势产业，搭建烟水配套工程，一片片烟草田为村民们带来了切实新收益，打通了致富新道路，引领了发展新方向。"互联网＋烟叶"这一模式是优质烟叶生产的有效模式，也是实现传统农业向现代农业跨越的高效路径，具有重要的社会意义。

（二）聚焦二维码功能，优化受众使用体验

在"佛凉协作　云上优选"消费扶贫周直播活动中，甘洛县的产品可溯源技术和雷波县的烹饪菜谱研发，就是聚焦于智能手机平台的二维码功能，通过提升产品生产透明度保障消费者的权益，注重产品后期使用方法的研发，从而优化受众的使用体验。

1. 甘洛县：通过手机扫描包装二维码实现产品"可溯源"

甘洛县的产品可溯源技术，注重产品前期的透明公开。当天直播中，甘洛县陈副县长介绍了当地特产羊肚菌及酿羊肚菌、羊肚菌塞肉的吃法，产品价格为 59 元 /50 g 罐装，259 元 /200 g 袋装。甘洛县此次推出的羊肚菌产品可以通过手机扫描包装二维码实现"可溯源"，买家通过扫码可查看新鲜羊肚菌产业园的图片，每罐产品的生产环境、加工过程、检测过程都可以通过图集形式进行展现。同时，每个产品瓶身也印有独立的身份码，用于手机扫描验证，让买家吃得放心、用得安心，极大地增强了对产品的信任感。

2. 雷波县：联合厨师进行菜谱开发，通过手机扫描二维码查看烹饪方法

雷波县通过与厨师合作研发当地特产的烹饪方法，制作出系列菜谱，聚焦于产品的后期使用。

雷波县副县长黄海在当天直播中向观众介绍了当地的特色产品——马湖莼菜。马湖莼菜是东西部扶贫结合的成果，产品为礼盒包装，每罐莼菜上都印有二维码，里面有当地邀请来自顺德的大厨共同参与、设计研发的莼菜食用的许多菜式，买家可以通过手机扫描二维码查看烹饪方法。直播间产品售价为 48.8 元两罐，每罐 500 g，共计售出 10 件。

手机带货直播，畅通了销路，盘活了产业，富裕了农民。通过手机移动

端的直播反馈，可以精准地与消费群体进行链接，用新科技促进产销衔接，以信息助农，推动数字乡村的发展。

第二节

组织建设：构建乡村振兴新格局，健全现代乡村治理体系，完善城乡融合发展政策体系

"2020 全面建成小康社会"的宏伟目标，体现了党中央消除贫困、全面推进的坚决性。举凉山州全州之力、全民之力去凝聚力量推动乡村振兴，需要多种形式、多种力量的创新推手。在 2018 年 2 月 11 日习近平总书记视察大凉山彝族山寨的画面里，彝族青年全程高举着自拍杆进行拍摄，并且在朋友圈进行了传播，相关文章在"今日彝族""凉山之窗"等彝族公众号上阅读量超过 10 万。由此可见，智能手机在凉山彝区的普及率已经超出了我们的想象。一机多用的智能手机，以实时传播、生动形象的宣传，在彝区落地生根，在改变彝族青年的生活方式、带动凉山州振兴发展、消除彝区深度贫困方面的作用不容小觑，或将成为决胜全面建成小康社会的重要利器。

根据《乡村振兴战略规划（2018—2022 年）》的框架，本节将以"构建乡村振兴新格局""健全现代乡村治理体系""完善城乡融合发展政策体系"的顺序为脉络，对智能手机在彝族乡村振兴战略规划中的使用情况与现状进行描绘，说明智能手机的使用对彝族地区振兴发展的重要影响。

一、构建乡村振兴新格局

打好精准脱贫攻坚战是实施乡村振兴战略的优先任务，也是构建乡村振

兴新格局的重要举措。为了遵循国家经济发展规律，与时俱进推动经济高质量发展，全面推进乡村振兴的聚焦点放在了对"人"的改变上。

（一）开办农民网校与夜校，实现"互联网 + 智慧农业"

"授人以鱼不如授人以渔"，精准扶贫的关键不在于给钱给物，而在于扶心扶志。2015 年，习近平总书记在中共中央政治局第二十二次集体学习时强调，农村要发展，根本要依靠亿万农民。要坚持不懈推进农村改革和制度创新，充分发挥亿万农民主体作用和首创精神，不断解放和发展农村社会生产力，激发农村发展活力。凉山州建设了许多对农民进行科普教育的夜校与网校，通过教育可以充分发挥农民自身的主体作用，锻炼农民的生活技能，提升农民的精神状态，当农民开放接受了新事物的传入，就会增强主观能动性，投身到乡村建设的实践中去。

"农民夜校"是接地气的群众讲堂，从新中国成立初期便已存在，开办的目的、授课的方式、教授的内容与时俱进，逐渐丰富。把党的政策学好，把新技术学好，脱贫致富就不是问题。发展到现在，农民夜校已经成为服务于脱贫攻坚的重要载体。[1]农民夜校在凉山州已相当普及，2016 年 7 月，首个农民夜校在凉山州喜德县冕山镇小山村开班，小山村平均海拔 2800 米，曾是冕山镇唯一的贫困村。截至 2020 年，凉山州 3745 个行政村均设立了夜校。[2]凉山州开办的农民夜校是一种针对农村地区、以促进农业发展、农民富裕为目的的特殊培训方式，为农民群众提供学习各类知识文化、技能技术的机会，针对不同群体的实际需求，教授不同的课程，并创新实施"课堂 + 现场""集中 + 流动""空中 + 地面""线下 + 线上"等多种授课形式。[3]

---

① 江成程，罗若飞，邹林岚. 新中国成立 70 周年农民夜校的发展历程与启示［J］. 中共桂林市委党校学报，2019，19（3），73—76.

② 何海洋. 云端夜校　照亮山村脱贫路［N］. 四川日报，2020-11-02（7）.

③ 张云刚. "农民夜校"要做到"新、活、实"［EB/OL］.（2018-04-02）［2023-07-17］. https://www.sohu.com/a/227032626_99956331.

冕宁县彝海镇党委书记王栋告诉课题组："农民夜校是我们凉山每一个村都要搞的一个夜校，晚上把老百姓召集到这里，给他们讲专业技术知识，讲党的政策……"[①]

1. 雷波县马湖乡大杉坪村：开创农民夜校，为脱贫奔康奠定人才基础

雷波县马湖乡大杉坪村是全彝族聚居的生态移民村，共 193 户、944人，2018 年有建档立卡贫困户 60 户、310 人，贫困发生率 32.8%，是典型的深度贫困村，人才匮乏，部分群众攻坚克难的信心与决心都非常不足。

省教育厅帮扶工作队帮助大杉坪村创办了马湖乡第一所农民夜校，狠抓人才培育，为发展村集体经济带领村民脱贫奔康奠定人才基础。在政府的大力推动下，四川农业大学在该村挂牌成立"四川农业大学校外实习实践基地"，引进省、州（市）、县三级各类优秀教师 100 余名到村授课，围绕集体经济发展壮大、基层党建、禁毒防艾等高标准开展农民夜校培训300 余期，培训村民 5000 余人次，逐步培养了马黑尔布等 7 名优秀人才。2017 年底，大杉坪村农民夜校被省委组织部评选为首批"省级农民夜校示范校"。

大杉坪村是省级旅游扶贫示范村、全国乡村旅游扶贫重点村，截至2020 年，共有 163 户、750 人，贫困建卡户 61 户、245 人。依托景区良好的自然资源和人流量，大杉坪村通过"景区带村""合作社＋农户"的扶贫模式顺利实现了脱贫致富。[②] 在教育层面，大杉坪村自 2015 年走出了第一名大学生开始，在四川省教育厅、四川农业大学、雷波县融媒体中心等单位多年的帮扶下，先后已有 34 名学生跨入了大学校门，其中，2023 年考

---

① 注：内容来自 2019 年 7 月 22 日在冕宁县彝海镇彝海村进行的访谈，访谈对象为村党委书记王栋。

② 凉山日报.雷波县大杉坪"景区带村"实现脱贫奔康［EB/OL］.（2020-08-11）［2024-04-20］.https://www.lsz.gov.cn/ztztl/rdzt/tpgjzt/xsgz/lbx/202008/t20200811_1667400.html.

取 7 名大学生、10 名高中生（含 9+3 学生），为当地发展储备了一批优秀人才。①2020 年，该村的贫困户人均收入 9314 元，全村人均收入 11000 余元，产业初见成效。

2. 美姑县阿居曲村与喜德县小山村：丰富农民夜校授课形式，加强师生互动

"农民网校"是提供网络宣讲、网络营销、互联网＋金融等服务的村级课堂。随着互联网技术触及范围的延伸，智能终端设备进入农民夜校，学习与互动形式越来越多样和便捷。2020 年 10 月 28 日，凉山州首个"云端夜校"在美姑县洛俄依甘乡阿居曲村正式开通，通过智能终端，身处偏远山村的凉山州彝族人民也能接收到专家定期远程视频授课。

为了解决线下集中式教学受到时间、空间限制的问题，小山村驻村第一书记曾思明探索通过微信群授课，发展出"菜单式"教学模式。每次授课前，将课程表发布到夜校微信群，通过微信点单的方式征求群众意见，村民们"下单"想学的内容，组织就安排相应的老师来"下厨"，更加精准地解决村民的困难。②"农民网校"成为培养有文化、懂技术、明法理、守纪律的新型农民的重要平台。

在农民夜校教授村民种养殖技术的基础上，为农副产品打开更多销路、获得经济收益也是脱贫致富的关键。在互联网时代，想要农副产品走出去就不得不学会使用网络和智能手机，但是能够熟练使用网络进行生产生活对于凉山州彝族人民来说不是件容易的事，很多村民对手机的概念还停留在可以"打电话"的阶段。农民网校的存在能够让村民享受到信息时代所带来的便捷，甚至学会利用网络脱贫致富，意义非凡。开办农民网校，是希望让村民通过培训熟练地掌握基础性的用网技能，能够自主进行网络知识查询，以

---

① 雷波先锋.让教育赋能乡村振兴［EB/OL］.（2024-02-01）［2024-04-20］. http://www.lbx.gov.cn/xxgk/jbxxgk/ztzl/xczx/202402/t20240201_2628522.html.

② 何海洋.云端夜校　照亮山村脱贫路［N］.四川日报，2020-11-02（7）.

及运用基础医疗、农技连线等功能解决实际问题，逐步建立"县—乡—村—组"专家与村民互动对接的学习机制。

3. 普格县五道箐乡洛果村：开办农民网校，助力乡村振兴人才队伍建设

2018 年 8 月 25 日，在四川省网信办、邮政储蓄银行等部门、单位的共同支持下，凉山州普格县五道箐乡洛果村开办了四川省第一家农民网校，由该村驻村第一书记刘维担任网校校长。网校通常采取集中学习的授课形式，教授村民 QQ、微信、掌上阅读、网上支付、网络安全、网上预约挂号、农技专家远程连线、网络创业等实用技能。由于农事农活时间不定，集中开展网校培训受到时间地点的多方限制，除了集中授课之外，驻村工作人员、村组干部等组成志愿者队伍，到村民家中拜访，到村人口较多的地方集中培训，确保更多的村民跟上网校的学习步调，逐步提高用网技能。[①] 此外，还向村民发放《拥抱互联网》科普手册。经过培训，效果显著，部分老人学会了使用微信跟外出打工的子女视频聊天，部分年轻人学会了网上搜索信息解决实际问题。

值得一提的是，有 7 户农民在网校的培训之后成功入驻电商平台，自己当起了老板，将学到的用网知识转化为脱贫致富的动力。通过网络预订，2018 年，洛果村的草莓还未挂果就已经成功预售 100 余单。

农民夜校和网校的开办，让凉山州彝族人民学到更加专业的种养殖技巧，熟练掌握基础性用网技能，并能进行网络知识查询，将农副产品通过网络销售实现经济收益，同时助力了乡村振兴人才队伍的建设，进一步推动了乡村脱贫致富。"互联网＋智慧农业"增强了凉山州彝族人民的感恩意识、内生动力和致富本领，唤醒了一个农民思想觉醒、积极自救脱贫的凉山州。

---

① 中国网信网. 四川首家精准扶贫农民网校开班［EB/OL］.（2018-09-03）［2023-07-17］. http://www.cac.gov.cn/2018-09/03/c_1123371487.htm.

（二）开展"互联网＋科技扶贫"的创新实践，共享专家资源

"科技扶贫"是由国家科委 1986 年首次提出并组织实施的一项农村脱贫举措，标志着扶贫举措从单纯救济式扶贫向依靠科学技术开发式扶贫转变。政府通过精准扶贫信息系统，对农民尤其是贫困农民的原料生产、科技投入、产出过程、销售竞争，甚至应对与承担风险进行指导和帮助，激发农民科技致富的积极性和主动性，加快农民脱贫致富的步伐。[①]

2016 年，四川省科技厅积极响应国家对"科技扶贫"举措的号召，搭建"四川科技扶贫在线"平台，并取得了阶段性的成效。该平台成为助力四川省实现脱贫攻坚的重要平台。

"四川科技扶贫在线"平台将省市县的各级专家进行资源整合，实现"专人收集、专业分诊、专家答复、专项激励"，打破行政区划的限制，更加有效地满足贫困户的产业技术需求。除了专家和技术上的扶持，平台还设置了"产业信息""供销对接"两种服务，既为农户提供产业现状、龙头企业等信息，又帮助贫困户将农产品销出去、物资送进来。同时做到一般技术需求在线解决，重大疑难问题现场会诊。"四川科技扶贫在线"平台是"互联网＋科技扶贫"的创新实践，是助力贫困地区依靠科技脱贫致富的推手。

以普格县为例，2018 年 9 月 25 日，普格县教育和科学技术知识产权局对普格县科技扶贫在线服务贫困农户情况作了汇报；对凉山州科技扶贫在线服务平台的服务体系布局作了详细的阐述，并举例说明专家服务贫困农户的流程。

以平台帮助贫困户解决烤烟长势问题的真实案例为例，"四川科技扶贫在线"平台操作流程如下：

---

　① 李潇静. 精准扶贫背景下的农村科技扶贫［J］. 北京农业，2016（3），189—191.

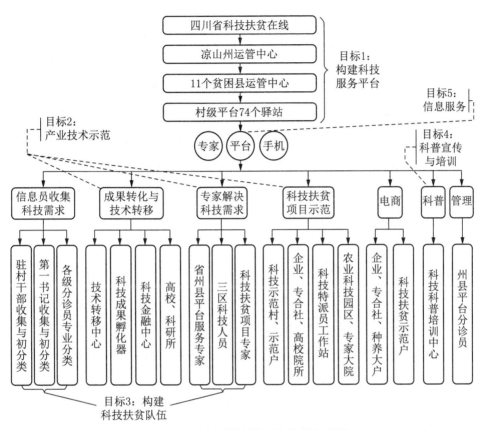

图 6-9　凉山州科技扶贫服务体系布局图

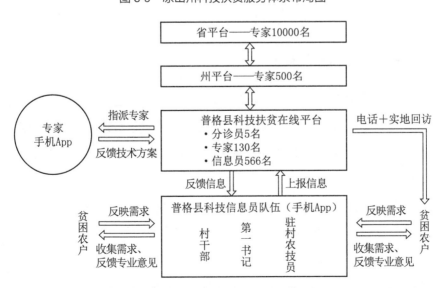

图 6-10　五道箐乡洛果村专家服务贫困农户流程示意图

335

第一步　贫困户找到信息员发布需求："去年我家种的烤烟，前期烟的长势非常好，在去掉顶端优势后，慢慢开始长斑，到后期就都长上了，影响非常大，专家能帮我解决一下吗？非常感谢！"

第二步　通过信息员手机上传贫困户技术需求："我村贫困户沙马子火家去年种的烤烟，前期烟的长势非常好，在去掉顶端优势后，慢慢开始长斑，到后期就都长上了，影响非常大，怎么办？谢谢！"

第三步　平台分管团队开展需求分诊："杨华是烤烟专家，分诊给杨华，电话及时询问。""杨华吗？有一家贫困户种的烤烟生病了，烤烟叶子小，而且叶子上有斑，长势不好。请你解决，谢谢！"

第四步　专家解决信息："打顶之后长斑，是病害，一般来说，赤星病的可能性最大。今年如果没有轮作的话，还在去年'长斑'的田里种烟，病害将会更严重，如不及时施药预防，将会对烟叶造成毁灭性的损失。一般要在病害即将发生或发生之初，选择晴天下午，使用菌核净在烟叶正背面喷施。"

第五步　信息员根据专家回复信息确定是否完成："贫困户根据专家解决方案喷洒农药，控制了病虫害。需求得到解决。"

第六步　分诊员对信息咨询进行电话回访。

二、健全现代乡村治理体系

"党对农村的坚强领导，是使贫困的乡村走向富裕道路的最重要的保证。"[①] 习近平总书记早在 20 世纪 90 年代就已经敏锐地察觉到，农村党组织建设是解决贫困地区致富困难问题的有效方法，时至今日，此论断依然对农村建设和乡村振兴有着重要的指导作用。

具有一机多用功能的智能手机在健全现代乡村治理体系方面给彝族地区

①　习近平. 摆脱贫困［M］. 福州：福建人民出版社，1992：119.

带来了许多便捷，目前被运用于乡村基层党组织建设的方方面面，助力建设农村基层党组织带头人队伍，助力加强建设农村党员队伍力度，助力基层党组织开展丰富的党建工作。

（一）智能手机助力建设农村基层党组织队伍，丰富基层党建工作

《乡村振兴战略规划（2018—2022年）》指出："加强农村党员教育、管理、监督，推进'两学一做'学习教育常态化制度化，教育引导广大党员自觉用习近平新时代中国特色社会主义思想武装头脑。"

随着互联网技术的飞速发展，人们生活的方方面面均实现了前所未有的便捷。手机即时、精准的传播不仅缩短了信息传递时间，还减少了多级传播中的信息误读与误传。[①] 现在的基层党员可以使用智能手机参与线上党建工作，智能手机也成为党建工作的首要载体，在加强农村基层党员队伍建设上起到了不小的作用。

例如，冕宁县彝海镇党委书记王栋向课题组介绍，他平时使用河长制、四川扶贫App、学习强国等应用进行工作与学习。党政相关政策、主流思想、领导讲话等重要内容都可以通过此类App及其门户网站传达给基层党员，党建工作由"线下"延伸到"线上"，更加方便基层党员学习并运用。

1. 河长制

河长制以保护水资源、防治水污染、改善水环境、修复水生态为主要任务，由省、市、县、乡四级党政主要负责人担任河长。2019年3月，四川移动推出"河长通"综合智慧水务管理平台，辅助各级河长高效、长效、便捷、实时地开展河湖管理工作，为各级政府开展水资源管理、水污染防治提供可视化支撑。一张图，织就三张网的联系；一个平台，调度两个中心的资源。手机里的"智慧河长"不仅让我们看见了凉山州的山川河海，更让我们

---

① 高卫华，杨兰，陈晨.新媒介背景下民族地区手机传播功能研究——以湖北恩施市与鹤峰县实地调研为个案［J］.当代传播，2013（4）：67—71.

看见了一颗颗"为人民服务"的热忱之心。

2. 四川扶贫

四川扶贫是一款由四川省供销合作社联合成都灿男网络科技有限公司开发的"以购代捐"模式的省级电商购物平台，致力于帮助农户脱贫致富，为消费者提供便利，达到互帮互助的目的。

四川扶贫 App 直观地让村镇党组织干部了解四川农产品销售市场的情况，并帮助凉山州各地贫困户找到特色农产品种植销售的突破口，开展"因地制宜、因户施策"的扶贫工作，提高电商扶贫举措的针对性和有效性，深入实施精准扶贫与精准脱贫。很多特色优质农产品贴上了"四川扶贫"公益性集体标签，卖出了不错的价钱。

3. 学习强国

学习强国是由中共中央宣传部主管，以习近平新时代中国特色社会主义思想和党的十九大精神为主要内容，立足全体党员、面向全社会的优质学习平台。

冕宁县彝海镇彝海村党委书记王栋说："有些关于习近平总书记的讲话外面买不到，这个平台更新很及时，里面都是一些正能量的内容。"①

2019 年初，"学习强国"学习平台在全国上线，其在 PC 端和手机客户端都有丰富的栏目和版块，聚合了大量可免费阅读的图书、古籍、期刊、歌曲、戏曲、电影、公开课等在线资料，拓宽了党员学习的新路径，丰富的内容与多样的形式相结合，有效达到了趣味学习的目的。既有理论学习，也有时事学习，文章阅读和视频学习并重，还有相应的积分累计，以单位排名和全国排名的形式，激发了党员的学习热情。

过去一些基层党员参加党的组织活动机会不多，对党支部的归属感不强，如今有了类似学习强国这样的智慧党建平台之后，基层党组织成员就可

---

① 注：内容来自 2019 年 7 月 22 日在冕宁县彝海镇彝海村进行的访谈，访谈对象为村党委书记王栋。

以利用这些平台每天进行签到、浏览新闻等，随时了解国内外的新闻动态，构建全方位的党建参与，党员的角色感和归属感明显增强。①

智能手机具有方便携带、跨越时间与空间、内含众多 App，以及功能齐全、更新及时等优势，便于基层党组织成员学习党的政策，参与各类线上党建活动，及时跟上党的步伐，从而打造一支"带不走"的高素质基层党组织，为全面推进乡村振兴提供坚强的组织保障，在加强农村基层党组织队伍建设方面起到了重要的作用。

（二）通过微信群创新联系、服务群众工作办法

《乡村振兴战略规划（2018—2022 年）》指出："推进乡镇协商制度化、规范化建设，创新联系服务群众工作方法。推进直接服务民生的公共事业部门改革，改进服务方式，最大限度方便群众。"微信超高的普及率使其成为基层党组织开展群众工作、夯实基层政权的好帮手。

"通过微信工作群通知开会，没用手机的人就亲自去通知。"②

在微信的基础上，微信群将有与多人沟通联系需求的用户集中在同一个虚拟空间中，使得同一个微信群的用户可以无纸化、便捷、高效地多向互动。微信工作群的使用在大凉山彝族地区有效地辅助落实了党组织联系、聚集群众的工作。

微信群可以将党组织与群众有效连接起来，更加方便了基层党组织开展服务群众的工作。课题组调研期间，时值凉山彝族火把节，按照传统习俗，大小凉州的数万彝胞会相聚在一个叫"日都迪散"的高原平坝（如今称"火把广场"，位于西昌市中心地带），举行盛大的篝火晚会，开展具有民族特色的文体活动，狂欢三天三夜。节日的气氛持续高涨的同时，基层

---

① 黄毅鹏.基层党员干部如何以"互联网+"提升智慧党建工作科学化水平［J］.经济师，2020（11）：33—34+41.

② 注：内容来自 2019 年 7 月 18 日在响水乡斯阿祖村进行的访谈，访谈对象为孙主任。

党组织更加不能放松对当地治安的管理，由政法委组织起来的"西昌格格工作群"，即乡村治安巡逻队伍，从晚上10点到凌晨4点巡逻值班，维护当地治安。

"西昌格格工作群86个人，是由政法委组织起来的乡村治安巡逻群，里面有乡长，有派出所的领导，还有当地的村民，每个村15个人，个个村都有。"

"印象深刻的事件是西昌格格队伍晚上巡逻值班，目的是维护治安，从晚上10点到凌晨4点，每个村都有，通过开视频对话查岗。"[①]

微信群将各级相关领导与各村村民代表囊括在内，方便了响水乡斯阿祖村的治安巡逻队快速便捷地将巡逻范围覆盖到每个村。微信的视频通话功能打破了空间的阻隔，将巡逻目标进一步聚焦至每一个村民。各村的夜间巡逻情况可以通过微信群实时上报，及时有效地发现问题、解决问题。

智能手机创建微信群在当地党组织的工作实施中被广泛运用，改善了以前必须面对面通知消息，可能无法联系到每个人的情况，创新了基层党组织联系群众、服务群众的工作办法。

（三）智能手机建立基层党组织内部沟通管理新机制

大凉山彝族地区的基层党组织利用智能手机对外可以联系群众、服务群众，对内可以建立内部成员沟通管理的新机制。微信群的广泛使用跨越了时间与空间的距离，减少了基层党组织上下级之间的沟通成本，这对于本就山高路远、交通不便的大凉山而言意义非凡。

微信群成员的可选择性使得基层党组织成员的责任划分清晰明确，同一个微信群中的成员在某项事物上共同承担责任，发布到不同群内的信息可以

---

① 注：内容来自2019年7月18日在响水乡斯阿祖村进行的访谈，访谈对象为孙拉火与孙主任。

分别到达不同的责任人，避免由于通知时的不谨慎造成的信息混乱。

例如，冕宁县彝海镇彝海村党委书记王栋的智能手机中，因职务、任务不同，基层党组织成员交叉存在于不同的微信群内。

"我们有个冕宁党政群，里面有一百多人，包括县委书记、县长、县委副书记、副县长、县上的领导班子，以及我们乡镇上的书记和镇长。差不多180个人，县上的秘书、政府办什么的都在里面。"①

党政群内包含了所有冕宁县彝海镇的各级党组织干部，需要通知到所有党组织干部的消息可以在这个群内发布，不同部门之间的沟通也可以在这个群内完成，以减少线下往返不同部门通知事物、处理事务的时间。

"我们还有一个书记群，里面有县委书记、县委副书记、县委常委。常委这个词我不知道你懂还是不懂，相当于你们大学里面的党委委员，然后这个群只有我在里面，镇长不在里面，所以这个是党委书记群。"②

党委书记群内只有冕宁县及彝海镇的各级党委书记与副书记，只需要通知到各级书记，由书记负责处理的事物可以在这个群内发布，精准通知可以有效避免责任不清的问题。

"我们凉山这边地形很复杂，会有山洪、火灾发生，2019年的木里火灾你们知道吗？我们凉山这边自然灾害很多，所以我们有一个'一抗四防书记群'。"③

"一抗四防书记群"是冕宁县彝海镇的基层党组织为了抗灾、防火、防水、防地质灾害、防虫害而建立的群，专门用于通知各类"一抗四防"相关的注意事项与工作任务，责任明确到人。

除了与上级沟通，在向下级发送通知时，微信群的存在也给王栋书记留下了深刻的印象。一次，王栋书记在县里开关于非洲猪瘟的会议，在会议现

①②③　注：内容来自2019年7月22日在冕宁县彝海镇彝海村进行的访谈，访谈对象为村党委书记王栋。

场，他便将补证、防猪瘟等需要落实的工作编辑好发送到包含镇级、村级、组级党组织干部的微信群中。上级布置任务的同时，下级迅速反应、落实工作，及时地通上达下，有效提高了工作效率。

值得一提的是，在任党员只是基层党员群体的一部分，还存在着相当一部分"流动党员"。智能手机的即时通信、群发消息功能有效解决了当地流动党员无法亲身参与学习的问题，加强了农村流动党员的管理。

"手机对管理很有帮助，我们有党员群，所以发通知都会从群里发出去。我们还有流动党员，也是借助手机微信群聊管理。习近平总书记关于'两不愁三保障'、党的十九大、脱贫工作、两会的精神都可以在线上传达……家里面的党员可以不看，因为经常开会，流动的党员就在外面学习。"[1]

三、完善城乡融合发展政策体系

《乡村振兴战略规划（2018—2022年）》指出："顺应城乡融合发展趋势，重塑城乡关系，更好激发农村内部发展活力、优化农村外部发展环境，推动人才、土地、资本等要素双向流动，为乡村振兴注入新动能。""实行更加积极、更加开放、更加有效的人才政策，推动乡村人才振兴，让各类人才在乡村大施所能、大展才华、大显身手。"

随着互联网在大凉山彝族地区普及，利用网络实施乡村振兴战略，是实现带动家乡发展的一步棋。无论是直播带货、电商脱贫，还是搭建新媒体传播矩阵、发展智慧农业，都离不开智能手机的使用，智能手机已日渐成为彝族地区最重要的现代传播工具。利用工具产生效益的是人，再完备的工具离开了人才的使用也只是没有产能的空壳，强化乡村振兴人才支撑，尤其是引进具备智能手机与互联网使用相关知识的人才是加快乡村振兴的

---

① 注：内容来自2019年7月17日在西昌市安哈镇长板桥村进行的访谈，访谈对象为村书记余斌。

可行之策。

《中华人民共和国乡村振兴促进法》于 2021 年 6 月 1 日起正式施行。立法最明显的就是从科学与发展的角度提出了"三农"与"三人"的概念，其中的"三人"，指的就是"城乡人的合理流动、人才支撑、人与自然和谐共生"。这更表明了，要想将城乡融合落到实处，必须明确人和人才在资金流动与技术流动中的主体作用。

（一）鼓励外出人才投身乡村建设，组建电商运营团队支撑乡村发展

2018 年 6 月，习近平总书记在山东考察时指出，乡村振兴，人才是关键。要积极培养本土人才，鼓励外出能人返乡创业，鼓励大学生村官扎根基层，为乡村振兴提供人才保障。

在过去，由于凉山州资源有限、经济落后等原因，当地很多青壮年外出打工谋生，村里留守儿童、空巢老人居多，在利用互联网实现发家致富方面有些力不从心。在确定发展农村集体经济产业之后，基层党组织积极实施各类吸引人才回流的政策，鼓励外出能人返乡创业。

例如：冕宁县石龙镇民主村为更好地吸引农民工返乡创业，成立了冕宁首个"农民工之家"和"劳动人事争议调解组织"，搭建政府和农民工之间沟通交流的桥梁，为返乡农民工提供交流合作与法律援助等各项服务；建立优秀农民工回引台账，定期更新数据，清楚掌握人员流动情况；同时将优秀农民工发展入党，为村集体经济储备致富带头人。

在农村集体经济产业蓬勃发展、特色农产品产量大增的同时，需要智能手机搭建电商平台，打开特色农产品的销路。乡村人才引进的重点对象就是那些能够熟练使用智能手机，对于电商运营有一定经验和想法的年轻人，这一类人才是支撑乡村可持续发展的中坚力量。事实证明，电商人才参与农村合作社的发展之后，农村集体经济产业的收益有了明显的提高。

凉山彝族地区创新创业以及农村集体产业的发展需要吸引人才回流，其

中部分电商人才组建电商运营团队支撑集体产业发展，产业发展前景良好又会吸引更多的外出人才返乡投身乡村建设，乡村发展愈发蓬勃。凉山州非常明确地知道，要想实现乡村振兴，基础就是人才振兴，因此，在中央意见的指导下，大胆采取政策助才、经济引才、情感系才等措施，让整套逻辑构成良性循环。

（二）建立"驻村第一书记"制度，网络能手驻村常态化

2018年2月，习近平总书记在凉山考察脱贫攻坚工作时强调，打赢脱贫攻坚战，特别要建强基层党支部。村第一书记和驻村工作队要真抓实干，不图虚名，不搞形式，扎扎实实把脱贫攻坚战推向前进。

2015年4月，中组部联合中央农村工作领导小组、国务院扶贫开发领导小组印发《关于做好选派机关优秀干部到村任第一书记工作的通知》，要求在建档立卡贫困村和党组织软弱涣散村驻派"第一书记"，在农村党支部建设、精准扶贫、为人民服务等方面发挥作用。"驻村第一书记"制度的产生，充分体现了中央对农村工作的重视和加快推动基层治理现代化的期待。"驻村第一书记"是农村基层党组织建设的指导者、利益协调者和政策落实者。他们大多来自各级党政机关、事业单位和国有企业，政治素质和科技文化知识理论水平较高，解读与落实上级政策的能力较强。更重要的是，在精准扶贫方面，"驻村第一书记"自身的素质能力、原工作岗位的人际关系、所在单位的支持等都会使他们自带较为丰富的资源。①

凉山彝族群众教育水平较低，长期与世隔绝导致他们中的相当一部分人并不具备独自追赶时代发展高速快车的能力，"驻村第一书记"帮扶工作的核心就是作为他们的领头人，带领凉山彝族人民脱贫致富。当今社会，智能手机已经成为"短视频＋直播带货""电商销售""智慧农业""科技扶贫"等

---

① 徐原.驻村"第一书记"治理困境和效能提升［J］.人民论坛，2020（23）：106—107.

脱贫措施的必备工具，也就是说驻村第一书记只有具备受过高等教育、熟悉智能手机的使用、了解市场运营和传播等各方面的综合能力，才能在精准扶贫方面发挥智能手机科技创新的能量。

凉山州不乏善用智能手机助力脱贫攻坚、工作成果显著的第一书记。例如，2018 年 6 月，王新作为第一书记的驻村帮扶工作队来到普格县螺髻山镇德育村。在王新工作的两年里，德育村在王新书记的带领下，捕捉时代的发展特征，提炼彝族文化底蕴，成立"普格县螺髻山妞妞嫫乡村旅游专业合作社"，销售特色农产品，因地制宜发展电商文创特色产业。搭建了微信公众号、微店、企业之家、有赞商城等销售渠道，以及 QQ、腾讯视频、微博、快手、抖音等推广平台，仅 2019 年，销售量就突破 90 万元，累计收益 35 万元，村民收入得到了大幅度提升。

"'驻村干部常态化'这个机制是一直存在的……像我现在弄这个产业的话，刚刚成立的这个合作社已经实现了两个月 25 万元的销售额。"[1]

王新书记就是一位同时具备以上提到的各方面能力的青年干部，他善于利用智能手机搭建电商平台、拓宽销路；善于利用智能手机运营各个推广平台，为德育村的产品打广告；善于利用智能手机开直播，亲自上阵带货……懂得全方位地开发智能手机的功能，利用互联网将凉山彝族人民与世界接轨，这是每一位驻村第一书记都应该具备的素质，只有这样才能快速带领贫困地区人民走上致富路。

向贫困村委派"第一书记"，是脱贫攻坚的重要工作方式，是党组织的信任，更是贫困村群众的期盼。[2] 在课题进行的过程中，课题组见到了很多奋斗在一线的第一书记，他们用青春扎根基层，把深情奉献中国乡土，平凡的生命书写着不凡的忠诚。

---

[1] 注：内容来自 2019 年 7 月 16 日在普格县德育村进行的访谈，访谈对象为德育村第一书记王新。

[2] 杜华赋. 脱贫攻坚第一书记责任重大 [N]. 广元日报，2016-04-22（A01）.

◀ **第三节** ·················

精神建设：赋能文化扶贫，丰富乡村文化生活

一、智能手机赋能文化扶贫

（一）"短视频 + 直播"赋能文化扶贫

近年来，直播的盈利潜力备受关注，许多电商、短视频平台纷纷布局直播领域，探索新的商业模式，"短视频 + 直播带货"也正处于电商助农、消费扶贫的风口。

2020 年是凉山州脱贫攻坚的决胜之年，《2020 快手电商生态报告》显示，央视联合快手开展"心连心直播"，总观看人数超过 3000 万，为凉山州助农带货超过 2500 万元；凉山州人民政府利用新媒体与社交平台资源开展了如"州长代言 县长带货""佛凉协作 云上优选"等多个消费扶贫直播活动，为凉山当地扶贫成果的特色产品促销，直播获得观众热烈响应，每个直播馆观众普遍超过 90 万，彝族音乐人吉克老鹰和凉山州悬崖村"90 后"彝族网红某色拉博也被邀请到直播分馆，与主播一起推荐当地农特产品。

"直播"使生产者能够全面地宣传当地特色产品和产业，消费者可以通过发送留言、弹幕与转载、收藏等方式实现与主播实时互动交流，达到生产与消费共同参与的传播模式。同时以技术赋能，让彝族文化产品的推广在继承中创新，使古老彝族文化焕发新时代的文化气息。还在促进乡民增产增收的同时，让他们成为乡村文化的建设者和传播者。①

（二）深挖文旅资源优势，利用移动平台打造彝族文化品牌

"坚持以文塑旅、以旅彰文"是习近平总书记关于推动文化和旅游融合发展的重要指示。近年来，当地政府以"文化搭台，经济唱戏"为发展思

---

① 王德胜，李康. 打赢脱贫攻坚 助力乡村振兴——短视频赋能下的乡村文化传播 [J]. 中国编辑，2020（8）：9—14.

路，以民族特色文化为依托，通过建设、完善相关的配套设施，吸引游客，推动经济发展。

彝族有着独具特色的民俗节日和宗教文化，是可以进行推广发展的优势资源。在这一过程中，传统的民俗经历了商业化演变，将适宜传播的、符合现代审美价值的内容加以放大、传播，对不符合现代科学精神的内容改造、移除，传统的民俗演化为适合传播的商业产品。

凉山文旅集团正是以这些文化元素为基础，出品电影《我的圣途》，电视剧《彝海结盟》《索玛花开》《金色索玛花》，民族歌剧《彝红》《听见索玛》，音乐剧《当爱》，实景剧《阿惹妞》，文旅艺教等新文艺产品，建设文化艺术、旅游服务、景区开发、建设置业四大主业版块，全链孵化文旅产业体系。

其中，原创民族歌剧《彝红》以小见大展现"彝海结盟"的历史故事，通过小人物的牺牲体现了彝汉人民的深厚感情，具有浓郁的民族特色，是红色文化与传统民族文化的结合。

音乐剧《当爱》是中美两国的合作作品，以双线并行的方式讲述了中国

图 6-11　民族歌剧《彝红》宣传海报

西南大凉山和美国西弗吉尼亚州两对年轻人的爱情故事，以普通话、彝语、英语三种语言演绎，也将彝族传统乐器和咏叹调融入其中，是传统彝文化与外域文化结合的典范。

《阿惹妞》是中国第一台实景火秀，"火"是彝族的民族图腾，展现了彝族人民如火的热情，表达了对美好爱情和生命的赞美，填补了彝族实景演出的空白，也成为彝族文化演出的一面招牌。火把广场是 2017 年央视春节联欢晚会西昌分会场的演出所在地，《阿惹妞》作为分会场的主要剧目走上"春晚"舞台，是传统彝族文化的现代展示。

《听见索玛》是传统彝族艺术形式与流行音乐元素结合的作品，全剧没有一句台词，由高腔传承者吉力么扎子全程用彝人高腔讲述脱贫攻坚决胜之年，山腰上最后一个彝寨搬到山下的彝家新村中发生的故事。该作品在保留彝族元素的基础上将原生态调式与现代民歌相结合，朗朗上口，以情动人。

对于文旅产业来说，借助互联网新兴传播渠道极为重要。抖音、快手等短视频类 App 为文化产业注入新活力，也以文化旅游行业受益最为显著。在当今体验式经济下，消费者已经不再仅仅满足于借助屏幕感知的被动式消费，"身临其境"的深度体验消费成为潮流。①

随着短视频技术与经营推广模式不断成熟，消费者逐渐从线上感知体验转变为线下深度体验，更加注重线下的互动参与，通过亲身经历与实践感知乡村文化内涵与特色。依托当地的文化遗产、自然风光，凉山许多景点"网红村""网红县"，例如凉山州秘境越西县、自然山水绝美地邛海、昭觉县悬崖村、"天然氧吧"德昌县、大凉山国际戏剧节举办地西昌等，纷纷成为网红打卡景点。

以 2020 年中国西昌·大凉山国际戏剧节为例，这是践行"文旅融合"、推动文旅产业扶贫的一次创新尝试。大凉山国际戏剧节与抖音同步，开创了

---

① 王康.乡村振兴视阈下凉山彝区乡村治理问题及治理路径选择研究［D］.成都：四川省社会科学院，2019.

全球首个"直播带戏"活动，带世界各地网友"云"游大凉山，同时还向直播间观众分享凉山旅游资源、火把市集、彝族文创等彝族特色活动，观众不但能近距离观赏精彩的戏剧表演，还能购买大凉山戏剧文创精品、旅游产品。"直播带戏"与凉山文化旅游巧妙融合，实现"戏剧＋景区""文化＋科技"等创新融合，成为直播领域和文旅产业的一次创新实践，对于探索新的文化业态意义非凡。

从 2020 年 10 月 23 日起，大凉山国际戏剧节作为主要的宣传阵地，每日发布戏剧节的相关内容，包括每日倒计时、戏剧节背景介绍、戏剧故事、优惠早鸟票等；在戏剧节开幕后，每日发布节目预告、剧评以及相关的新闻报道等内容。10 月 24 日，凉山文旅集团与抖音、央视频等媒体合作在直播间进行"直播带戏"，直播中主播详细介绍了戏剧节剧场、剧目，以及邀请主创人员介绍创作背景，并与观众多次进行抽奖互动。"直播带戏"获得了巨大的成功，累计观看量达 35.6 万人。从前期造势到后期宣传，微信公众号"五彩云霞"功不可没。

同时，公众号菜单栏设置有戏剧演出、五彩云霞、一键购票三栏，观众可通过这三项功能了解剧目名称、上演时间、上演地点并在线购票。大凉山国际戏剧节也与大麦网、猫眼演出等平台合作，扩大了购票渠道，增强了戏剧节的影响力。

除此之外，与戏剧节相关的微信矩阵也完成了相应的宣发工作，比如"西昌发布""乐享西昌""中国彝语""掌上凉山"等微信公众号也发布、转发了戏剧节的相关内容，最大限度扩大大凉山国际戏剧节的知名度，吸引来自全国各地的观众欣赏戏剧，感受彝文化的传统魅力，促进了传统彝族文化与现代戏剧的结合。

二、智能手机丰富乡村文化生活

过去受制于交通、地理位置等各种因素，部分少数民族地区的美景只能孤芳自赏，特产也只能自产自销。如今，许多网红通过直播、短视频平台推广土特产、宣传网红村，消费者从线上获取文化信息到线下深度体验，促进了乡村文化品牌转型升级，也对传统文化的再生产和发展起到良好助益。

（一）文化活动：文化艺术团走进群众

2020 年是我国脱贫攻坚战的特殊时间节点，四川省凉山州喜德县迎来 2020"我们的中国梦"文化进万家——"心连心"慰问演出活动，活动中朱迅、张靓颖、吉克隽逸、曲比阿乌、韩雪等众多文艺工作者到场演唱《我和我的祖国》，四川歌手云朵带来凉山州祝酒歌，彝族歌手阿鲁阿卓、曲比阿乌也作为彝族代表献上彝语歌曲，歌颂家乡之美；当晚直播产品总销量超过 72 万，销售额突破了 2500 万元，更有供应商称"把隔壁村的产品都凑起来也发不了那么多！"手机成为一种"新农具"为乡民拓展了创收新思路，通过强大的明星效应和粉丝经济效应，当地的特产也得到广泛传播和销售。明星的文化演出丰富了当地人的精神文化生活，他们为国家扶贫事业主动贡献力量的精神也让彝族青年人受到一定的鼓舞。

（二）文化供给：创新公共文化产品和服务形式

《乡村振兴战略规划（2018—2022 年）》指出："加强公共文化服务品牌建设，推动形成具有鲜明特色和社会影响力的农村公共文化服务项目。"罗平县旧屋基彝族乡曾举办电商抖音实操培训课，教授 40 名彝乡乡民策划、制作短视频或直播兜售自家土特产、推介家乡美景。当地电子商务公共服务中心还面向电商爱好者和网红直播爱好者建设网红直播基地，面向全县免费提供场所和相关公益服务职能，也会对零基础者提供免费培训，补充电子商务从业、创业人才队伍。

除了电子商务的公益服务培训，政务官方平台也颠覆了传统的服务形式，以新的信息传播方式出现，提供了良性互动的平台，使受众通过数字化、信息化手段更方便快捷地接收到优秀文化资源，在促进公共数字文化服务、传播传承少数民族文化、宣传文化产业、丰富娱乐生活、文化扶贫等方面起到重要作用，其中尤以微信公众号、微博为政务信息传播、公共文化服务的集中地，今日头条、抖音、快手等短视频平台也逐渐成为政务传播、弘扬主旋律的新阵地。例如，西昌交警官方抖音号"西昌交警"发布的一条高速路口处交警帮助外国人去往西昌民族风情园的视频，引发了 300 万 + 点赞量。

　　青年群体是"两微一端"的主力，近年来关注政务微博、微信的比例在逐渐攀升，和微博、微信公众号相比，短视频较强的现场感更易满足青年群体的猎奇心理甚至情感共鸣，并利用精准的算法推荐构成庞大的用户群体。同时，主流文化供给主体旨在正面宣传引导，一定程度上削弱了娱乐性和商业营利性对文化产生的负面影响，更有助于营造良好的舆论空间，取得良好的传播效果。

| Summary | # 结　语

党的温暖"卡莎莎"(彝语"谢谢"),乡村振兴"瓦吉瓦"(彝语"非常好")。

"党就是我们的父母,甚至比我们的亲生父母还伟大,我们住上了明亮的新房,村里通了宽敞的公路,用上了无线网络,这是父母都无法带给我们的……"某色拉博告诉笔者。

对于像某色拉博这样的大凉山彝族青年而言,手机是他们看世界的重要窗口,是他们日常生活中不可或缺的工具,也是他们跟上大山外现代信息社会的利器,甚至是改变自己人生命运的重要平台和渠道。

在技术赋权下,以凉山"悬崖村"为代表的彝族青年通过手机直播及短视频进行文化实践,以多元立体的符号化展演、场景化展演和风格化展演,向世人展现独特的"悬崖村"风光及彝族文化,促进了彝族青年自我认知,触发了彝族青年文化实践,形成了囊括独特少数民族的文化景观,上演了从文化展演到少数民族青年文化自觉的生活画面。

智能手机为研究对象搭建了"想象的共同体",助力实现自我认同(在信息和情感的获取中认识自己和他人)、国家认同（植根于民族向心力和文化认同感的国家观念）、民族认同（交往加深带来的对外误解和向内聚拢）、文化认同（线上新社区里的文化传承和宣传教化）的重要平台和空间，并铸造属于自己民族的集体记忆。

手机在彝乡日常生活中扮演着重要角色，润物细无声地重塑和变革着大凉山彝族青年的生活方式：

劳动生活方式：助力彝族青年投身新产业，提供劳动新方式，引入劳动新模式。

消费生活方式：符号化与实用性消费并存，保守型消费特征明显。

文化生活方式：缩小数字鸿沟，进行文化滋养；修补传统文化，促进优秀传统文化传承弘扬。

交往生活方式：本民族化和多元化相融合，情感需求的满足和社交货币的积累。

闲暇生活方式：丰富闲暇生活内容，拓展闲暇生活内涵。

政治生活方式：激发彝族青年民族身份认同，推动彝族青年关注民族事务。

民俗生活方式：提升民俗文化影响力，拓宽民俗传播途径。

无疑，某色拉博也是幸运的，他的不少同龄同乡，仍然面临着个人生存和发展的重重困境，正如课题在第四章《彝族青年智能手机使用中的"去乡化"与"再乡化"》中所论述，他们对外界充满渴求，他们所生长的彝乡已成为农业人口现代化与流动人口城市化的新农村，走出去实属不易，走出去再回来，则要面临封闭的社会网络（家支社会的群团逻辑）、小农式经济基础（高度内卷的消费共享），这从某种程度上成了传统彝乡对青年的驱逐。

"手机离地化""手机去乡化"的特征促使当地彝族青年的生活方式脱离乡村，而如何通过手机去突围，即彝族青年的"再乡化"之路也是一条漫长而艰巨的道路。为此，课题提出利用手机重构社会网络（打破传统社会关系，引入新型社会资本）、利用手机重构经济基础（信息产业改造农业，自下而上的现代化）、利用手机进行文化实践与自我书写这三大战略路径。

　　智能手机作为媒介的功能构建了世界图景并助力乡村振兴，如第五章《媒介接合：手机"世界图景"与彝族青年日常"生活图景"》所言：手机媒介构建了彝族青年个体心中的"世界图景"，同时也在构建着他们日常的"生活图景"，手机媒体还发挥着两者间的接合作用，并通过这样的双重接合获得实现其社会和文化的意义，彝族青年群体正在通过自身的努力在"生活图景"的构建中实现自己心中的"世界图景"，随着两者之间距离的日渐缩小与双向对接，实现着他们心中的乡村振兴梦。

　　在课题实地调研中，课题组看到了很多手机媒介助力乡村振兴，手机"世界图景"与彝族青年"生活图景"的双向对接的鲜活案例，并呈现出了经济建设（搭建商务平台，拓宽传播渠道，创新脱贫致富新途径）、组织建设（构建乡村振兴新格局，健全现代乡村治理体系，完善城乡融合发展政策体系）、精神建设（赋能文化扶贫，丰富乡村文化生活）的特征。这既是彝乡发展现状的真实写照，也是《乡村振兴战略规划（2018—2022年）》在大凉山彝乡的落地开花，更让课题组感受到了智能手机在彝乡振兴上所发挥的巨大效能，不由感叹：

　　手机，真真切切地改变了生活。

　　而生活，也实实在在地融合了手机。

| Reference | 主要参考文献

一、中文专著及文献

［1］费孝通.乡土中国［M］.北京：生活·读书·新知三联书店，1985.

［2］刘海龙.大众传播理论：范式与流派［M］.北京：中国人民大学出版社，2008.

［3］郭建斌.独乡电视：现代传媒与少数民族乡村日常生活［M］.济南：山东人民出版社，2005.

［4］吴飞.火塘·教堂·电视——一个少数民族社区的社会传播网络研究［M］.北京：光明日报出版社，2008.

［5］李红艳.乡村传播学：第2版［M］.北京：北京大学出版社，2014.

［6］丁未.流动的家园："攸县的哥村"社区传播与身份共同体研究［M］.北京：社会科学文献出版社，2014.

［7］匡文波.手机媒体概论［M］.北京：中国人民大学出版社，2006.

［8］宫承波.新媒体概论：第5版［M］.北京：中国广播影视出版社，2016.

［9］王雅林.生活方式概论［M］.哈尔滨：黑龙江人民出版社，1989.

［10］王玉波，王辉，潘允康.生活方式［M］.北京：人民出版社，1986.

［11］张岱年，方克立.中国文化概论［M］.北京：北京师范大学出版社，2004.

［12］刘绍华.我的凉山兄弟——毒品、艾滋与流动青年［M］.北京：中央编译出版社，2015.

［13］呷呷尔日.民主改革以前凉山彝族的基本经济活动及民主改革以后凉山地区的经济概况［M］//托马斯·海贝勒，等.凉山彝族企业家——社会和制度变迁的承载者.于长江，译.北京：民族出版社，2005.

［14］龙德华.凉山大跨越［M］.成都：四川民族出版社，2003.

［15］中国人民政治协商会议凉山彝族自治州委员会文史资料委员会.凉山文史资料选辑：第9辑［M］.四川：凉山红旗印刷厂，1991.

［16］杨立雄，胡姝.中国农村贫困线研究［M］.北京：中国经济出版社，2013.

［17］何明智.国际新闻与世界图景的建构——CCTV-9《环球瞭望》和CNNI《世界新闻》比较研究［M］.北京：中国社会科学出版社，2010.

［18］江凌.我国青少年手机传播中的亚文化研究［M］.北京：中国书籍出版社，2019.

［19］费孝通.反思·对话·文化自觉［J］.北京大学学报（哲学社会科学版），1997（3）：15—22+158.

［20］费孝通.重建社会学与人类学的回顾和体会［J］.中国社会科学，2000（1）：37—51+204—205.

［21］高丙中.西方生活方式研究的理论发展叙略［J］.社会学研究，1998（3）：61—72.

［22］郭建斌，苏涛."民族"与"传播"：一种概念层面的辨析［J］.新闻界，2021（9）：14—25.

［23］郭建斌，王亮."家"作为一种传播研究视角——基于"独乡"20

年田野资料的讨论［J］.新闻与传播研究，2021，28（11）：49—68+127.

［24］匡文波.手机媒体的传播学思考［J］.国际新闻界，2006（7）：28—31.

［25］彭兰.从社区到社会网络——一种互联网研究视野与方法的拓展［J］.国际新闻界，2009（5）：87—92.

［26］常江，杨奇光.国家叙事中的世界图景——基于对2014年《新闻联播》"国际联播快讯"的内容分析［J］.新闻记者，2015（3）：48—54.

［27］张明新，韦路.移动电话在我国农村地区的扩散与使用［J］.新闻与传播研究，2006，13（1）：10—23+94.

［28］孙信茹.手机和箐口哈尼族村寨生活——关于手机使用的传播人类学考察［J］.现代传播（中国传媒大学学报），2010（1）：125—129.

［29］孙信茹.微信的"书写"与"勾连"——对一个普米族村民微信群的考察［J］.新闻与传播研究，2016，23（10）：6—24+126.

［30］李刚存，肖婷.哈尼族村寨的一次微博实验与增权实践［J］.当代传播，2013（6）：30—32.

［31］聂芸芸.手机媒介对少数民族地区人际互动的影响研究——以元阳阿勐控村为例［J］.新媒体研究，2017（11）：91—92.

［32］林晓华，邱艳萍.手机出版：突破少数民族农村信息传播瓶颈的最优选择［J］.出版发行研究，2013（1）：46—49.

［33］胡百精.互联网与集体记忆构建［J］.中国高校社会科学，2014（3）：98—106.

［34］李龙，支庭荣.我国媒介与少数民族关系研究的知识图谱与热点——基于CNKI（2001—2016）的数据分析［J］.西南民族大学学报（人文社科版），2017，38（4）：164—168.

［35］王德胜，李康.打赢脱贫攻坚　助力乡村振兴——短视频赋能下的乡村文化传播［J］.中国编辑，2020（8）：9—14.

［36］郝雨."世界图景"——新闻学哲学化研究的一个核心概念［J］.

当代传播，2005（2）：10—13.

［37］张媛，文霄.微信中的民族意识呈现与认同构建：基于一个彝族微信群的考察［J］.国际新闻界，2018，40（6）：122—137.

［38］于婷婷，刘一帆.智能手机使用对"90后"大学生生活方式的影响研究［J］.新闻大学，2016（4）：118—128+154.

［39］樊小玲.教科书叙事：自我认知、世界图景与国家形象传播［J］.现代传播（中国传媒大学学报），2018，40（10）：160—164.

［40］孙钰钦.新媒体时代少数民族文化传播渠道探索［J］.编辑之友，2013（8）：68—70.

［41］刘新利.大众传媒在少数民族文化保护中的角色承担［J］.西藏民族学院学报（哲学社会科学版），2012，33（4）：98—101+117.

［42］李达.新媒体时代少数民族文化传播的困境与策略［J］.湖北民族学院学报（哲学社会科学版），2015，33（2）：113—117.

［43］吴玉军，郭妍丽.国家认同建构中历史记忆的书写——基于民族身份视角的考察［J］.南通大学学报（社会科学版），2021，37（2）：1—8.

［44］吴桐舒，王坤庆.消解与再现：身份认同理论下少数民族大学生身份的教育建构［J］.广西民族研究，2020（3）：165—172.

［45］俞水香，娄淑华.论我国各民族民族认同与国家认同的统一性［J］.云南民族大学学报（哲学社会科学版），2020，37（2）：14—18.

［46］武启云，张瑜.民族认同与国家认同的统一：当代民族教育的价值重构［J］.青海师范大学学报（哲学社会科学版），2017，39（4）：1—4.

［47］邝良锋，罗昱夫.再部落化现象：乡村治理的新挑战——基于湖南H村的研究［J］.理论与改革，2021（1）：85—95.

［48］陈茂荣.国家认同问题研究综述［J］.北方民族大学学报（哲学社会科学版），2016（2）：77—81.

［49］胡兆义.从内涵和特点看民族认同与国家认同的关系［J］.内蒙古大学学报（哲学社会科学版），2016，48（3）：56—61.

［50］贺金瑞，燕继荣.论从民族认同到国家认同［J］.中央民族大学学报（哲学社会科学版），2008，35（3）：5—12.

［51］赵将，翟光勇.文化集体记忆载体与变迁：自一个节庆分析［J］.重庆社会科学，2017（2）：96—103.

［52］罗兴佐，刘天文.从家支社会到半家支化社会：凉山彝族社会结构的嬗变［J］.西北民族大学学报（哲学社会科学版），2021（4）：32—39.

［53］易谋远.对凉山彝族"家支"概念的研究［J］.西南民族大学学报（人文社科版），1986（4）：29—35.

［54］马林英.凉山毒品问题现状、趋势及对策研究［J］.西南民族大学学报（人文社会科学版），2000（A3）：119—124.

［55］郎友兴，周文.社会资本与农村社区建设的可持续性［J］.浙江社会科学，2008（11）：68—74.

［56］徐原.驻村"第一书记"治理困境和效能提升［J］.人民论坛，2020（23）：106—107.

［57］李发元.世界图景与语言世界图景之结构及关系［J］.西北师大学报（社会科学版），2004（4）：26—29.

［58］赵磊.世界图景：哲学安身立命之本——兼论哲学的价值属性［J］.湖南农业大学学报（社会科学版），2011，12（2）：73—76.

［59］林晓华，邱艳萍.赋权理论与彝族文化的网络传播——以彝族文化网站为例［J］.西南民族大学学报（人文社会科学版），2018，39（1）：161—166.

［60］江凌，严雯嘉.以文化展演践行少数民族青年文化自觉——以凉山"悬崖村"彝族青年手机直播及短视频为例［J］.传媒，2020（1）：55—58.

［61］江凌，许秋琳.智能手机的双重勾连：凉山彝族青年智能手机使用研究［J］.新媒体研究，2022，12（24）：22—26.

［62］江凌，曾斯琪.新媒体时代智能手机对彝族传统文化的"修补"及反思［J］.新闻研究导刊，2020，11（20）：22—23.

[63] 江凌，陈丹凤，薛慧君.智能手机对彝族青少年生活方式的影响及对策——基于四川凉山彝族青少年的调查 [J].今传媒，2021，29（4）：148—150.

[64] 江凌，陈玉婷.智能手机使用中彝族青年集体记忆的危机及对策研究 [J].西昌学院学报（社会科学版），2020，32（4）：19—24.

[65] 郭建斌.电视下乡：社会转型期大众传媒与少数民族社区——独龙江个案的民族志阐释 [D].上海：复旦大学，2003.

[66] 牛静.影像记忆、身份表述与文化认同——电影《阿诗玛》在石林地区传播的媒介人类学研究 [D].昆明：云南师范大学，2018.

[67] 李春霞.电视与中国彝民生活——对一个彝族社区电视与生活关系的跨学科研究 [D].成都：四川大学，2005.

[68] 李兰.媒介传播与京族乡村生活方式变迁——以广西东兴市巫头村为例 [D].南宁：广西大学，2016.

[69] 马云龙.基于 SOR 模式下微博图像表情符号对超链接点击的影响研究 [D].上海：上海外国语大学，2020.

[70] 张艳.民族认同、宗教认同与国家认同研究——以中央民族大学的调查为典型案例 [D].北京：中央民族大学，2016.

[71] 张媛.媒介、地理与认同：中国西南地区少数民族国家认同的形成与变迁 [D].杭州：浙江大学，2014.

[72] 张琳.手机媒介对湘西少数民族地区社会变迁的影响 [D].厦门：厦门大学，2017.

[73] 黄龙光.民间仪式、艺术展演与民俗传承——峨山彝族花鼓舞田野调查研究 [D].北京：中央民族大学，2009.

[74] 董婉.四川省凉山彝族地区农村精准扶贫问题研究 [D].南宁：广西民族大学，2017.

[75] 朱炜.基于科教扶贫的凉山地区农村反贫困研究 [D].成都：西南交通大学，2010.

［76］何长英.家支对四川凉山彝区乡村治理的影响研究——以 Z 县与 G 县的两个彝族村寨为个案分析［D］.成都：西南民族大学，2019.

［77］郭佩霞.凉山彝区政府反贫困研究［D］.成都：西南财经大学，2007.

［78］何欣蔚.快手平台中凉山彝族女性形象呈现研究［D］.北京：中央民族大学，2020.

二、外文专著及文献

［1］马克思，恩格斯.马克思恩格斯全集：第 3 卷［M］.北京：人民出版社，1972.

［2］滨岛朗，竹内郁郎，石川晃弘.社会学小辞典［M］.东京都：有斐阁株式会社，1977.

［3］本尼迪克特·安德森.想象的共同体——民族主义的起源与散布［M］.吴叡人，译.上海：上海人民出版社，2005.

［4］约书亚·梅罗维茨.消失的地域：电子媒介对社会行为的影响［M］.肖志军，译.北京：清华大学出版社，2002.

［5］安东尼·吉登斯.社会的构成：结构化理论大纲［M］.李康，李猛，译.北京：生活·读书·新知三联书店，1998.

［6］保罗·莱文森.手机挡不住的呼唤［M］.何道宽，译.北京：中国人民大学出版社，2004.

［7］丹尼斯·麦奎尔.麦奎尔大众传播理论［M］.4 版.崔保国，李琨，译.北京：清华大学出版社，2006.

［8］露丝·本尼迪克特.文化模式［M］.王炜，等.译.北京：生活·读书·新知三联书店，1988.

［9］莫里斯·哈布瓦赫.论集体记忆［M］.毕然，郭金华，译.上海：上海人民出版社，2002.

［10］罗杰·西尔弗斯通.电视与日常生活［M］.陶庆梅，译.南京：江苏人民出版社，2004.

［11］林南.社会资本：关于社会结构与行动的理论［M］.张磊，译.上海：上海人民出版社，2005.

［12］马克·格兰诺维特.镶嵌：社会网与经济行动［M］.增订版.罗家德，等.译.北京：社会科学文献出版社，2015.

［13］詹姆斯·W.凯瑞.作为文化的传播［M］.丁未，译.北京：华夏出版社，2005.

［14］DIJCK J V. Mediated memories in the digital age［M］. Palo Alto：Stanford University Press，2007.

［15］SIFE A S，KIONDO E，MACHA J G L. Contribution of mobile phones to rural livelihoods and poverty reduction in morogoro region，tanzania［J］. The Electronic Journal on Information Systems in Developing Countries，2010，42（1）：1—15.

［16］BAER A. Consuming history and memory through mass media products［J］. European Journal of Cultural Studies，2001（4）：491—501.

"滴"，手机收到一条信息。

"姐姐，我找到工作了，在昭觉县城北镇昭美社区做文书了。"

"就是咱们曾经一起调研过的'悬崖村'异地搬迁安置点的昭美社区？"

"对!"

手机那端发消息的是大凉山"悬崖村"的第一个大学生杨建新，2017年春节，我第一次到"悬崖村"调研时他还是一名阳光帅气的大三在读学生。2018年课题立项后，他全程义务承担了课题田野调查的彝语翻译。

这是我第三部深入田野的作品，从《穿越66号公路》对美国母亲路及沿途的实地调研，到《旅行者的家园》对青藏高原腹地三江源头及"世界自然遗产"可可西里的实地调研，再到《智启彝乡——智能手机时代下的彝族青年生活与乡村振兴》对四川凉山彝族青年智能手机的影响调研，可谓是"看世界、探华夏、记家乡"田野调研三部曲。

本书是我主持的2018年国家社科基金项目《智能手机对

彝族青年生活方式及其家乡振兴发展的影响研究——基于凉山彝寨的实证考察》（项目编号：18CXW013）的结项成果。《乡村振兴战略规划（2018—2022年）》在大凉山彝乡落地开花的四年，是凉山州集中全部力量攻坚决战，全面打赢深度贫困歼灭战，历史性解决凉山千百年来的绝对贫困问题，与全国全省同步全面建成小康社会的四年。

四年来，课题组持续关注大凉山彝族青年群体的日常生活以及凉山经济社会发展动态。我们深切地感受到，在党和政府及社会各界乃至全国人民的共同帮扶下，在广大干部群众共同努力下，2020年全州11个贫困县全部清零，凉山实现了从贫穷落后到全面小康的第二次历史性跨越。与此同时，在现代通信与媒介技术的加持下，信息社会的诸多优势展露无遗，由此凉山人的生活方式发生了很大变化。对此，广大彝族群众说：互联网＋"瓦吉瓦"，智能手机"卡莎莎"！

掩卷长思四年路，难忘帮扶众多人。在此，首先要特别感谢我的两位恩师：上海大学新闻传播学院教授吴信训和四川大学文学与新闻学院教授蒋晓丽。两位教授对本课题研究给予了极大的指导与支持。

诚挚感谢为研究提出宝贵建议和指导的专家、老师们，他们是时任：云南大学民族学与社会学学院教授、媒体人类学研究所所长郭建斌；中共四川省委党校、四川行政学院社会和文化教研部教授肖尧中，副教授周珣；电子科技大学公共管理学院副教授董子铭；四川大学马克思主义学院副院长、教授刘肖；四川大学文学与新闻学院讲师王志华；四川大学博士李晓蔚；云南师范大学传媒学院副院长肖青、教授陆双梅、副教授李淼；深圳大学传播学院副院长、副教授王建磊；浙江传媒学院副教授曹月娟；西北大学新闻传播学院副教授李玮；西昌学院彝文系老师麦吉木呷、文化传媒学院副教授黄立佳。

课题的顺利完成离不开凉山相关部门领导、基层干部和一线教师们的大力支持，他们不仅为我提供了调研的资源，也从不同的程度上关心课题，他们以一线工作的宝贵实践经验，为课题设计建言献策，帮助我更好优化框架，找准问题；而他们长年累月在大凉山一线艰辛的工作经历，为大凉山的建设所作的默默无闻的牺牲和奉献的精神，也无时无刻不激励和感动着我。在此谨向他们致以最诚挚的感谢：

时任凉山彝族自治州教育和体育局副局长晏平；中共普格县委宣传部副部长、外宣办主任英比韦慕；凉山日报社记者石进、融媒体中心主任蒋映春；州电视台新闻中心主任沙勇、记者刘敏、融媒体中心主任阿比伊木；州烟草专卖局（公司）调研员王剑、乡村振兴办副主任冯乐；普格县德育村驻村第一书记王新；昭觉县解放乡火普村驻村第一书记罗平；三河村第一书记张凌；三岔河乡党委书记宋仕伟；普格县洛果村第一书记刘维；冕宁县彝海镇党委书记王栋，彝海村文书邱莫木萨；西昌市马鞍山乡副乡长、甘伍村（猫猫石村）第一书记潘兴树；西昌市响水乡斯阿祖村村主任呷哈；安哈镇摆摆顶村第一书记黄平；安哈镇长板桥村书记余斌；昭觉县县发改局驻村干部苏里古；凉山职业技术学校老师陈启昭；凉山州卫生学校老师杨寒；凉山州民族中学老师晋大洪；西昌市川兴中学老师李杨倩；昭觉中学老师余开顺；冕宁中学老师朱国慧；金阳县教师发展中心主任吉鲁比古；金阳县教师发展中心唐莉；金阳中学老师叶志君、朱乾凤、阿木尔日；喜德县教师进修学校原校长沙马瓦铁；喜德中学老师胡德彬；雷波县汶水乡中心小学老师程永强。

诚挚感谢上海理工大学的领导和同事们，长期以来给予我大力支持与鼓励的吴建安书记、张华书记、蔡锦达院长、薛雯副院长、陶海峰副院长、尚娅老师、任健教授、张博教授、瞿旭晟教授、徐维东教授及其他同事。

诚挚感谢参与我课题工作的同学们：参与课题田野调查的薛慧君、李新宇、王淑君；参与本书执笔的陈玉婷（第一章、第四章）；我的硕士生丁雅洁（第二章）、闫慧环（第三章）、许秋琳（第五章）、宋婷婷（第六章）；以及参与课题相关工作的同学（曾斯琪、陈丹凤、张海悦、严雯嘉、杨晓羽、魏梦丹、高碧鸿、张依婷、何佳卉、林子琴、郑盛升、吕旦容、王梦巧、宋嘉童、李家怡、拉巴次仁、申昊昂、刘诗玉、吴婉婷、马程、陆玮、毛润政、王思尧、杨怡霄、刘邓云飞、何笑、李坪涛、卢安琪、黄飞思、罗巧巧……）其中不少同学已经毕业，奔赴人生的下一个战场，衷心祝愿你们学有所成，实现梦想。诚挚感谢家人默默无闻的支持与陪伴，尤其是在课题进行过程中诞生的女儿，你们的爱都是我成长路上源源不断的动力。

本书稿由上海市学位点培优培育项目（2023）资助出版，感谢项目负责人——上海理工大学网络与新媒体系教授任健的鼎力支持，也感谢学林出版社编辑许苏宜、王慧真诚的帮助。

最后，要特别感谢参与并积极配合我调研的每一位受访对象：大凉山的粗犷与隽永，赋予了你们无所畏惧、勇往直前的性格底色，你们身上流淌着大凉山的血液，内心充满着对远方的向往，尽管路途崎岖坎坷，却无法阻挡你们前行的脚步。

云端盛开索玛花，索玛花开幸福来。

江 凌

2024 年 3 月

图书在版编目(CIP)数据

智启彝乡 : 智能手机时代下的彝族青年生活与乡村
振兴 / 江凌著. -- 上海 : 学林出版社, 2024. -- ISBN
978-7-5486-2042-6

Ⅰ. K281.7; F327.712

中国国家版本馆 CIP 数据核字第 20249LG494 号

责任编辑 许苏宜　王　慧
封面设计 汪　昊

智启彝乡

——智能手机时代下的彝族青年生活与乡村振兴

江凌　著

出　　版　学林出版社
　　　　　 (201101　上海市闵行区号景路 159 弄 C 座)
发　　行　上海人民出版社发行中心
　　　　　 (201101　上海市闵行区号景路 159 弄 C 座)
印　　刷　商务印书馆上海印刷有限公司
开　　本　720×1000　1/16
印　　张　23.75
字　　数　34 万
版　　次　2025 年 1 月第 1 版
印　　次　2025 年 1 月第 1 次印刷
ISBN 978 - 7 - 5486 - 2042 - 6/G・786
定　　价　88.00 元

(如发生印刷、装订质量问题,读者可向工厂调换)